社会心理学・再入門

ブレークスルーを生んだ12の研究

ジョアンヌ・R・スミス／S・アレクサンダー・ハスラム 編
樋口匡貴／藤島喜嗣 監訳

新曜社

Social Psychology: Revisiting the Classic Studies
Edited by Joanne R. Smith & S. Alexander Haslam

Introduction and Editorial Arrangement © S. Alexander Haslam & Joanne R. Smith 2012

Chapter 1 © Steven J. Karau & Kipling D. Williams 2012
Chapter 2 © Joanne R. Smith & Deborah J. Terry 2012
Chapter 3 © Joel Cooper 2012
Chapter 4 © Dominic Abrams & John M. Levine 2012
Chapter 5 © Jolanda Jetten & Matthew J. Hornsey 2012
Chapter 6 © Robin Martin & Miles Hewstone 2012
Chapter 7 © Stephen Reicher & S. Alexander Haslam 2012
Chapter 8 © S. Alexander Haslam & Stephen Reicher 2012
Chapter 9 © Michael J. Platow & John A. Hunter 2012
Chapter 10 © Russell Spears & Sabine Otten 2012
Chapter 11 © Craig McGarty 2012
Chapter 12 © Mark Levine 2012

First published 2012, All rights reserved.
This translation is published under cooperation contract between SAGE and Shinyosha.

心理学・再入門

シリーズ編者：S・アレクサンダー・ハスラム、アラン・M・スレーター、ジョアンヌ・R・スミス
　エクセタ EX4 4QG、エクセタ大学心理学部

　「心理学・再入門」シリーズは、心理学のなかでも鍵となる研究によって提起された問題について理解したいと思う学部学生や一般の方々のための新しいテキストである。各巻は12～15の章からなり、それぞれの章は、ある特定の古典的な研究について詳述し、その実証的、理論的影響について解説している。また各章では、その研究が行われて以来の思考と研究の進歩の重要な道筋についても議論されている。各章は、その展開の最先端の研究者によって書かれており、そのため各巻は教師にとっても学生にとっても、私たちが今日知っている心理学という分野を定めている中心となることがらについて多様な視点を探索する素晴らしい資料となっている。

シリーズの他の巻
『発達心理学・再入門――ブレークスルーを生んだ14の研究』
　（アラン・M・スレーター ＆ ポール・C・クイン）

もし私がさらに少し遠くを見たとするなら、
それは巨人たちの肩の上に立ってのことです。

アイザック・ニュートンの科学上のライバル、
ロバート・フックへの手紙中の言葉（1676年2月5日）

目　次

■ はじめに ── 社会心理学の古典から学ぶ　1

古典的研究の要素　2
古典的研究・再入門　6
各章の構成　8
本書の目的と構成　9

1　社会的促進と社会的手抜き
トリプレットの競争研究・再入門　13

背景　13
社会心理学の夜明け　14
競争研究　16
トリプレットの研究の影響　26
結論 ── 社会心理学へのトリプレットの遺産　27

2　態度と行動
ラピエールのホスピタリティ研究・再入門　33

背景　33
ホスピタリティ研究　35
方法と結果　36
ホスピタリティ研究の影響　38
ホスピタリティ研究を超えて　44
結論　47

3　認知的不協和
フェスティンガーの「世界の終わり」研究・再入門　53

背景　53
第一の不協和研究 ──『予言がはずれるとき』　56
『予言がはずれるとき』の影響　58
第二の不協和研究 ── 強制承諾の心理　59
認知的不協和研究がもたらした影響　65
2つの古典的研究を超えて ── 不協和の概念の発展　66

i

結論　68

4　規範形成
シェリフの光点の自動運動研究・再入門　73

背景　73
自動運動効果（Autokinetic Illusion: AKI）研究　74
理論的意義　78
後続研究　81
自動運動効果研究を超えて ── 別の説明と知見　82
自動運動効果研究の影響　85
自動運動効果研究を超えて ── 規範形成への新しいアプローチ　87
結論　90

5　同調
アッシュの線分判断研究・再入門　97

背景　97
線分判断実験　98
後続研究　100
線分判断研究の影響　103
アッシュの研究を超えて　104
結論　111

6　少数派の影響
モスコビッチの青－緑残像実験・再入門　117

背景　117
青－緑残像研究　121
研究の影響　125
研究に対する批判 ── 代替説明と方法論的問題　126
結論　131

7　服従
ミルグラムの衝撃的な実験・再入門　135

背景　135
スタンレー・ミルグラムの服従研究　137

アーレントとミルグラムがもたらした影響　139
服従に関する諸研究　140
服従研究を越えて　148
検証と影響　153
結論　156

8　暴政
ジンバルドーのスタンフォード監獄実験・再入門　161

背景　161
スタンフォード監獄実験　163
スタンフォード監獄実験の影響——特性主義への挑戦　170
スタンフォード監獄実験を越えて
　——状況主義への挑戦と相互作用主義の進歩　171
スタンフォード監獄実験への疑問
　——何が「自然」「新奇」「正常」だったのか　172
スタンフォード監獄実験を拡張する
　——社会的アイデンティティとリーダーシップの役割　175
結論　178

9　集団間関係と葛藤
シェリフのサマーキャンプ実験・再入門　183

背景　183
サマーキャンプ実験　185
サマーキャンプ実験の影響　192
サマーキャンプ実験への批判　194
サマーキャンプ実験を超えて　196
結論　198

10　差別
タジフェルによる最小条件集団実験・再入門　205

背景　205
最小条件集団研究　207
最小条件集団研究の影響　214
最小条件集団研究を超えて——批判と別の説明　215
結論　222

11	ステレオタイプと偏見 ハミルトンとギフォードの錯誤相関研究・再入門	229

背景　229
錯誤相関研究　230
錯誤相関研究の影響　235
錯誤相関研究を超えて——別の解釈と知見　236
結論　242

12	緊急時の援助行動 ラタネとダーリーの傍観者研究・再入門	247

背景　247
傍観者研究　249
傍観者効果を超えて　258
結論　262

訳者あとがき　267
人名索引　269
事項索引　273

装幀＝新曜社デザイン室

はじめに
──社会心理学の古典から学ぶ

S・アレクサンダー・ハスラム、ジョアンヌ・R・スミス

　19世紀の終わりに社会心理学が1つの学問分野として現れて以来、数多くの素晴らしい研究が行われてきた。しかしそのうちどれくらいの研究が、真の「古典」と呼べるだろうか。すぐわかるように、これは簡単で難しい問いである。簡単だとする理由は、何が古典的研究であるかについて、社会心理学者の中である程度の合意があるからである。難しいとする理由は、本書を編纂するにあたって、大きく限定しなければならなかったからである。実際、われわれは12の研究だけを取り上げた。以下の各章では、取り上げた研究をさらに精緻なものへと発展させた多くの研究について議論している。それでも、本書に取り上げた研究は、極めて限定されたものになっている。

　したがって、ご想像の通り、各章で検討される研究は、いずれも社会心理学で非常に良く知られている。それらはほぼすべての入門書で（そして多くの専門書でも）取り上げられ、研究者、教員、学生にかかわらず、常識となっている。『心理学概説（*The Rough Guide to Psychology*）』の著者、クリスチャン・ジャレットが述べているように、「他の諸科学には基本となる理論があるのに対して、…心理学の基礎は、理論ではなく、古典的な実験の集積によって打ち立てられている」（2008, p.756）のである。その主な理由の1つは、心と社会との関係に関する科学的な分析を提供する学問としての社会心理学の目標（Asch, 1952; McDougall, 1910; Turner & Oakes, 1997）を、これらの研究が強力に語っているからである。その結果、古典的研究は、この研究領域が時間とともに発展していく中で何を研究するのかを定める重要な役割を果たしてきた。

　しかしながら、これらの研究を古典たらしめる本質の一部は、その詳細が社会心理学の内側だけでなく、その**外側**でも良く知られていることにある。他の学問領域（たとえば社会学、政治学、経済学、歴史学）の研究者に良く知られているだけでなく、ジャーナリストや評論家、政策立案者、その他関心のある一般の人びとにも良く知られているのである。この点で、これらの古典研究の主たる特徴は、読者をとらえる力にある。これは、これらの研究が知的好奇心を

喚起しただけでなく、音楽や芸術、演劇や映画など、われわれの文化に広範な影響を与えてきたことを意味する。したがって、これらの研究は、単に社会心理学だけに属するのではない。むしろ社会に（あるいは少なくとも西洋社会に）広く流布し、行動の日常的理解を形成するうえで重要な役割を果たしてきた。セルジュ・モスコビッチ（Moscovici, 1984）の言葉を借りれば、理解の起点となり客観化するという意味で、つまり、現在においても対話や議論の具体的な参照点となっているという意味で、社会心理学の中核をなす**社会的表象**となったのである。

古典的研究の要素

パトリシア・デヴァインとアマンダ・ブロディッシュ（Devine & Brodish, 2003）が指摘したように、これらの古典的研究を知ることと、その理由を知ることとは異なる。さらに、ある研究がその地位に達したかどうかを決める一定の基準は存在しない。『アンナ・カレーニナ』の冒頭における不幸な家族の本質についてのトルストイの観察を当てはめれば、古典的研究にはそれぞれの古典の形がある。それでも、トルストイが幸福な家族について述べたように、社会心理学のほとんどの古典的研究が共有する特徴がいくつか存在する。

大きな問い

古典的研究の最大の特徴は、人の本質に関する基本的な問いを立てた点にある。なぜわれわれは同調したり服従したりするのか。なぜわれわれは攻撃したり支配したりするのか。なぜわれわれは助けたり支援したりするのか。このような、理解が求められているが容易には理解できない現実世界の出来事から、ほとんどの古典的研究がはじまっている。そして、これらの出来事のスケールの大きさが、答えを探求しようという研究者の野望をかきたててきた。

この点において、前世紀における第二次世界大戦とホロコーストほど、社会心理学者を世界に敏感にさせたものはない。それゆえ、多くの古典的研究が1945年以前に行われ、その後に行われた古典的研究の大部分も第二次世界大戦やホロコーストに（加害者としても犠牲者としても）関わった人びとの行動を理解するという願いに動機づけられており、また、それらの悲劇を実際に直接経験した研究者によって行われたことは驚きではない。これらの研究者たちは

表面的に現象を探ることに満足せず、誇りと偏見、恐怖と憎しみ、戦争と平和といった問題に力強く関わることを望んだ。そして、この強い動機づけの結果、彼らは時代精神を捉えた研究を行おうとしたし、それらの研究は画期的で興味深いだけでなく、力強く、圧倒的な説得力を持つこととなった。彼らの主眼は、**注目せずにいられない**研究、安閑と無視することのできない研究を実施することにあった。

現代の社会心理学的研究は、ときに統計的洗練や方法論的細部にはまりこんでいる（イアン・ウォーカーの言う「非の打ち所のない枝葉末節」Walker, 1997; Baumeister et al., 2007; Rozin, 2009 も参照）と批判されるが、上述のような理由で本書に取り上げた研究にはこの批判は当てはまらない。後続研究のほとんどは、未解決過程を科学的に正しいやり方で明らかにすることに関心を持つことになったが、むしろ古典的研究自体は方法論的、統計的な厳密さへの関心が極めて不十分であることが多かった。もちろん、今日の基準に照らして判断するのは妥当ではない（そしてそれはむしろ、肝心な点を見逃すことになる）。しかし、古典的研究の多くは実験の統制が不十分な単一研究であり、理論的背景、仮説、それらが明らかにした効果をもたらす内的プロセスに関する洞察も、限定的なものであった。いささか皮肉であるが、これらの研究のほとんどは、今日の主要な学術雑誌に受理されるのに、非常に苦労するだろう（Diener, 2006; Haslam & McGarty, 2001）。しかし、この洗練の欠如こそが、これらの研究が長く影響力を保っているもう1つの特徴である。これらの研究の意味を理解するのに特別な訓練は不要だからである。

挑戦的な知見

だがこれらの古典的研究は、誰にとっても興味深く、理解しやすいだけではない。もう1つの重要な特徴は、われわれに既知なことを示したのではない点にある。それどころか、その知見はしばしば予想や直感に反しており、人間の本質に関して受け入れられている考えに対する**挑戦**であることも多い。たとえば、誰かの意見を変える際、小さいインセンティブよりも大きいインセンティブの方が有効だと多くの人は思うだろう。ところが、レオン・フェスティンガーとメリル・カールスミス（Festinger & Carlsmith, 1959）による認知不協和の研究によって、実際には逆であることが示された（3章参照）。同じように、人びとに自分の態度に沿った行動をするかと聞けば、おそらくほとんどの人が、一般的に主張と同じ行動をすると答えるだろう。ところがリチャード・ラピ

エール（LaPiere, 1934）はこの問題を体系的に調べ、人びとの態度と行動が大きくかけ離れていることを見出した（2章参照）。また別の例を見てみよう。スタンレー・ミルグラム（Milgram, 1963）は、学生や精神科医、一般の人びとに、死に至る可能性のある強烈な電気ショックを他者に与えるよう実験者が依頼したら、何割ぐらいの人がそれに応じるだろうかと尋ねた。典型的な回答は1％であった。実際には1％どころではなく、ミルグラムの権威への服従に関する古典的な研究の参加者の65％でこの破壊的な行動が観察されたのである（7章参照）。

　このように、これらの研究はすべて、以降の研究における焦点や考え方に大きな変化をもたらした。これらの知見は強力だったので、以前支配的であったものの見方、理解のしかたに戻ることは困難であり、多くの場合不可能になった（McGarty & Haslam, 1997）。しかしながら、これらの特定のトピックに対する研究に**終止符を打った**わけではない。指摘したように、効果を再現し、**いつ**それが起こるのかを明らかにし、**なぜ**それが起こるのかを理解するためには、さらなる研究が常に必要である。実際、これらの研究が影響を与えたさらなる要素は、それらが新たな方向を示し、エキサイティングな研究を多く生み出したことにあった。したがって、これらの研究の成功は、科学的な不確実さを低減したり除去したりしたというよりも、科学コミュニティの諸分野が解決を目指して取り組む、新たな不確実さを**生み出した**ところにあった（Haslam & McGarty, 2001 参照）。この意味において、これらの古典的研究は、科学哲学者トーマス・クーン（Kuhn, 1962）が言うところの通常科学に属するというより、科学**革命**の一環をなすものである。

ハードルの高い方法

　それぞれの研究が採用した方法もまた、古典的研究を古典たらしめている重要な側面である。社会心理学における他の研究と同様に巧妙で革新的なだけではなく、社会現象を研究するために、すでに確立されている生理的、視覚的な効果を用いることもあった（たとえば4章、6章を参照）。しかし何より、他のほとんどの研究と異なるのは、古典的研究は非常に現実的で、かつドラマチックなことである。これは多くの場合、訓練されたサクラ（すなわち研究者の仲間）を用いた、うまく作られ、考え抜かれた架空のストーリーによってもたらされる。通常、実験の参加者は、道徳的あるいは実際的なジレンマを解決しなければならない苦境におかれる。たとえば、態度と行動との葛藤、自らの道

徳規範と状況的要求との葛藤、自分の現実の知覚と同席者からの影響との葛藤、公平でありたいという願いと所属集団を有利にしたいという願いとの葛藤などである（Devine & Brodish, 2003）。さらにこれらの方法は、その性質上、ドラマチックなイメージを形成し、しばしば動画として残り、学生たちへの強力で刺激的な資料となり（以降のページ参照）、研究プロセスの詳細についてさらに検討させることになった。特に、これらの動画は、見る者に、同じ状況で自分ならばどういう選択をしただろうかと考えるよう促す。同席者に合わせて、自分の判断を変更するだろうか。死に至らせかねない電気ショックを与えるレバーを押すだろうか。もし監獄の看守だったら、囚人を虐待するだろうか。あなたなら？

そしてまた、重要なことと認識する必要があるのは、古典的研究は概して、実際の行動の説明と理解に焦点を当てていることである。質問紙への回答やコンピュータでの反応時間、さまざまな脳部位への血流量などではないのである（Baumeister et al., 2007）。後者もすべて興味深く、かつ科学の重要な側面ではある。しかし現実の状況において（たとえそれが人工的に作られた状況であったとしても）、現実に行動をとる現実の人間ほど、われわれの想像力を強力にかきたてるものはない。

道徳的、実際的な苦境における行動を研究したいという願いは、さらにもう1つの結果をもたらした。古典的研究が、当然以上の**倫理的問題**を引き起こしたのである。実際、以下に議論する研究のうち2つ（ミルグラムおよびジンバルドーによる研究。7章、8章参照）は、心理学的研究（そして人間の参加者を用いた他の研究形態）の倫理的側面が考慮されるようになった出発点として必ず取り上げられる。また興味深いのは、こうした問題を克服することが難しいために、多くの古典的研究が今日、まったく同じ方法で実施されることがほとんどない点である。その1つの理由は、その倫理的困難を乗り越える**コスト**（時間と金銭の両方）が膨大だということにある。

もっと一般的に言っても、今日同じ研究をしようとしても、古典的研究の規模の研究をするには膨大なコストがかかり、非常に困難である。個人と集団との（特に長期にわたる）相互作用の検討、サクラの雇用、実際の行動の測定と分析、新たなパラダイムを実行可能なものにするための予備的な作業、いずれも非常に高価につく。さらに、こういった研究を現在実施するのを困難にしているのは、何も金銭的な問題だけではない。このような研究プロジェクトに必要な時間投資を正当化するのは、より困難である。特に、雇用や昇進がしばしば主要学術雑誌における論文公刊の数にもとづく世界、そして、すでに指摘し

たように、そうした学術雑誌が、未だ行われていない研究を貪欲に求める世界では、なおさらである (Baumeister et al., 2007; Devine & Brodish, 2003; Haslam & McGarty, 2001)。

結局のところ、独創的、ドラマチック、ハードルの高い方法は古典の要素ではあるが、われわれの考えでは、それだけでは十分ではない。そうではなく、最初に述べた観点をさらに発展させると、本書の研究を他の数多くの研究から際立たせているのは、意義ある社会心理学的問題に強力な方法で取り組む、その力にある。ポール・ロジンが述べたとおり、「優れた実験は世界の真実を捉えるが、その素晴らしさを決めるのはその優雅さではない。問題の選び方である」(Rozin, 2009, p.439)。要するに、これらの研究について知ることは、社会の心理学的次元における何らかの本質を知ることなのである。

古典的研究・再入門

より良い問いをたてる

だが、大きな疑問、挑戦的な知見やハードルの高い方法だけが、古典的研究に共通する特徴ではない。本書に選ばれたすべての研究は男性によって行われたものであり（そしてほとんどが男性の参加者である）、またほとんどが、アメリカの一流大学（たとえばイェール、スタンフォード、コロンビア）で行われたものである。これらの特徴は、古典的研究が行われた時代（少なくとも30年前）の、この分野の性質を反映している。それはヨーロッパで強力な社会心理学が現れるよりも以前のことであり (Tajfel et al., 1981 参照)、女性の研究者や参加者が極めて少なかった時代であった。

些細なことのように見えるかもしれないが、人口統計学的変数におけるこの共通した特徴は、学生や古典研究の読者の目につくものである。これによる不幸な帰結の1つは、研究知見を解釈する際、人びとがある特定のタイプの疑問に、しかも最上とは言えない疑問に導かれてしまうことである。特に学生は一様に、次のような質問をする。古典的研究を今日実施した場合には、同じ効果が得られるだろうか（過去の参加者よりも現在のわれわれの方がより同調せず、権威に対して疑問を抱き、偏見を持たないと考えられる）、（男性ではなく）女性参加者ならどうだろうか、他の国ならどうだろうか（アメリカ合衆国ではなく、たとえばオーストラリア、イギリス、中国ではどうか）。以降の多くの章が示している

ように、これらの疑問は、特に興味深いものではないことがわかる。それは、簡単に言えば、通常答えは「イエス」だからである。実際、本書で取り上げた古典的研究における核となる知見のほとんど（しかしすべてではない）は、さまざまな文化的背景からの多様な参加者によって、そして多くの異なる時代において、何度も再現されている。

　それでは、いったい何がより良い問いなのだろうか。われわれの観点では、研究者が興味を持つ問題やその取り組み方に、人口統計学的変数やその他の広い文脈的特徴が影響したかどうかを考えることの方が興味深い。たとえば上述したように、多くの古典研究がホロコーストをきっかけとして行われた。そしてホロコーストやその他の残虐行為の規模のゆえに、研究者は個人レベルでの解釈（たとえばパーソナリティなど）を避け、同調や服従、支配を促進する集団の力に焦点化した分析を探求することとなった。しかし、そういった研究は（理解できることではあるが）暴政のダイナミックスに焦点化したため、それに対抗する力を無視する傾向にあったのではないか。この問いは興味深い（たとえば5章〜9章参照）。同様に、研究者は、偏見や緊急時に援助行動ができないといった社会問題に引きつけられてきたが、それは、これらが広範な社会問題を構成要素だと見なしたからである。しかしそれゆえに、これらの心的過程が過剰に蔓延し、必然であると強調されすぎることにならなかっただろうか。この問いも興味深い（10章〜12章参照）。そして、研究に対する理解はどの時点で変化し（たとえば単純化や強調点の変化を通して）、その変化は何によってもたらされたのだろうか。なぜ研究に対する誤解や神話がいつまでも無くならないのだろうか。そうした誤解や神話はなぜその特定の形態をとるのだろうか。またこれらの俗説は、研究者がある特定の問いを立てるのを抑制し、有望な問題設定を閉ざしてしまうがゆえに、社会心理学の究極的な目標である心と社会との関係の理解にとって有害なのだろうか（Jarrett, 2008 参照）。

　本書の各章では、基本的な問い（たとえば再現性に関わる問い）に答えることに加えて、古典研究が行われて以来、長年の研究によって引き起こされてきた、より挑戦的な問いにも焦点をあてている。そのために、それぞれの研究の詳細だけではなく、社会心理学領域への貢献についても、より高い水準で検討できるようにしている。この過程は、各章が同じ構造をなすことによって促進される。まずそれぞれの研究を丁寧に説明することから始め、その下に潜む本質を明らかにするように進んでいく。

各章の構成

　すべての章は、まず研究を、それが行われた社会的・歴史的**文脈**の中に位置づけて、理解するところから始まる。研究者たちを動機づけた関心や、彼らの科学的思考を生み出した観点を取り出してゆく。次に研究の**方法と結果**が示される。ここでは一般的なテキストでは通常見落とされているが、検討された現象に対する重要な洞察を与えることがわかった詳細に注意が払われる（たとえば、実験者や特定の方法が特定の結果を生じさせたという証拠や、無視された変数が異なる結果を生じさせる証拠など）。

　続いて研究の**影響**の考察に移り、そこではアイディアがどのように他の研究者によって取り上げられ、発展してきたのか、およびどのように社会心理学の領域やそのトピックに対する一般的な理解に影響したのかについて見ていく。ここでは、2つの頻出するテーマがある。第一は、すべての研究の影響が非常に大きかった一方で、しばしば研究者たちを予想外の方向へ導き、常に意図したかたちの影響をもたらしたわけではないという点である。第二は、従来、研究の説明がほとんど孫引きで（したがってそれによる人びとの理解も）しばしば非常に単純化されており、そのため研究の豊かさやニュアンスの重要な次元が明らかに捉えられていないという点である。ときには、そういった単純化が研究者自身によって推奨されることもあるが、大概の場合は大きなフラストレーションの種となる。

　すべての章においてこれらのテーマを検討していくが、さらにその上で、その領域で古典的研究が行われたときから、それを**超えてどう動いてきたか**を考えて締めくくられる。ここでのキーポイント、そして本書の中心的な動機づけをなすのは、古典的研究が公刊されて後も、社会心理学の領域は静止してはいなかった、ということである。これまでに見てきたように、研究の鍵となる特徴の1つは、それが後続研究を生み出す触媒となってきたことにある。後続の研究は常に元の研究が提供した方法や洞察のうえになされるが、それが著者のオリジナルな主張を直接的に確証することは希である。それゆえに、すべての場合において研究の発展は必ず思考の何らかの修正を含むものとなり、いくつかの場合には、研究者の結論の核となる部分を揺さぶったのである。

本書の目的と構成

　本書におけるわれわれの目的は二重にある。これまでにも述べてきたように、また本のタイトルが示唆するように、古典研究に再入門して、第一に、古典研究が社会心理学の領域をどのように形成したのかを明らかにする。第二に、これらの古典研究によって提起された問題に関わることで、研究領域そのものがどのように変遷したかも明らかにする。表面的に、単なる標準的説明を再生産するのではなく、古典研究自体、およびそれらが探求したアイディアについての新たな視点を明らかにするために、古典研究を批判的に検討する。結果として、社会心理学の中核にある「聖典」の注意深い再検証を通じて、この分野がどのように興味深いものになっていきうるか――そしてなってきたか――を明らかにしたい。要するに、われわれは、これらの古典を尊重し、正しく扱いたいが、化石のように扱ったり、執着したりはしない。

　これら古典の神聖さやそれを取り巻く神秘的雰囲気を考えると、これは容易な作業ではないし、単独でなせるものでもない。したがって、本書の計画段階において、まずなすべきことは、本書のようなプロジェクトが可能であり、追求する価値があるということをその仕事で示しているような共同執筆者を集めることであった。これは結果的に、当初考えていたよりもはるかに簡単だった。それは主として、われわれが依頼した研究者のすべてが、本書の目的と非常に近い研究プログラムに膨大な時間を割いてきた第一人者であったからである。幸運なことに、全員が参加を承諾し、さらに熱意をもって執筆してくれた。

　結果的に、彼らの経歴や執筆章の内容が証明しているように、すべての著者が、その章で紹介された古典研究が道を開いた研究領域の最先端で研究している世界的に著名な学者である。彼らの研究自体が、彼らの担当章の研究や研究者に対する深い理解によって非常に大きな影響を受けているが、それはまた、新たな心躍る方向へと研究領域を動かしてもきた。この点において、全員がアイザック・ニュートンの（シャルトルのベルナール[訳注]を引き継いだ）有名な金言を体現している。この金言をわれわれは、本書全体を表現する巻頭句として掲げた。すなわち、これらの著者たちは他者よりもより遠くを見ることができたが、それは彼らが巨人の肩の上に立っていたからである。

〔訳注〕12世紀フランスの哲学者。

各章の執筆に際しては、執筆者たちに、前節で概観した構造とアウトラインを厳守するように、そして（多様なレベルの）心理学を学ぶ学生だけではなく、これらの研究が語る重要な問題に興味を持つ、すべての読者に理解可能な記述をするよう求めた。ここでも幸運なことに、すべてがそのとおりになった。各章は読者に社会心理学の基礎に対する深い洞察を与えるだけでなく、これらの研究が行われてから現在に至るまで、その学問領域においてどのような重要な進歩があったのかについても示すものとなった。また通常、本の序章では続く各章の要約が紹介されるが、本書の場合、それは必要としなかった。なぜなら各章は非常に明快に書かれており、それぞれの章がどのように本全体の目的や野心的試みを達成しているか、補足説明の必要がなかったからである。批判的に見ても、彼らは、社会心理学が停滞しているのではなく活力ある学問領域であると示すような、現状では最強の事例を提供している。そして、それらは印象的な歴史的基盤を元に、創造的で洞察的なやり方で構築されている。

　本書の各章を構成するにあたっては、この進歩の一貫した意味を与えるよう、全体的構造を持たせることを目指した。多くの古典研究は先行する他研究の上になされるので、それぞれの研究の刊行年を年代順に並べたかたちで章を構成することがもっともわかりやすい方法であった。図0.1に示したとおり、大体の研究はこの年代順に並べられている。それでも、この原則はいくつかの箇所で当てはまらない。章間の論理的な流れを重視したからである。

　結果的に各章の順序は、私たちが過去6年間行ってきた「社会心理学の古典的研究」コースを教える中で見出した、最適な順序と同じとなった。最後に、コースの教科書として本書の完成を待ちわびてくれた学生たち、そしてこの目標を達成するのに多大な労力を割いてくださった執筆者の方々に感謝する。編者として、われわれはこの共同作業を大いに楽しんだし、非常に多くのことを学んだ有意義な経験であった。これは読者にとっても同様であると信じている。

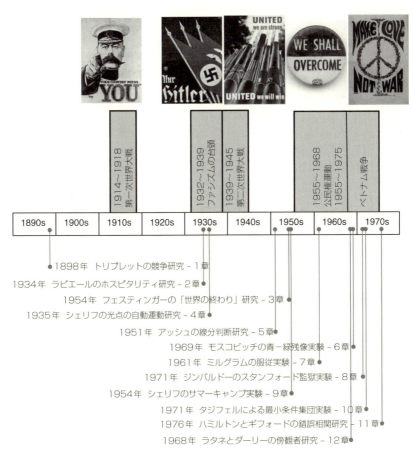

図 0.1　社会心理学における古典的研究の時間関係

■引用文献

Asch, S. E. (1952). *Social psychology*. Englewood Cliffs, NJ: Prentice Hall.

Baumeister, R. F., Vohs, K. D. & Funder, D. C. (2007). Psychology as the science of self-reports and finger movements: Whatever happened to actual behavior?. *Perspectives on Psychological Science, 2*, 396-403.

Devine, P. G. & Brodish, A. B. (2003). Modern classics in social psychology. *Psychological Inquiry, 14*, 196-202.

Diener, E. (2006). Editorial. *Perspectives on Psychological Science, 1*, 1-4.

Festinger, L. & Carlsmith, J. M. (1959). Cognitive consequences of forced compliance. *Journal of Abnormal and Social Psychology, 58*, 203-210.

Haslam, S. A. & McGarty, C. (2001). A 100 years of certitude? Social psychology, the experimental method and the management of scientific uncertainty. *British Journal of Social Psychology, 40*, 1-21.

Jarrett, C. (2008). Foundations of sand?. *The Psychologist, 21*, 756-759.

Kuhn, T. (1962). *The structure of scientific revolutions*. Chicago: University of Chicago Press.［クーン／中山茂（訳）(1971)『科学革命の構造』みすず書房］

LaPiere, R. T. (1934). Attitudes vs. actions. *Social Forces, 13*, 230-237.

McDougall, W. (1910). *Introduction to social psychology* (3rd ed.). London: Methuen.

McGarty, C. & Haslam, S. A. (1997). A short history of social psychology. In C. McGarty & S. A. Haslam (Eds.), *The message of social psychology: Perspectives on mind in society* (pp.1-19). Oxford, UK and Cambridge, USA: Blackwell.

Milgram, S. (1963). Behavioral study of obedience. *Journal of Abnormal and Social Psychology, 67*, 371-378.

Moscovici, S. (1984). The phenomenon of social representations. In R. M. Farr & S. Moscovici (Eds.), *Social representations* (pp.3-70). Cambridge: Cambridge University Press.

Rozin, P. (2009). What kind of empirical research should we publish, fund, and reward?. *Perspectives on Psychological Science, 4*, 435-439.

Tajfel, H., Jaspars, J. M. F. & Fraser, C. (1981). The social dimension in European social psychology. In H. Tajfel (Ed.), *The social dimension* (Vol. 1, pp.1-8). Cambridge: Cambridge University Press.

Turner, J. C. & Oakes, P. J. (1997). The socially structured mind. In C. McGarty & S. A. Haslam (Eds.), *The message of social psychology: Perspectives on mind in society* (pp.355-373). Oxford: Blackwell.

Walker, I. (1997). *The long past, short history, and uncertain future of social psychology* (paper presented at the 4th meeting of the Society of Australasian Social Psychologists, April 16-19). Christchurch, New Zealand.

1 社会的促進と社会的手抜き
トリプレットの競争研究・再入門

スティーブン・J・カラウ、キプリング・ウィリアムズ

背 景

　110年以上前、実験心理学の黎明期に、将来有望な大学院生で、かつ熱心なスポーツマンでもあったノーマン・トリプレットは、学位論文の研究テーマを競争に絞ろうと決めた。自転車レースの記録を注意深く分析したところ、他の競技者と競争する場合や、ペースメーカーとなる他の競技者集団がいる場合には、単独で時計のみを相手に走っている場合よりもスピードが速いことが明らかになった。実験室で競争を研究するために、トリプレットは子どもを対象として、単独条件および他の子どもとの競争条件で釣り用のリールをできるだけ速く回すという課題を導入した。この実験からトリプレットは、競争は活力を増大させる効果を持ち、多くの子どもたちがリールを早く回すようになることを見出した。これらの結果は、大部分の人が、競争相手がいると単独で行うときよりも、より一生懸命に、より多くの努力をするようになることを示唆している。

　トリプレットはこの知見を「ペースメーキングと競争におけるダイナモジェニック要因（The dynamogenic factors in pacemaking and competition）」と題する緻密で入念な論文にまとめ、1898年に『アメリカ心理学雑誌（*American Journal of Psychology*）』に発表した。この論文は、この領域の核心を突く基本的な問いを示している。すなわち、他者の存在は個人としてのわれわれにどう影響するのだろうか、という問いである。この一般的な問いは最終的に、大きな2つの研究領域へと発展した。それらは、社会的促進と社会的手抜きとして知られている。**社会的促進**（social facilitation）とは、他者（共同行為者または観察者）の存在が、単純、あるいは良く訓練された課題における遂行成績を高め

る一方で、複雑、あるいは馴染みのない課題に対しては遂行成績を低めるという現象である（Geen, 1991; Zajonc, 1965）。また**社会的手抜き**（social loafing）とは、他者と協働で行う、あるいは集合的な課題に取り組む際に、個人の努力量が減少するという現象である（Latané et al., 1979）。この社会的促進および社会的手抜きに関しては、これまでに何百という研究が行われてきた。そして、さまざまな集団や社会的要因がなぜ、そしてどのように、個人の努力や動機づけに影響を与えるのかを説明する、多くの理論が提唱されてきた（Bond & Titus, 1983; Karau & Williams, 1993）。トリプレットの研究はまた、しばしばスポーツ心理学の先駆けと認識されている（Davis et al., 1995）。

　トリプレットの有名な競争研究は、社会心理学、スポーツ心理学の両者に大きな影響を与えた。社会的影響や集団過程の研究発展に不可欠な存在であったと言える。しかし、子どもが釣りのリールを巻き上げるという、割と単純な1つの実験室研究が、なぜそしてどのように、これほどの影響力を持つに至ったのだろうか。本章では、トリプレットの古典的研究の歴史的背景、方法論的特徴、そして長きにわたる影響を理解して、この疑問を解き明かす。

社会心理学の夜明け

　人間的事象のさまざまな心理側面に関する哲学者たちの議論は長い歴史を持つが（少なくともプラトンやアリストテレスにさかのぼる）、科学の一領域としての心理学は、トリプレットが競争研究を始めたときまだその揺籃期にあった。人の知覚プロセスに関する科学的研究は、それより前の19世紀に、ヘルマン・フォン・ヘルムホルツやギュスターブ・フェヒナーといった研究者による先駆的研究によって幕を開けていた。1875年、最初の心理学実験室がウィルヘルム・ヴントによってライプツィヒ大学に開設された。同じく1875年に、アメリカではウィリアム・ジェームズが小さく非公式ではあるがハーバード大学に研究所を設立し、1883年にジョンホプキンス大学のG・スタンレー・ホールがアメリカにおける最初の、公式の心理学実験室を設立した。1880年代後半には他のいくつかの大学において、数多くの影響力のある心理学者が研究室を設立した。1890年にはジェームズによる歴史的な2巻からなる専門書、『心理学原理（*Principles of Psychology*）』が出版された。ヴント、ジェームズ、ホール、そして他の研究者たちのリーダーシップによって、19世紀の終わりに心理学は科学の一領域としての真の繁栄をスタートさせたのである（Allport, 1954;

Goethals, 2003; Hothersall, 2004)。

　初期の心理学的研究のほとんどは基礎的な知覚プロセスや判断について調べていたが、すぐに社会的な問題も考察されるようになった。ジェームズは、自己や人間の意志も含めて、社会的要因によって影響されうる広範な現象について思索し、ホールは質問紙を使って子どもたちの社会的相互作用を調査した（Goethals, 2003）。フランスの農業技術者であったマックス・リンゲルマンは、1880年代に、集団サイズがどのように個人の努力量に影響を及ぼすかを検討している。ボランティアで集められた男性集団にロープを思い切り引っ張るように依頼し、それをいくつかの集団サイズにおいて検討した。その結果、集団での力は個人単独の場合の力の単純な合計値よりも、少なくなることを見出した。しかしながらこの結果は、1913年にフランスの農業雑誌（*Annales de l'Institut National Agronomique*）に掲載されるまで公刊されず、その後も何十年にもわたって注目されることはなかった（Kravitz & Martin, 1986）。

　もっと注目を集めたのは、ギュスターブ・ル・ボン（Le Bon, 1895/1960）の研究である。ル・ボンは、さまざまな大規模集団や群衆を注意深く観察し、集合的行動に関する影響力のある理論的な分析を行った。それは、感情的、非合理的、無意識的な影響を強調するものであった。集団が潜在的にネガティブな側面を持つというル・ボンの見解は非常に強い影響を与え、脱個人化、すなわち集団に埋没した際に個人の自己意識や責任の感覚が失われる可能性（Zimbardo, 1969; 8章も参照）に関する近年の研究の先駆けといえる。このように、初期の研究は明らかに集団や群衆のダイナミックスに多少なりとも注意を向けていた。しかし当時、リンゲルマンの研究はほとんどすべての研究者に知られておらず、ル・ボンの業績は観察にすぎないものであった。こうして、19世紀も終わりに近づく頃、個人に及ぼす社会的、集団的影響に関する基礎的な実験的研究を行う機が熟していった。

　この挑戦に挑むことになる科学者ノーマン・トリプレットは、1861年にイリノイのペリーに近い農場に生まれた。彼はペリー高校を卒業したのち、イリノイ州ジャクソンビルのイリノイ大学に入学し、1889年に卒業生総代となって卒業した。トリプレットは多くの競技スポーツの熱心な選手であった。大学卒業後トリプレットは、学校の監督官として、その後高校の科学教師として勤務し、さらにその後、インディアナ大学で最初の学位を取得した。彼はのちに、アメリカ心理学会会長となるウィリアム・ロウ・ブライアンの研究室で研究した（Davis et al., 1995）。また1895年にインディアナ大学の大学院生となった際、アメリカで最初の心理学実験室の1つを利用できるようになり、彼が運動

競技に強い興味を持っていたことと相まって、出現しつつあった社会心理学やグループ・ダイナミックスの研究領域を形作る役割を果たすことになる理想的な舞台が整った。

競争研究

アーカイブ研究——自転車レース記録の検討

方　法

1898年に出版されたトリプレットの古典論文は、自転車レースの結果についての詳細な考察から始まる。この論文のために彼は、アメリカ自転車リーグレース委員会の1897年シーズンの公式記録を見直し、3つのタイプのレース間の比較を行った。(a) 他の競技者との競争、(b) ペースメーカーありのタイムレースで、競技者は単独で記録に挑戦するが、他のライダーが前を走ってペースを教えてくれる、(c) ペースメーカーなしのタイムレースで、競技者は単独で記録に挑戦する。

結　果

トリプレットは、ペースメーカーがいないタイムレースよりも、他の競技者と実際に競う場合、およびペースメーカーがいるタイムレースの方が、1マイル当たりの平均時間が早いことを明らかにした。具体的には、ペースメーカーなしに比べて、ペースメーカーありの場合は23%、そして他の競技者との実際のレースの場合には26%の向上が見られた。平均時間で言えば、ペースメーカーなしの場合は1マイル当たり2分29秒かかったのに対し、ペースメーカーありの場合は1マイル当たり34秒、実際のレースの場合には40秒の短縮が認められた。この結果についてトリプレットは、競技者に対する事前調査から予測されたパターンに非常に良く（実際には予測以上に）合致したと記している。「競技者自身は概して、ペースメーカーありの効果は1マイル当たり20～30秒と見ていた」(Triplett, 1898, p.508)。

トリプレットの分析は、スポーツ競技のアーカイブデータがさまざまな社会的状況におけるダイナミックスの理解に大きな価値を持つことを非常にわかりやすく示した、初期の例であった。トリプレットによる知見の価値は、定義された特徴に基づき膨大な競争データを統合して用いたという事実によって、よ

り高いものになった。彼は以下のように記している。

　これらの記録を前にすると、科学的な実験とほとんど同じ力を持っているように感じる。計算したところ、全員がより良い記録を残したいという野望を持つ2000名以上の自転車競技者からの記録がある。彼らが今日まで残したこれらの数字は無数のレースによって打ち立てられたものであり、わずかな者が記録を打ち立てるが、それもすぐに、ぴったりと後についている者たちの手に渡ってしまうのである。(1898, p.508)

同時にトリプレットは、ぬかりなく彼の分析に内在するいくつかの限界を明確にした。たとえば、色々なレース記録は、能力水準やその他の属性が異なるさまざまな競技者から得られたものであった。

　記録から得られたペースメーカーありの場合のタイムの方が速い点に関して、それがペースメーカーによって生み出された違いなのか、あるいはその競技に参加する個人の特徴による違いなのかが問われるだろう。あるレースで最速の人が、他のレースでは相対的には遅いということがある。…競技者は経験によってどのレースがもっとも自らに合っているかを知り、それを専門としている。(1898, p.508)

トリプレットは、それが容易に可能であれば、同じ競技者によるペースメーカーのありなしのタイムの比較をすることで、より確実な知見を得られるだろうと指摘している。しかしながら、この点で暫定的な情報として、2人の競技者のペースメーカーありなし両方についての1マイルのベストタイムを取り出して提示している。そして、より大きなデータプールと同じパターンを示していると指摘している。

理論的考察
　トリプレットの分析は、自転車レースの結果に関する考察にとどまらなかった。彼はその結果を説明するかもしれない数多くの理論を注意深く検討し、実験室実験で検討することを考えた。
　表1.1に示したように、これらの理論は物理学的なもの（吸引、保護）から心理学的なもの（勇気づけ、不安、自動化理論）、さらにはいささか奇抜なもの（催眠暗示）まで、多岐にわたっている。トリプレットは特に、競争における「ダイナモジェニック要因（dynamogenic factor）」[訳注1]に興味を持った。しかし、

1　社会的促進と社会的手抜き　17

表1.1 自転車レースのアーカイブ研究の結果を説明する可能性があるとして、トリプレットが論じている理論（Triplett, 1898）

理論	説明、あるいは関連する引用
吸引理論	「…ペースメーカーの機体の後ろにできた真空状態が後ろにつく競技者を引っ張る」（p.514）
保護理論	他の競技者の後ろにつくことで風の抵抗から保護される
勇気づけ理論	「ペースメーカーとして友人がいることが競技者を勇気づけ、気分を上昇させる」（p.514）
不安理論	レースを先導したりペースを保ったりすることは、他者のペースに従うより大きな集中や不安をもたらす
催眠的暗示理論	「最近の奇妙な理論であり、目前を走るペースメーカーの回転する車輪を見つめることで一種の催眠状態をもたらし、それによって筋肉の興奮状態が起こる。これがペースメーカーありの場合に長距離競技者の持久力の秘密である」（p.515）
自動化理論	先頭者はとるべき戦略や筋肉の動かし方により多くの注意を払わなければならないが、それに続く者はより自動的に乗れる
ダイナモジェニック理論	「競争に関するこの理論は、他の競技者が物理的に存在することが、他の競技者に競争的な衝動を喚起する刺激となるとする。したがって他者は神経エネルギーを解放する、あるいは自由にする手段となる」（p.516）

これらの過程をより統制された方法で検討するには、どうすれば良いだろうか。風のパターン、スリップストリーム[訳注2]を利用するため、他の競技者を先に行かせて自分はすぐ後につけるなどの行動をどう統制すれば良いのだろうか。

実験研究――実験室における理論検証

方　法

実験室で競争事態を研究するために、トリプレットは巧妙な装置を開発した。「競争マシン」と名付けられた装置で、2名の人物に釣りのリールをできるだけ素早く巻く競争を行わせる。Y字型の装置の先端に2つの釣りのリールが取り付けられており、その装置は重いテーブルに固定してあった（図1.1参照）。絹製の撚糸のベルトがリールの軸と滑車に掛けてあった。そしてリールを回すとベルトに縫い付けてある小さな旗が1周4メートルのサーキットを一周する

[訳注1] 筋肉の力を生み出す要因。表1.1参照。
[訳注2] 高速走行中の車の後ろにできる低圧部分。ここに入ると後続車はスピードを維持しやすい。

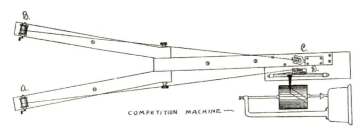

図1.1 トリプレットの「競争マシン」(Triplett, 1898, p.519)

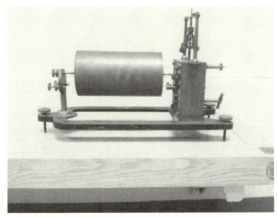

図1.2 トリプレットの実験で用いられたカイモグラフ。インディアナ大学心理・脳科学科に展示されている（写真は Robert Rydell & Jim Sherman 提供）

ようになっていた。課題はリールを素早く回し、できるだけ早くサーキットを4周させる競争をすることであった。

　2つのリールとコードからなるサーキットによって、他者と競争している場合と単独の場合の個人のパフォーマンスを比較することが可能となった。常に見えている小旗を使用することで、2人で競争する自転車レースの際と同じように、参加者は常に他者との比較を行うことが可能になった。時間はストップウォッチで測定され、研究の公式データとして使用された。さらに、それぞれの試行の際の参加者のリールを巻く速さが時間と共にどう変化したかをグラフ化して記録するために、カイモグラフも用いられた（図1.2 参照）。トリプレットは以下のように述べている。

　　記録は AD のコースから取られた。もう1本の BC のコースは、単にペースメイ

1　社会的促進と社会的手抜き　｜　19

ク、あるいは競争の目的でのみ用いられた。横に取り付けられた回転軸によって記録装置にその動きが伝達され、カイモグラフのドラムに曲線を描いて記録された。この曲線の方向はリールの回転率に対応しており、スピードが速いほど短く、そしてまっすぐな線が引かれる（1898, p.518）。

トリプレットによると、この研究には225名近いさまざまな年齢の個人が参加したが、彼の論文では、ほぼ全面的に8歳から17歳の40名の子どものデータに焦点を合わせている。これらの子どもたちは、装置に慣れるまでリールを巻く練習をすることが許された。その後6回の本番試行にのぞんだが、それぞれ平均30～40秒間かかり、試行と試行との間には5分間の休憩があった。最初の試行ではすべての参加者が単独で実施し、残りの5試行は、単独と他の子どもとの競争を交互に行った。この5試行はカウンターバランスがとられていた。こうして、子どもたちは、試行順序の異なる2条件のいずれかに割り当てられた（A群：単独、競争、単独、競争、単独、競争；B群：単独、単独、競争、単独、競争、単独）。

結　果

トリプレットは、試行タイムに実験の観察も加えて、競争がほとんどの子どもにエネルギーを増す効果を持つと結論づけた。洗練された統計手法の誕生以前の時代の習慣として、トリプレットは結果を一連のローデータの図表で示している。非常に興味深いのは、3種類の表である。それぞれA群とB群のセクションに分かれている。彼は存在すると思われる結果の3つの一般的パターンの評価にもとづいて、参加者のデータをこれらの表の1つに割り振った。具体的には、20名の子どもは競争によって促進方向に刺激され、10名は「過剰に刺激され」、そして残りの10名は、競争によってほとんど影響を受けなかった、と結論づけた。

競争が促進的な刺激となった子どもたちは、単独での試行よりも競争での試行の方が概して速くなり、競争によって動機づけられたようであった。「過剰に刺激された」子どもたちは、単独よりも競争の場合の方が遅くなった。しかしながらトリプレットは、この速度の減少を動機づけが減少したためとは考えなかった。むしろ興奮しすぎて心理的ないし運動上のコントロールを失ってしまい、その結果リールを速く回そうとしすぎたためと考えた。最後に、4分の1の子どもたちは、単独の場合と競争の場合との差が比較的小さく、競争によってあまり影響を受けなかったと考えられた。

「過剰に刺激された」子どもたちについて、トリプレットは以下のように述べている。

> 彼らについては、刺激がコントロールを失わせた。この群の参加者のそれぞれは、1つあるいはそれ以上の競争試行において、それより前の単独での試行に比べて極めて遅くなった。…これは、参加者の心理的態度が大きく影響したためと思われる。たとえば、勝ちたいという強い願いが、しばしば過剰刺激となる。呼吸が荒くなり、顔が赤くなり、腕の筋肉が硬くこわばったり、収縮したりした。(1898, p.523)。

トリプレットは、何名かの子どもたちについて、リール巻き方略の違いがどのように運動の協応やバランス、筋肉の疲れを生み出したかについて詳細に考察している。そして、競争によって刺激された子どもたちのほとんどは、それによって増加したエネルギーを、リールを速く巻くことに使えたのに対し、そうではない子どもたちはあまりに慌ててしまい、リールを速く巻こうとしても安定して効果的に行うことができなかった。

全体として、トリプレットの1898年の古典的論文から言えることは、ほとんどの子どもたちにとって、競争は単独での実行よりもより高い努力と動機づけのレベルをもたらすということである。実験室実験と自転車レースに関するアーカイブ研究の両者について考察して、彼は以下のように結論づけている。

> 実験室でのレースに関する上記の結果から、われわれは、レースに同時参加する他者の物理的存在は、普段は使用できない潜在的なエネルギーを解放する機能があると考える。この推論はさらに、ペースメーカーありの競争レースとペースメーカーがいるタイムレースの間の、25マイル走で1マイル当たり平均5.15秒のタイムの相違によっても正当化される。(1898, p.533)

しかしながら、トリプレットの3つのカテゴリーに見られるように、また各カテゴリーにおけるそれぞれの子どもたちの結果にも見られるように、参加者の競争への反応には顕著な変異があることも認識されるべきであろう。

強 み

驚くことではないが、トリプレットの論文は現代の社会心理学の研究論文とはまったく異なるスタイルで書かれている。コンピュータグラフィックスも洗

練された統計技法もまだ発展していなかったため、結果はローデータの表と手書きのグラフによって示されており、逸話的情報にもとづいた考察がなされている。同様に、大規模な先行研究はまだなされていなかったため、文中でほんのわずかな先行の関連研究について論じられているものの、論文には公式の引用文献リストが付されていない。

　しかしながら、こうした歴史的な制約は、必ずしも不利ではない。現代のほとんどの論文の特徴である、果てしない文献引用と統計がぎっしりの考察とは無縁の論文を読むのは、新鮮でさえある。また因果過程についての自由な推論や特定の参加者の反応に関する詳細な考察が含まれている論文を読むことも、新鮮である。これらの議論は、さもなければ見落とされたかもしれないダイナミックスへの重要な洞察を与えている。たとえば、「過剰に刺激された」何名かの参加者の行動を注意深く考察して、トリプレットはなぜ高いレベルの努力がいくつかの競争試行においてより遅い結果となったのかを明らかにすることができた。確かに、トリプレットの論文を読んだ後の時代の研究者たちは、競争に影響するであろう広範な要因への洞察を得ただろう。

　トリプレットの研究は、後に質の高い社会心理学的研究の特徴となる、いくつかの特徴を有していた。第一に、彼は複数の方法論を用いた。自転車レースの結果に関するアーカイブの詳細な分析にもとづいて仮説を作成し、その仮説を実験室状況で検証した。説得力のある証拠を提供するために複数の方法を用いることは、社会心理学の発展および向上にとって中心的となっている（Cialdini, 1980）。

　第二に、トリプレットは自転車レースのデータにおける競争の効果を説明すると思われる、複数の理論を検討した。そして彼は、競争における「ダイナモジェモニック要因」に注目し、少なくともある程度は、他の条件を統制してその要因を検討することができる実験装置を設計した。複数の理論から相反する仮説を同定することは科学的知識の発展にとって極めて重要であり（Platt, 1964）、ますます社会心理学の進歩にとっての鍵となってきている（Ross et al., 2010）。

　第三に、彼の有名な実験の計画および実施において、トリプレットは緻密さと注意深さを示している。たとえば、競争装置がうまく微調整されていることに関して、彼は以下のように述べている。

　　装置を頻繁に使用しても、エラーはほとんど起こらなかった。通常の試行ごとに、旗は16メートル移動する。10回のテスト試行に対して、このコースを辿るの

にリールの回転数は平均149.87回、変動の平均は0.15回で、絹製のバンドがあからさまに空回りすることはなかったことを示している。1回の試行で平均40秒かかったとすると（それほどおかしい値ではない）、0.15回転にかかる時間は0.04秒である。(1898, p.518)

　また、試行時間はストップウォッチで計測され、カイモグラフは実験にとって付随的であったが、トリプレットは、各参加者の試行を視覚的に記録できるようにカイモグラフを維持しておくことについても、大きな注意を払った。

　第四に、トリプレットの実験は、より統制された状況の中でスポーツにおける競争のダイナミックスを巧妙にモデル化した。絹製のコードに縫い付けられた小旗は、参加者が競争中に進み具合を確認し、対戦相手と比較することを可能にした。課題そのものは非常に単純なものであったが、短い試行のたびに非常に素早くリールを巻くという、大きな努力を要するものであった。このことは、結果を努力に帰属させる見込みを増やすことにつながった。もちろんトリプレット自身が認めるように、能力や方略の違いがある程度関係していたことも否めない。

　最後に、トリプレットは、中心的な関心事ではない変数を統制するか、そうした変数が可能性として持つ影響を考慮するという、興味深い試みを行っている。特に彼は、子どもたちを2つの群のいずれかに割り振る際、第2試行から第6試行において単独条件と競争条件の順序が相殺されるようバランスをとっている。これによって練習や経験の程度を一定の状態にして、単独条件と競争条件を比較することが可能になった。またトリプレットは、直接統制されなかったいくつかの変数の影響についても、興味深い考察を行っている。彼は年齢や性別、運動技能、緊張、リールを巻く方略や筋肉協応レベルなどの潜在的な影響について考察している。これらの考察は推測的なものではあるが、トリプレットはいくつかのサブグループの平均値と逸話的な情報にもとづいて、結論を導出しようと試みている。たとえば、各試行における全年齢の男子と女子の平均値の考察にもとづき、年齢が上の方が若干タイムは早く、競争の効果は男子に比べて女子の方がやや大きいようだと述べている。また、激励や試行タイムのフィードバックがあった場合となかった場合があり、それが結果に影響を与えたであろうことを認めている。さらに非常に細かいことだが、2名いた左利きの参加者の結果についてデータ表で注を付している。

限 界

　これも当然のことではあるが、歴史的背景や「最先端技術」が未開発であったことなどを踏まえると、トリプレットの画期的な研究には限界もある。特に、現代の統計手法が利用できなかったため、トリプレットはローデータの表、関心のあるサブグループの平均値、グラフを慎重に検討することで結論を出すことになった。彼のデータの提示方法は詳細かつ説得力があり、競争効果の可能性に関する豊かな洞察を与えている。しかしながら、どのパターンが統計的に有意なのか、そして統計的な統制変数を含めた場合に結果がどう変わるのかについて、読者が知ることはできない。

　幸運なことに、トリプレットは彼の論文で注目した40名の子どものすべてのローデータを示している。近年になって、マイケル・ストローブ（Strube, 2005）によるたいへん面白い論文において、このデータを1890年当時のトリプレットが使うことのできなかった統計解析によって分析した。さまざまな分析の結果、トリプレットのデータからは、統計的に有意な競争効果を示す一貫した結果は得られなかったとストローブは結論している。

　ストローブ（2005）による分析結果を検討するにあたっては、トリプレットが子どもたちを2つの群のうち一方に割り付ける際、第2〜6試行の単独条件と競争条件の順序が平衡するようバランスをとったことを思い出すことが重要である。この手続きによって、一方の群が単独で課題を行っているとき他方の群は競争的に行っており、課題経験という点で同じレベルで比較することが可能となった。ストローブは、第2試行が特に適切なパフォーマンスの比較になったのではないかと指摘している。なぜなら、以前の競争試行によるキャリーオーバー効果を受けないからである。このようなキャリーオーバー効果は大きな懸念事項である。ひとたび子どもたちが競争試行に参加すれば、その後の単独試行でも、以前の競争試行における経験に影響される可能性が高いだろう。実際トリプレットもこの問題を認めており、以下のように述べている。

　　単独試行に競争的な要素が入り込み、いくつかのケースでは、実験参加者に彼らのタイムを教えないことが良いとわかった。参加者は自らの記録や友人の記録を打ち破りたいと常に望んでおり、その意味で、すべての試行が競争的であった。競争の感覚が常に存在しているようであった。したがって、競争試行に続く単独試行は、真の意味で非競争的試行ではなかったと思われる。(1898, p.530)

ストローブは第2～6試行における2群の得点を比較して、競争効果を示す証拠を見つけることはできなかった。競争条件の方が単独条件よりも子どもたちがリールを速く回す、非常に小さな傾向が5試行中4試行で見られたが、それらの差は統計的に有意ではなかった（$p > .42$）[1]。また、第1試行において年齢と性別の有意な効果が見られたことに注目し（年長の子どもおよび男子の方が良いパフォーマンス）、ストローブは第1試行の得点に対して統制して第2～6試行の群間比較を行った。その結果、5試行を通して競争試行の方が若干早いという傾向は見られたものの、全体としては有意な競争効果は見られなかった（$p = .24$）。しかし、第3試行では有意な競争効果が見られた。

　参加者内分析（すなわち全参加者に対する試行間の比較）でも、同様に有意な全般的競争効果は見られなかった。しかし、参加者ごとの単独試行と競争試行の得点をそれぞれ平均し、これらの得点間の比較を行ったところ、競争試行（37.45秒）の方が単独試行（38.14秒）よりも速く、有意な差となった（$p = .048$）。しかしその差は極めて小さいものであり、競争相手がいる場合に単独の場合よりも1.81％、試行タイムが短縮したにすぎない。さらに、トリプレットの2名の左利きの参加者のデータを取り除いた場合には、これらの差は消失した。またストローブは、トリプレットの推測とは異なり、年齢や性別が競争への反応に影響しているいかなる証拠も見つけることができなかった。結局のところ、ストローブ（2005）の分析からは、トリプレットのデータにおいては競争や社会的促進の効果に関する証拠は一貫せず、そして非常に小さいものであることが示されている。

　全体的な有意差が見られなかった1つの重要な理由は、「促進方向に刺激された」と、「過度に刺激された」というトリプレットの区別に関連している。トリプレットによると、およそ4分の3の子どもたちは競争によって興奮し、エネルギーを与えられたが、このうち3分の2の子どもたちだけが、その興奮を、リールを回す速さにつなげることができた。一方残りの「過剰に刺激された」子どもたちは、心理的ないし運動上のコントロールを失ったためにリールを安定して効果的に回し続けることができなくなり、実際にはタイムが遅く

---

[1] p値はある事象が偶然に起こる確率を意味する。これらの値は0から1までの値となり、0は事象がまったく起こらないことを意味し、1は事象が確実に起こることを意味する。心理学者は慣習的に、.05以下のp値を統計的有意性のベンチマークとする。すなわち、そのときに、当該の効果が偶然に起こる可能性は非常に低いことを意味している。

なった。この観察は、他者の存在によって生み出される刺激はいくつかの条件下では遂行成績を実際に阻害しうることが示される（Zajonc, 1965）何十年も前に、この点を予測したものであったと言えるだろう。もちろん、全参加者の平均を算出すると、過度に刺激された子どもたちの遅くなったタイムは、全体的な競争効果を検出する際にマイナスに作用する。さらに、トリプレットの225名近くのすべての年齢の参加者プールに、より一貫した、あるいは有意となるパターンが潜んでいる可能性もある。

トリプレットの研究では競争効果についての一貫した、統計的に有意な証拠は見出されなかったが、他者の存在が個人の動機づけに影響を与えうるという一般的な考えを支持する説得力のある情報と根拠を提供した。さらに、トリプレットが自転車レースの結果からペースメーカーと競争の効果を明らかにしたこと、そしてさまざまな参加者がどのように競争に反応したかに関する詳細な分析とは、後続の研究者たちが多くの仮説を取り上げ、検証する舞台を用意した。実際、トリプレットの研究が長年にわたって影響を与えてきたことを考えると、1890年代に統計的な有意性が論文出版の基準でなかったことは、社会心理学領域にとってむしろ幸運なことであった。ストローブは以下のように述べている。

　　ここで示した分析は、トリプレットの時代に統計的仮説検定が流行していたなら、どうなっていただろうかと考えさせられる。… 最終的には社会的促進が証明されたであろうが、それが実証されるのがどれほど遅れることになっただろうか、あるいは、どれほど多くの創造的な人びとを追従させることを遅らせたかと思わずにはいられない。… 間違いなく、すべての点において、トリプレットの研究は社会心理学分野における、1つの素晴らしい始まりであり続けている。… 社会的促進の概念的基盤に関する彼の創造的かつ先見的な推論は、後続の重要かつ統計的に有意となる研究の礎を築いた。(2005, p.281)。

トリプレットの研究の影響

トリプレットによる古典的研究の影響力は非常に大きいものであった。社会心理学におけるはじめての公刊研究として引用されることも多く（たとえば、Aiello & Douthitt, 2001; Strube, 2005）、スポーツ心理学においても同様である（たとえば、Iso-Ahola & Hatfield, 1986）。さらにゴードン・オルポートによる社会

心理学の初期の歴史に関する影響力のあるレビュー論文（Allport, 1954）では、まさに史上はじめての社会心理学実験として言及されている（反対意見としては，Haines & Vaughan, 1979 参照）。このようにトリプレットの1898年の論文は、間違いなく、社会現象をどのように実験室において科学的吟味の俎上に上げることができるかを示した、非常に初期の生き生きとした代表例である。

トリプレットの研究は、他者の存在がどのように個人の動機づけおよび努力に影響するのかに関する探求も開始させることになった。競争相手の存在が個人の動機づけを高めるとする彼の証拠は、社会的促進（この用語は1920年にフロイド・オルポートによって作られた）に関するあまたの研究を刺激した。その結果、単独の場合に比べて観察者や共同行為者、観衆といった他者が存在している場合に個人の動機づけや努力がどのように異なるのかを検討した、何百という研究が行われた（Bond & Titus, 1983）。トリプレットの研究はまた、他者の存在が結果として、ときには社会的手抜き（この用語は1979年にビブ・ラタネらによって作られた）につながるという認識にも間接的に貢献している。社会的手抜きは、他者が協働者あるいはチームメイトとして一緒に集合的な課題に取り組んでいる場合に、個人の動機づけが減少することで起こる。1970年代以降、100件以上の社会的手抜きに関する研究が行われている（Karau & Williams, 2001）。社会的促進と社会的手抜きの両者を説明しようと試みる多くの理論も提案されているが、そのうちいくつかは、トリプレットの推論的な洞察を反映したものである（表1.1参照）。

結論 ── 社会心理学へのトリプレットの遺産

トリプレットによる古典的研究は、社会心理学およびスポーツ心理学全般に、そして特に社会的促進と社会的手抜きの分野に大きく貢献したが、1890年代後半以降、これらの問題に関する研究と理論は大きく進展した。実際、1898年のトリプレットの論文公刊を社会心理学領域における重要な出発点として取り上げてみると、この領域におけるほとんどすべての知識が、トリプレットの業績を追って発展していることがわかる。この本の他の章は、創造的で影響力があって、ダイナミックな研究が、さまざまな分野で1世紀以上にわたり社会心理学者によって行われてきた明確な証とみなせる。

社会的促進と社会的手抜きに関して言えば、いずれも社会心理学の中で成熟した多面的な主流の研究分野に成長した。トリプレットの論文は、他者の存在

が個人にエネルギーを与えたり動機づけたりすることを示す、初期の多くの研究につながった。これらの研究は、広範な課題を用い、人間だけでなく、さまざまな動物でも行われた。初期研究の多くが、他者の存在が遂行成績を向上させることを示したが（たとえば、F. Allport, 1920）、同時に他者の存在が遂行成績を低下させる状況についての記述も多く行われた（Dashiell, 1935）。

この知見の不一致のため、1940年代から1950年代にかけて社会的促進の研究は幾分停滞し、それは1965年にロバート・ザイアンスが見事な統合を提案するまで続いた。彼は、覚醒が主たる反応を促進するとする動因理論（Hull, 1935; Spence, 1956）から鍵となる発想がもたらされたと述べている。単純、あるいは良く訓練された課題における主たる反応は大概の場合正確であるが、複雑、あるいは不慣れな課題における主たる反応は不正確であったり、要領の悪いものであったりすることが多い。ザイアンスは、他者の存在は覚醒の源泉となり、それゆえ単純、あるいは良く訓練された課題における遂行成績は向上し、一方複雑、あるいは不慣れな課題での遂行成績は低下すると考えた。この洞察は、既存の社会的促進研究をうまく説明すると思われ、数多くの新たな研究を生み出すことになった。そして、他者の存在において、何が動因や覚醒状態を作り出すのかを明らかにし、社会的促進の付加過程に関わる変数、調節変数、制限条件を明確化しようと、その後数多くの理論が生み出された（レビューとして、Geen, 1991; Guerin, 1993 参照）。

トリプレットの知見（他者の存在が動機づけを増強）とリンゲルマンによる知見（他者との協働が動機づけを下げうる）との対比もまた、社会的手抜き研究の発展を促した。トリプレットの研究は20世紀初頭に大きな注目を集めたが、それ以降1974年にアラン・インガムらがより統制されたかたちでリンゲルマンの研究を再現するまで社会的手抜きは注目されなかった（Ingham et al., 1974）。ラタネらによる古典的研究（Latané, 1979）もまた、動機づけの喪失をもたらすいくつかの鍵となるダイナミックスを見事に分離し、その後の多くの研究やその効果を説明するために提出される数多くの理論へとつながった（レビューとして、Karau & Williams, 1993, 2001 参照）。

一見すると、社会的促進と社会的手抜きは正反対の効果のように見える。促進の場合には他者の存在が典型的に努力を増進させるが、手抜きの場合には減少させるからである。しかしながらこの不一致は、存在する他者の性質に注目することによって容易に解決される（Harkins, 1987）。具体的には、社会的促進研究において存在する他者とは観察者、同時行為者、聴衆であり、単独での作業に比べて覚醒（Zajonc, 1965）や評価（Cottrell, 1972）、妨害（Baron, 1986）を

高める可能性がある。一方、社会的手抜き研究においては、そこに存在する他者は協働作業者あるいはチームメイトであり、課題を単独でうまく行わなければならない場合に比べて、個人の努力量を下げる機会を作り出している（Karau & Williams, 1993）。

　ノーマン・トリプレットのその後についても紹介しよう。彼は初期のキャリアのうちに、一連の問題に関わる研究プロジェクトを完了させている。1898年にインディアナ大学で修士論文を書き上げたのち、クラーク大学のG・スタンレー・ホールの元でPh.Dの研究を行った（Davis et al., 1995）。彼の博士論文は長編となり、『アメリカ心理学雑誌（*American Journal of Psychology*）』に「欺瞞の魔法について（On the conjuring of deceptions）」と題して掲載された（Triplett, 1900）。それは錯覚とマジックに関する全般的な問題に焦点を当てたものであった。そこでは、錯覚を作り出すのに用いられるさまざまなテクニックとトリックが詳述されており、注意や知覚、示唆、隠蔽といった心理学的基礎にまでさかのぼっている。またトリプレット（1901）は、魚に関する興味深い社会的含意のある研究も行った。彼はガラスの壁で隔てて2匹のパーチとヒメハヤ[訳注]を分離して水槽に入れた。ひとたびパーチがヒメハヤを無視することを学習すると、壁が取り除かれた後でも、パーチはヒメハヤを捕食することがなかった。これは、生得的であるように見える行動が形成される際に、学習と経験の力が大きいことを示す結果である（この点はのちに、セリグマン（Seligman, 1975）など、臨床研究者たちによって注目された）。

　これらの初期の興味深い実証的研究の貢献ののち、トリプレットは教育および管理運営に彼のキャリアの大半を費やした。1901年にマサチューセッツ州のマウント・ホリヨーク大学で1年間過ごしたのち、エンポリアにあるカンサス教員養成学校（のちのエンポリア州立大学）の教員となった。1931年に退職するまで、30年間にわたって児童学科の学科長を務め、心理学の教育プログラムを作り上げた。この間彼は、優れた教師、そしてメンターとして評判であった。またトリプレットは、生涯にわたって競技スポーツに興味を持ち続けた。彼は優秀なランナーであり、学部の野球チームのレギュラーメンバーであり、またキャンパスでのさまざまなスポーツの練習に日常的に参加していた。1909年のシーズンには、トラック競技の臨時コーチを務めたことすらあった（Davis et al., 1995）。

　ノーマン・トリプレットは、優れた研究者としてだけではなく、教師・管理

［訳注］いずれも淡水魚の一種。

者としても長く、多様なキャリアを送った。しかし彼の業績を代表する最高の遺産となったのは、やはり1本の、時宜を得た修士論文であった。彼が行った巧妙で極めて単純な研究は、個人の覚醒や動機づけ、そしてパフォーマンスに及ぼす他者の存在の影響に関する、豊かで今も成長している一群の研究への発展の、基盤となった貢献であった。この研究は、社会心理学の領域に永続的な印を残した。それは興味深い社会心理学的現象を明らかにしたからというだけではなく、社会心理学的研究を実際に行う強力なモデルを提供したからである。間違いなくこの研究は、科学的で、理論的に豊かで、方法論的に洗練されており、そして楽しいものであった。

■さらに学びたい人のために

Triplett, N. (1898). The dynamogenic factors in pacemaking and competition. *The American Journal of Psychology, 9*, 507-533.

トリプレットの独創的な研究を完全に理解したい読者は、1898年のオリジナルの論文を精読するのがたいへん価値のある経験となる。

Strube, M. J. (2005). 'What did Triplett really find? A contemporary analysis of the first experiment in social psychology. *The American Journal of Psychology, 118*, 271-286.

この洞察に富んだ小論は、トリプレットのオリジナルデータの詳細な統計解析である。

Aiello, J. R. & Douthitt, E. A. (2001). 'Social facilitation from Triplett to electronic performance monitoring. *Group Dynamics: Theory, Research, and Practice, 5*, 163-180.

この論文は社会的促進を歴史的に概観した力作で、一部、初期の研究へのトリプレットの研究の影響を追っている。

Bond, C. F. & Titus, T. J. (1983). Social facilitation: A meta-analysis of 241 studies. *Psychological Bulletin, 94*, 265-292.

この論文は社会的促進研究の詳細なレビューとメタ分析で、その理論的、実際的意味について論じている。

Karau, S. J. & Williams, K. D. (1993). Social loafing: A meta-analytic review and theoretical integration. J*ournal of Personality and Social Psychology, 65*, 681-706.

この論文は社会的手抜き研究のメタ分析で、この分野の多様な知見を統合する有力な理論的モデルを提示している。

[訳者補遺]

太田伸幸（2007）『ライバル関係の心理学』ナカニシヤ出版

■引用文献

Aiello, J. R. & Douthitt, E. A. (2001). Social facilitation from Triplett to electronic performance monitoring. *Group Dynamics: Theory, Research, and Practice, 5*, 163-180.

Allport, F. H. (1920). The influence of the group upon association and thought. *Journal of Experimental Psychology, 3*, 159-182.

Allport, G. W. (1954). The historical background of modern social psychology. In G. Lindzey (Ed.), *Handbook of social psychology* (Vol. 1, 1st ed., pp.3-56). Cambridge, MA: Addison-Wesley.

Baron, R. S. (1986). Distraction-conflict theory: Progress and problems. *Advances in Experimental Social Psychology, 19*, 1-36.

Bond, C. F. & Titus, T. J. (1983). Social facilitation: A meta-analysis of 241 studies. *Psychological Bulletin, 94*, 265-292.

Cialdini, R. B. (1980). Full-cycle social psychology. *Applied Social Psychology Annual, 1*, 21-47.

Cottrell, N. B. (1972). Social facilitation. In C. G. McClintock (Ed.), *Experimental social psychology* (pp.185-236). New York: Henry Holt & Co.

Dashiell, J. (1935). Experimental studies of the influence of social situations on the behavior of individual human adults. In C. Murchison (Ed.), *A handbook of social psychology* (pp.1097-1158). Worcester, MA: Clark University Press.

Davis, S. F., Huss, M. T. & Becker, A. H. (1995). Norman triplett and the dawning of sport psychology. *The Sport Psychologist, 9*, 366-375.

Geen, R. G. (1991). Social motivation. *Annual Review of Psychology, 42*, 377-399.

Goethals, G. R. (2003). A century of social psychology: Individuals, ideas, and investigations. In M. A. Hogg & J. Cooper (Eds.), *The Sage handbook of social psychology* (pp.3-23). Thousand Oaks, CA: Sage.

Guerin, B. (1993). *Social facilitation*. Cambridge, UK: Cambridge University Press.

Haines, H. & Vaughan, G. M. (1979). Was 1898 a "great date" in the history of social psychology?. *Journal of the History of the Behavioral Sciences, 15*, 323-332.

Harkins, S. G. (1987). Social loafing and social facilitation. *Journal of Experimental Social Psychology, 23*, 1-18.

Hothersall, D. (2004). *History of psychology* (4th ed.). New York: McGraw-Hill.

Hull, C. L. (1935). The conflicting psychologies of learning: A way out. *Psychological Review, 42*, 491-516.

Ingham, A. G., Levinger, G., Graves, J. & Peckham, V. (1974). The Ringelmann effect: Studies of group size and group performance. *Journal of Personality and Social Psychology, 10*, 371-384.

Iso-Ahola, S. E. & Hatfield, B. (1986). *Psychology of sports: A social psychological approach*. Dubuque, IA: Brown.

James, W. (1890). *The principles of psychology*. New York: Henry Holt & Co.

Karau, S. J. & Williams, K. D. (1993). Social loafing: A meta-analytic review and theoretical integration. *Journal of Personality and Social Psychology, 65*, 681-706.

Karau, S. J. & Williams, K. D. (2001). Understanding individual motivation in groups: The collective effort model. In M. E. Turner (Ed.), *Groups at work: Theory and research* (pp.113-141). Mahwah, NJ: Erlbaum.

Kravitz, D. A. & Martin, B. (1986). Ringelmann rediscovered: The original article. *Journal of Personality and Social Psychology, 50*, 936-941.

Latane, B., Williams, K. D. & Harkins, S. G. (1979). Many hands make light the work: The causes and consequences of social loafing. *Journal of Personality and Social Psychology, 37*, 822-832.

Le Bon, G. (1895/1960) *The crowd: A study of the popular mind* (translation of La Psychologie des foules). New York: Viking Press. [ル・ボン／櫻井成夫 (訳) (1993)『群衆心理』講談社 (講談社学術文庫)]

Platt, J. R. (1964). Strong inference. *Science, 146*, 347-353.

Ringelmann, M. (1913). Recherches sur les moteurs animes: Travail de l'homme. *Annales de l'Institut National Agronomique, 12*, 1-40.

Ross, L., Lepper, M. & Ward, A. (2010). History of social psychology: Insights, challenges, and contributions to theory and application. In S. T. Fiske, D. T. Gilbert & G. Lindzey (Eds.), *Handbook of social psychology* (Vol. 1, 5th ed., pp.3-50). Hoboken, NJ: John Wiley and Sons.

Spence, K. W. (1956). *Behavior theory and conditioning*. New Haven, CT: Yale University Press. [スペンス／三谷恵一 (訳) (1982)『行動理論と条件づけ──心理学講義』ナカニシヤ出版]

Strube, M. J. (2005). What did Triplett really find? A contemporary analysis of the first experiment in social psychology. *The American Journal of Psychology, 118*, 271-286.

Triplett, N. (1898). The dynamogenic factors in pacemaking and competition. *The American Journal of Psychology, 9*, 507-533.

Triplett, N. (1900). The psychology of conjuring deceptions. *The American Journal of Psychology, 11*, 439-510.

Triplett, N. (1901). The educability of perch. *The American Journal of Psychology, 12*, 354-360.

Zajonc, R. B. (1965). Social facilitation. *Science, 149*, 269-274.

Zimbardo, P. G. (1969). The human choice: Individuation, reason, and order versus deindividuation, impulse, and chaos. *Nebraska Symposium on Motivation, 17*, 237-307.

2 態度と行動
ラピエールのホスピタリティ研究・再入門

ジョアンヌ・R・スミス、デボラ・J・テリー

背　景

　あなたは、健康に気づかって食事をしたり、継続的に運動をしたり、省エネに取り組んだりすることについて、どう感じるであろうか。多くの人たちのように、おそらくあなたも、これらをたいへんポジティブに捉えているだろう。しかし、あなたは毎日5人前のフルーツや野菜を食べるだろうか。継続的に運動するだろうか。家電製品をスタンバイの状態にしておかず、いつも完全に電源を切るだろうか。正直に言えばおそらく、あなたはこれらの行動をいつもしているわけではないと、認めざるをえないだろう。いろいろな意味で、人は、「言行一致」が苦手のようである。

　20世紀はじめの社会心理学の黎明期から、人びとが述べることと行動することとの関係に対する疑問は、社会心理学者の興味の対象だった。まず、研究者たちは、単純に態度と行為との間に強力な関連があると仮定した。人が他者の態度を知ることに興味を持つ理由の1つは、まさにこの仮定のためである。人がその問題に対してどのように感じているかを知ることができれば、彼らがその問題についてどのように行動するかを予測する（そして理解する）良い基礎となるはずである。もし、ある男性が料理好きであれば、彼は機会があれば、たぶんキッチンに向かうだろう。もし、ある女性が車を飛ばすことが好きだったら、おそらく機会があれば、彼女はモタモタしない車を買うだろう。しかしながら、心理学者が実証的に態度と行動との関連を調べはじめると、それらの仮定はすぐに疑問視されることになった。すぐに、ことがそのように単純ではないことが明らかになったのである。さらにこの認識は、決まって、態度と行動の関連を劇的に反証したある研究に由来するとされる。リチャード・ラピ

エール（LaPiere, 1934）の、ホスピタリティ研究である。

1930年代初頭、ラピエールはスタンフォード大学で経済学の学位を取得した後、社会学の博士号を取得したばかりの若い研究者であった。彼はキャリアのすべてをスタンフォードで過ごしたが、彼に科学的創造性を与える経験の多くを提供したのは、ラピエール自身の旅への強い欲求であった（これは、第一次世界大戦時に航空機エンジニアとして働いていたときに醸成された）。ラピエールが彼を有名にすることになる研究に取り掛かったとき、彼は、態度が行動を予測するかという問いに興味を持ってはいなかった。というのも彼の考えでは、態度とは**行動そのもの**だったからである。彼が言うように、「社会的態度は社会的状況に指示された…（それへの反応として表出された）行動パターンである」（1934, p.230）。言い換えれば、ある人が特定の態度対象に対してどう感じているかは、関連する社会的状況においてその人の反応を観察することによってのみ、判断しうると彼は考えた。ある男性が料理することをどう感じているかを確かめるためには、料理をする機会があるときに彼がどう反応するかを観察する必要がある。ある女性が車を飛ばすことについてどう感じているかを確かめるためには、スピードを出すことができる状況において彼女がどう反応するかを見る必要がある。

いろいろな意味でこのことは明白であるように思われるが、ラピエールの研究当時においては、研究者が質問紙の態度項目に回答を求めることによって単純に態度を測定する傾向が高まりつつあった（この傾向は現在まで続いている）。この理由の1つは、実際に行動を観察するという課題は、しばしば実行の準備が複雑で、時間がかかり、費用がかかるからである。したがって、料理したり運転したりする人を観察するよりも、それらのことについてどう感じるかを尋ねる方が、はるかに簡単なのである（たとえば、「あなたは料理をすることが好きですか？」）。

しかし、ラピエールにとってはこのような質問紙法（「安易で、チープで、機械的」、1934, p.230）に頼ることは問題があり、態度の正しい意味に対して妥当ではなかった。特に彼は、態度測定に質問紙を使用することは、シンボル的（もしくは言語的）な反応と非シンボル的（もしくは行動的）な反応とが直接的に関連するという、未検証な仮定に依拠していると主張した。それゆえ彼の研究では、シンボル的な行動と非シンボル的な行動との間の関連を検討することで、この仮定を検証しようとした。

ラピエール（1928）はすでに、この問題に関わる研究を、大学院での研究の一部として行っていた。フランスとイギリスで実施した、肌の色が異なる集団

に対する態度を検討した研究である。具体的には、ロンドン経済大学で研究を行っていたとき、彼はヨーロッパ中を旅し、出会った人びととの日々の会話において、「あなたはうちに善良な黒人を住まわせたいですか？」と、しばしば尋ねたと彼は後に語っている。フランスでは、大多数（78％）が偏見のない回答（つまり「はい」と回答）した。イギリスではその逆で、81％が偏見的な回答（つまり「いいえ」と回答）した。しかし、これらの回答はシンボル的な状況に対する言語的な反応を表しているだけであることに気づいて、ラピエールは、非白人客の予約に関するホテルのポリシーを見ることによって、彼のデータを裏付けようとした。ホテルのポリシーを見るという彼の根拠は、次のようなものであった。経済的理由から、ホテルの経営者はその当時の社会に広く認められている態度を反映するよう動機づけられるだろう、特に、非白人の宿泊客を認めるか拒否するかというホテルのポリシーによって、白人の常連客を怒らせないように望むであろう。

　この予測に一致して、ホテルのポリシーの検証結果は、ラピエールの会話で見られたパターンと同一であった。フランスのホテルの77％が偏見のないポリシーを持つ一方で、イギリスのホテルの80％が偏見的なポリシーを持っていた。しかしながら、ラピエールが記しているように、それらのポリシーは、人びとがどう行動するかを直接測定したというより、本質的に、シンボル的な状況に対する言語的反応にすぎない。フランスとイギリスの両者において、ホテルは世論に沿った**ポリシー**を持っていたが、彼らの実際の**実践**にも当てはまるだろうか。これが、ラピエールが着手した古典的な研究において、解決を求められた問題であった。

ホスピタリティ研究

　ラピエールの古典的研究へのインスピレーションは、彼がたまたま若い中国人学生とその妻ヘレンとともに、アメリカを巡って旅行したことから得たのだった。旅行前に、ラピエールは自分たちがホテルから受け取るであろう反応を懸念した（当時はまだ、中国の人びとに対して広く反感が持たれていた）。しかしながら、旅行中、何の問題も生じなかった。しかし2ヵ月後、ラピエールが同じ地域を訪れた際、（話がこじれる可能性を避けるために）彼が以前滞在したホテルに、旅を共にしている大事な中国人紳士が宿泊しても構わないかどうか尋ねる電話をした。彼が驚いたのは、その反応が「いいえ」だったことである。

ホテルのフロントで受けた対応と電話で受けた対応との間の大きな不一致は、ラピエールの関心を喚起し、より厳密な研究を行うよう動機づけた。彼は、ポリシーと実践との間のこの不一致が典型的なものか、そうだとすれば、その原因は何かをはっきりさせたいと考えた。

方法と結果

　1930年から2年間、ラピエールは、若い中国人のカップルと共にアメリカを広く旅行した。彼の言葉によれば、カップルは「品があり、チャーミングで、親密になる機会を得た相手の賞賛と敬意をすぐに勝ち取る人たち」であった（1934, p.231）。ラピエールの研究者としての関与（そして、前述の旅行に対する熱意）を証明するものとして、ラピエールたちはこの期間、元のホテルに加えて、250以上もの施設を訪れた。66軒のホテルやオートキャンプ場、民宿、そして184軒のレストランやカフェである。これらは、簡素なものからぜいたくなものまで、サービス業の全領域にわたっていた。
　ラピエールは、これが彼の研究計画の一部であることを中国人のカップルに知らせなかった。「彼らが行動を意識するようになって、その結果、彼らに対する周囲の反応に影響することを恐れた」（1934, p.232）からである。各々の場所へ到着した際、彼自身は目立たない場所にとどまって荷物や車のことで忙しくし（長年にわたる彼の機械への関心からすれば、そうすることは容易だった）、カップルにサービス（たとえば、宿泊設備または食事）の交渉を任せた。このようにして、ほとんどの状況で（251のうちの220例、88％）、ラピエールはカップルに同行し、中国人カップルが現れたことへの「明らかな反応」の「正確で詳細な記録」を集めることができた（1934, p.232）。
　実験デザインは非常に単純であるが、ラピエールの研究は驚異的な知見をもたらした。サービスを求めた251軒において、中国人の顧客は一度だけ拒絶された。それはラピエールの記述によれば、「かなり下のオートキャンプ場」であった（1934, p.232）。一行はどのレストランやカフェでも、サービスを拒否されなかった。そして、実際には「それらのうちの72軒においては通常以上の心遣い」で扱われた（1934, p.232）。中国人カップルへのこのポジティブな反応は、当時行われた大規模な意識調査の結果とまったくかけ離れていた。それは旅行に出る前のラピエールの懸念に合致して、中国人への広範囲な反感を明らかにしていた。たとえば、ダニエル・カッツとケネス・ブレイリー（Katz &

Braly, 1933)のアメリカのさまざまな集団の人種ステレオタイプに関する研究は、当時多くのプリンストンの学生が、中国人が陰険でうそつきであると考えていたことを示している。このことから、ラピエールは次のように結論した。

> アメリカ国民の「態度」は、金銭的な理由から白人顧客の反感に敏感である人びとの行動に見られる限りでは、決して中国人にネガティブではない。(1934, p.233)

大規模な調査で明らかにされた「態度」と彼自身の研究で観察された「態度」との間の相違をさらに検討するために、ラピエールは、彼らの訪問から6ヵ月後に、250の各施設へ質問紙を送付した。ラピエールは、中国人客に対する以前の経験に関わる効果を減少させるために、この期間をおいたのだった。彼は81軒のレストランとカフェ、47軒のホテル、オートキャンプ場、民宿から回答を得た（51％の回答率）。また、付加的な統制群として、彼は訪問しなかった96軒のレストランとカフェ、32軒のホテル、オートキャンプ場、民宿からも回答を得た。質問紙の1つのバージョンでは、単に施設に対して**「あなたは中国人をお客様として施設に受け入れますか？」**と尋ねた。もう1つのバージョンでは、中国人に関する質問は、他の人種や民族、そして国籍の人びとに対する同様の質問をするより大規模な調査の中に埋め込まれていた。

回答者が受けた質問紙のバージョンにかかわらず、結果は本質的に同じであった。その上、それらは非常に衝撃的でもあった。彼らが訪れたレストランの92％とホテルの91％、訪問しなかったホテルの94％およびレストランの81％が、彼らの施設では中国の人びとを受け入れないと回答した（表2.1参照）。彼が以前に1回行った観察と同様、彼らがしたことと彼らがすると言ったこととの間には、大きな不一致があった。

想定される状況への言葉による回答と実際の状況での行動とがこのように対応していないことは、態度測定に調査項目を用いることへのラピエールの留保を支持するものであった。態度質問紙は、シンボル的もしくは抽象的な対象に対する反応（たとえば、神や自由に対する気持ち）を測定することには役立つかもしれないが、人びとの現実の具体的な状況での反応を評価することはできない、と彼は主張した。

> 質問紙による測定で保証されるのは、完全にシンボル的な状況に対する言語的な反応にすぎない。それは質問によって象徴化された状況における回答者の実際の行動を示すかもしれないが、そうするという保証はまったくない。(1934, p.236)

表2.1 中国人の客を受け入れるかどうかを尋ねた際の、各施設の反応（LaPiere, 1934 をもとに作成）〔訳注〕

反応	訪問した施設	訪問しなかった施設
いいえ	118	108
どちらとも言えない	9	9
はい	1	1
合計	128	128

［注］中国人客が実際に訪れた場合、1軒だけが受け入れなかった。

ホスピタリティ研究の影響

立ち現れた疑問——態度と行動は関連しているのか

　ラピエールの目標は表面上、態度測定のための質問紙の使用に挑戦することであったが、1934年の彼の研究は広く、態度がいつも行動を予測するというわけではないことを示すと（正しくまたは誤って）解釈された。この解釈に添って、彼の研究に続いて多くの論文が著され、態度と行動との関連が非常に弱いことを示唆した（たとえば Kutner et al., 1952）。そして、これらの研究は、態度と行動の結びつきの性質に関する激しい理論的論争を促した（たとえば Campbell, 1963; Deutscher, 1969）。

　ラピエールの研究から40年以上経って、この論争は、態度と行動の間の関連について入手可能な実証的証拠に関する、アラン・ウィッカー（Wicker, 1969）の大きな影響を与えたレビュー論文の公刊で頂点に達した。ウィッカーは42の実証研究をレビューして、態度と行動との相関が平均すると非常に低い（$r \risingdotseq .15$）ことを見出した[1]。このことから、彼は「全体として、これらの研究は、態度と行為が関連しているというよりは、態度が外に現れる行動と無

---

[1] r は**相関係数**の統計学的な表記である。これは2変数間の関連の性質と強さを示し、+1（完全な正の関連を示す）から0（まったくの無関連）を経由し−1（完全な負の関連）までの値をとる。絶対値（つまり、0からの逸脱度）が.5以上の r は強いと言われ、.3あたりだと一般的に中程度と見なされる。絶対値が.1より小さい場合には、普通、弱いと考えられる。

〔訳注〕数値は LaPiere（1934）に従ったが、「訪問しなかった施設」の値の一部は誤りである可能性が高い。

関係か、わずかに関連があるだけである可能性が高いことを示唆する」と結論している（1969, p.65）。

しかし、同時に他の研究者たちは、態度が行動を予測する**という立場を保ち続け、論文で確認された弱い関係を理解しようとした。研究者の中には、以下で議論する、態度と行動の測定に関する方法論的問題を強調した人もいた。しかしながら、他の研究者たちは、態度が行動を予測するときと予測しないときを説明する、もっと複雑なモデルを提案した。具体的には、研究者たちは、態度と行動との単純な関連は存在せず、正確に行動を予測するためには、**他の変数を考慮する必要がある**と主張した。さらに、これらの研究者はまた、なぜ態度と行動がときに関連し、ときに関連しないのかを**説明する理論**の構築を切望していた。

これらの「他の変数」アプローチでもっとも優勢なのは、**合理的行為理論**（theory of reasoned action; Fishbein & Ajzen, 1975）と**計画的行動理論**（theory of planned behavior; Ajzen, 1991）である。両理論によると、行動のもっとも直接的な決定因は、その行動をしようという**意図**である。そして意図は、態度（すなわち、対象行動に対するその人の評価）、主観的規範（すなわち、他者がその行動を承認するであろうという知覚）、そして計画的行動理論では、行動の統制感（すなわち、行動がその人の統制下にあるという知覚）によって決定される。図2.1が示すように、態度、規範および統制感は意図に対して加算的効果を持ち、各要素の強さは、対象となる行動と行為者（特に彼らが所属している集団や人びと）に依存して変動する。

相当量の研究が、これらの理論の両方が態度と行動との関連の良い説明を与えることを示した（特に次のメタ分析を参照: Albarracin et al., 2001; Armitage & Conner, 2001; Hagger et al., 2002）。態度は意図と良く相関する（平均して相関係数 r は .45 から .60 になる）。同様に主観的規範と意図の間（$.34 < r < .42$）、そして行動統制感と意図の間（$.35 < r < .46$）にも言える。組み合わせると、態度、主観的規範および行動統制感は、意図の非常に良い予測変数であることが明らかになった（$.63 < r < .71$）。その上、シーラン（Sheeran, 2002）は、意図そのものが行動の良い予測変数であることを見出している（平均して $r = .53$）。（次節で議論する互換性の原理など）多くの方法論の洗練と共に、合理的行為理論と計画的行動理論に代表される理論上の進歩は、行動を予測するために態度を使用**しうる**ことを示唆する。確かに、これらの証拠から、態度概念をすっかり捨てるべきであるというウィッカー（1969）の結論は、幾分早計であったようである。

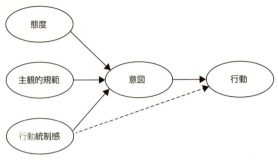

図 2.1　計画的行動理論の図式表現（Ajzen, 1991）

方法論的、概念的、倫理的批判

　ラピエール（1934）の研究の主たる知見が、他の数多くの領域で再現されているという事実にもかかわらず、彼の結果と結論は、いくつかの方法論的および理論的な根拠において疑問を持たれてきた。最初に、2つの調査時点間に6ヵ月の間隔があるという問題がある。実際問題として、私たちには、対面での対応と調査への反応が同じ人によってなされたかどうかを知る術がない。ラピエールと中国人のカップルはフロント係か給仕係と対話したが、その後の調査では施設の所有者かマネージャーが回答した可能性が高く、問題がある。もし（異なる役割にある）異なる人びとが実際に異なった時点で研究に参加していたならば、シンボル的（すなわち「態度」）と非シンボル的な反応（すなわち「行動」）との強い関連は必ずしも期待できない。さらに、他の研究から、態度と行動とが大きく間隔があいた時点ではなく、同時に測定される限りにおいて、態度が行動をより予測することが示されている（たとえば Schwartz, 1978）。これは、態度が時間経過につれて変化しうるためで、行動が測定された時点でのその人の態度は、以前に持っていた態度、またはその後に持つようになる態度とはまったく異なるかもしれないのである。

　ラピエールが用いた2つの「態度」測度が、実際には同じ態度対象を測定していないと主張した研究者もいる。特に、エイゼンら（Ajzen et al., 1970）は、言語的態度が対象となる行動をもっと正確に反映するよう測定されたならば、異なった結果が得られたかもしれないと指摘している。すなわち、「あなたは中国人をお客様として施設に受け入れますか？」と尋ねるより、むしろラピエールは「あなたは円熟した、身だしなみの良い、教養のあるヨーロッパ人の

紳士が同伴している、若くて、身だしなみの良い、言葉遣いが上品で、快活で、自信に溢れた、裕福な中国人をお客様として施設に受け入れますか？」と尋ねるべきであったのだ（Ajzen et al., 1970, p.270）。

　この提案は、**互換性の原則**（principle of compatibility; Fishbein & Ajzen, 1975 参照）に言及している。互換性の原則は、態度と行動が相関する見込みを最大化するためには、態度と行動は、目標、行動、文脈、時間という点で、同じレベルの具体性において測定されるべきであるとする。たとえば、ある人が運動にポジティブな態度を持っていても、その人がジムに行くために毎朝6時に起きようと思うということを必ずしも意味しない。

　互換性問題を検証するために、デビッドソンとジャカード（Davidson & Jaccard, 1979）は、女性の経口避妊薬の使用（興味のある行動）と、(1) 産児制限に対する一般的態度、(2) 経口避妊薬への態度、(3) 経口避妊薬を使用することへの態度、(4) これからの2年間で経口避妊薬を使用することへの態度との間で、関連を調べた。態度と行動との相関関係は、産児制限への一般的な態度に対しては非常に弱いものだったが（$r = .08$）、次の2年間で経口避妊薬を使用することに関するもっとも具体的な態度との相関はかなり強かった（$r = .57$）。したがって、態度の測定が目標、行動、文脈、時間の具体性に関して目的行動と互換性を持つに従い、態度と行動との関連はいっそう強くなるのである。

　これに関して、ラピエール（1934）が質問紙で測定したものは、実際には態度ではまったくないとする批判もある。公式的には、態度は「好意、非好意の程度を伴って特定のもの（「態度対象」）を評価することで表出される心理的傾向」と定義できる（Eagly & Chaiken, 1993, p.1）。この意味において、ラピエールの研究は態度を測定していない。その代わりに、**行動意図**（behavioral intention）を測定していた。すなわち、態度対象に対して特定の行動を行うつもりであることの程度である（Ajzen et al., 1970; Dockery & Bedeian, 1989）。（合理的行為理論と計画的行動理論が示すように）行動意図も実際の行動と関連すると期待されるが、その関連は、互換性の原則に反したり、2測定が長期間開けば大きく減衰したりしてしまうことになりやすい。

　また、研究者と特定の中国人のカップルが結果に与えた効果を考えることも重要である。最初に、ラピエール（1934）は、カップルが個々の施設のスタッフと対応している間、目立たない場所に留まることによって彼の存在によるどんなバイアス効果も統制するよう意識的に努力したと述べているが、先述のとおり、彼はほとんどの状況において、存在していたのである。しかしラピエー

ルにも公正を期すと、彼はデータの一環としてそのことを記録し、彼の不在であった 31 の状況においてもカップルが同じように対応されたことを報告している。これは、訪問した施設での中国人カップルの受け入れに、ラピエールの存在が重要ではなかったことを示唆している。

それにもかかわらず、この一行の承認は、この研究に関わった特定の中国人カップルによる人為的な結果かもしれない。ラピエールが指摘しているように、カップルは、品があり、チャーミングで、身なりが良く、訛りのない英語を話し、「微笑み巧者」であった（1934, p.232）。したがって、その施設でサービスを要求した特定の人びとは、質問紙の「中国人」というフレーズによって引き出されがちなステレオタイプ的イメージとはまったく異なっていた可能性がある。もしこの中国人カップルが、当時の中国人に広く持たれていたステレオタイプにもっと合致していたならば、質問紙調査と対面でのやりとりにおける反応はより一致しただろう。

また、規範など、状況上の制約の影響もラピエール（1934）の分析では見落とされた。ラピエールは、汚名を着せられた集団のメンバーを客として受け入れるか受け入れないかに関連するかもしれない経済的理由に関して紙幅を割いて記述しているが、彼は、中国人客へのサービス労働者の反応に重要な役割を果たすであろう強力な社会的、状況的要素を考慮していない。特定の集団にネガティブな態度を保持する人びとは、同様に寛容と礼儀正しさに関する広く持たれている規範を固く守ってもいるので、公共的行動においてネガティブな態度を示すのには気が進まないかもしれない。とりわけ、ラピエールの研究参加者はサービス労働者であり、特にお客への礼儀正しさと親切の重要性を良く訓練されているため、個人調査では差別的態度が容易に示されるとしても、対面の相互作用では、ホスピタリティと親切の規範が中国人カップルへのあらゆる差別的行動を抑圧したとしてもおかしくない。

この議論から、態度が行動に変換されるかどうかという特定の疑問には、（微細なもの、それほど微細でないものも含めて）幅広い検討事項が関わることが明らかだろう。これはラピエール自身も、確かに良く自覚していたことである。私たちが確信を持ってこう言えるのは、以前の大学院時代の研究（LaPiere, 1928）において、彼は黒人に対する態度を調査したが、後の研究では、この集団に対する態度を調査しないことにしたからである。なぜか？ すでに指摘したように、部分的にこれは、彼が中国人カップルとたまたま旅行した機会を捉えて行われたということによる。しかしながら、同時にラピエールは、彼の研究当時、人びとの黒人に対する態度が非常にネガティブであった事実を良く

知っていた。さらに決定的だったのは、当時は、そのような態度を、対応する差別的行動で公に表現することを奨励する、規範的風潮があった（特に人種隔離政策を通して）。したがって、ラピエールが黒人カップルとともに旅するのを選択し、訪問した施設について調査したならば、言語的に表出された態度と行動的に表出された態度の間に、非常に強い対応を見出したであろう。そしてもちろん、もしそうであったならば、彼の研究が社会心理学の古典的な研究の1つとして浮かび上がることはなかったであろう。

さらにもう1つ指摘されるべき点は、何度か述べたように、ラピエール（1934）の研究が通常、態度と行動との関連の検討として解釈されるという事実と関わっている。だがこのように解釈されると、この研究には手続き上の重大な問題があることが明白となる。その理由は、ラピエールが態度を評価**した後**に行動を評価したのではなく、行動を評価**した後**に態度を評価したということにある。ラピエールが、態度が行動を予測するかどうかを検討することに興味があったとするならば、これは彼の研究への重大な制限となるだろう。しかしながら、これは彼の意図ではなかったことを思い出すべきである。先述したように、彼の目標は、態度の言語表出と行動表出の間の関連を検討することであった。したがって、測定の順序は、態度と行動との関連の欠如に関する証拠としてこのホスピタリティ研究を解釈したい者には問題となるが、この方法論的細部は、言語反応と行動反応との対応の欠如に関するラピエールのもともとの結論を必ずしも損なうものではない。

最後に、現在の基準にもとづいて古典的研究を判断するのは公平を欠くかもしれないが、ラピエール（1934）の研究には、いくつか明らかな倫理的問題が存在する。特に、インフォームド・コンセントの問題がある。この研究の参加者である中国人カップルもサービス提供者も、どの時点においても、彼らが研究に参加していたことを一切知らなかった。その上、ラピエールは調査結果を発表した1934年に、中国人の同行者に彼の研究に参加していたことを事後報告したが、他の関係者には、研究の性質や研究に関わっていたことについて、まったく報告しなかった。もし知っていたなら、彼らは参加に反対、または拒否しただろうか。もしくは、彼らは単に、自分たちの毎日の仕事をしていたので、これは重要なことではなかったであろうか。しかしながら、これらの質問にどう答えられたとしても、ラピエールの研究の主要なメッセージは同じである。それにもかかわらず、これらの問いを提起できるという事実は、控えめな観察調査でさえ、厄介な倫理的問題を引き起こす可能性があることを明らかにしている。

ホスピタリティ研究を超えて

　ここまで見てきたように、ラピエール (1934) の研究は、方法論的、概念的、倫理的なさまざまな疑問を引き起こす。実際、これが多くの関心を引き起こし、古典的研究と見なされるようになった理由の1つである。そして、この研究が態度研究者の間で議論と研究を触発し続けている主な理由でもある。まさに、ラピエールが態度および態度と行動の関連の双方の性質に関して提起した疑問の多くが、およそ4分の3世紀前にそうであったと同じように、現在も進行中なのである。

態度とは何か、そしてどのように測定すべきか

　ラピエールは、彼の研究で、態度測定、ならびに態度の概念的定義と態度が実際に測定される方法との関係に焦点を当てた。当時、彼は、態度測定における紙と鉛筆テクニックの隆盛と、彼が態度の言語的表出と行動的表出として見ていたものの対応の欠如に関心を持っていた。先述のように、ラピエールは、個人の行動を見ることによってのみ、態度を真の意味で測定できると信じていた。なぜなら、態度対象に対する言語的反応および行動的反応が単一の「後天的な行動傾性」から生じると考えていたからである (Campbell, 1963, p.97)。こうした点から見て、態度と行動は因果的に関係するというよりは、むしろ形式上関連していると見なされる。すなわち、それらは一方が片方を導くのではなく、同じ基底的状態の反映であるために関連しているのである。しかしながら、いくつかの注目に値する例外 (Kaiser et al., 2010) があるものの、現代の社会心理学者は、評価傾性として態度を概念化する傾向があり (たとえば Eagly & Chaiken, 1993)、この概念化が態度を測定する方法を推進してきたし、今も推進している。

　言語的に表現された態度が特定の態度対象に対する人びとの本当の気持ちを正確に表現していないかもしれないという懸念への反応の1つは、この問題が**顕在的** (explicit) 態度 (すなわち「人びとが声に出して述べること」) の使用にあると主張することである。したがって、推奨される解決は、**潜在的** (implicit) 態度を測定すること (すなわち「人びとが内的に感じていること」を取り出すこと) である。個人が意識的に気づいていることや、質問紙に彼らの態度を示す

よう求めることで測定される顕在的態度とは異なり、潜在的態度は、態度対象に対して自動的に活性化し、統制的処理によって覆されない限り、行動を導くと仮定される。言い換えれば、潜在的態度は意識的覚知、もしくは意識的制御の外部に存在している。

潜在的態度は、典型的には間接的測定を通じて査定される。それは、人びとが彼ら自身持っていると気づいていないであろう態度、もしくは、人びとが社会的望ましさへの懸念ゆえに表出しないようにしている態度を捉えると考えられている。潜在連合テスト (Implicit Association Test: IAT; Greenwald et al., 1998) や評価的プライミング (Fazio et al., 1995) などの間接的測定は、反応時間を用いて、異なった態度対象に関する評価的バイアスを測定する。これらの測定は、概念もしくは刺激（たとえば、あなたの人種集団のメンバーの写真）への接触が、記憶における概念（たとえば、自分の集団のメンバーは一般的に好ましいとする感情）を活性化し、関連した概念（たとえば「良い」などのポジティブな言葉）に対するポジティブな反応を促進すると同時に、無関連な概念（たとえば「悪い」などのネガティブな言葉）への反応を抑制する。ある個人がその集団に関連する刺激に接触したとき、ネガティブな言葉よりポジティブな言葉に素早く反応し、他の集団に関連する刺激への接触では、ポジティブな言葉よりネガティブな言葉に素早く反応したならば、その個人は、前者の集団に対して好意的な潜在的態度を持っていると見なされる。

近年、態度の潜在測度は非常に普及しており、特にラピエールが興味を持っていた偏見と差別の研究領域で人気を得ている。これは、社会集団に対する態度が、ネガティブな態度の表出に反対する規範が普及しているため、社会的望ましさのバイアスに影響されやすいと考えられているからである (Crandall et al., 2002)。また一方で、潜在的測定は、消費者の好み、アルコールや薬物使用、政治的選択などの態度領域においても使用されている (Greenwald et al., 2009)。

さらに、潜在的態度と顕在的態度との区別は、これらの構成概念の関係について興味深い疑問を投げかけている。潜在的態度と顕在的態度は異なる概念に関わっており、人びとは同じ対象に対して相反する潜在的態度と顕在的態度を保持できるのだろうか（たとえば, Devine, 1989 の指摘）。さもなければ、潜在的態度と顕在的態度は単一の基底的評価を反映しており、両者間の相違は意識過程によって影響を受ける程度でしかないのだろうか（たとえば, Fazio, 2001）。

これらの問いに、潜在的態度と顕在的態度の関連に関するレビュー論文は、だいたいにおいて控えめな中程度の相関を見出している（たとえば $r = .24$; Hoffman et al., 2005）。しかしながら、この関連強度には大きな変動があり

（あるものは $r>.40$ であり、他のものは $r<.10$）、ポジティブに自己呈示したいという欲求や態度の強さのような付加的要因が重要であることを示唆している（Nosek, 2005）。

　これらの問題に反映されているように、潜在的態度と顕在的態度との間の区別とその相対的な妥当性について現在行われている議論は、態度の定義と測定についてのラピエール（1934）の中心的な関心を再検討していることにほかならないことは興味深い。潜在的測度の役割への関心の増加と、潜在的測定は研究者が人の誠実で真正な態度を査定することを可能にする（評価の表出は容易に統制したり変更したりできないので）というアイディアにもかかわらず、これらの測度はどんな評価傾性の直接的観察でもないと指摘することは重要である。そうではなく、好意と嫌悪の言語反応、生理反応、もしくは認知反応、態度対象に関連した外顕的行動であれ、観測しうるものからわれわれは態度を推測するのである。その上、これらの指標のすべては当てにならない。エイゼンとギルバート・コートは以下のように指摘する。

　　好みに関する言語表現は社会的望ましさのバイアスの影響を受ける‥‥、生理的反応は評価ではなく、覚醒や他の反応を反映しているのかもしれない‥‥、そして、反応潜時は個人の態度ではなく、文化的なステレオタイプの指標であるかもしれない。(2008, p.289)

　それに加えて、外に現れた行動さえ誤って解釈される場合がある。まさに人びとがごまかすために言語反応を使用できるように、彼らは自分たちの外に表した行動でごまかすことができる。したがって、ラピエールの主張とは異なり、外に現れた行動は必ずしも言語的反応より「本当」であったり「正統」であったりするわけではない。

態度は行動に関連するか

　これらのすべての理由によって、態度と行動との関連の性質についての問題は社会心理学においてずっと主要な話題であり続ける。そして、態度は行動に関連すると一般的に受け入れられているが、研究は、この関連が強くなるかまたは弱くなるかを決定する状況の理解が重要であることを示唆している。われわれはすでに、互換性のある測度の必要性と「他の変数」の重要性のような、関連する要因のいくつかを検討してきた。議論してきたこうしたことに加えて、

他の研究は、態度の接近可能性（すなわち、態度が頻繁に引き起こされる、または表出される程度；Fazio, 1990）や社会的アイデンティティ（すなわち、態度が顕著な集団メンバーシップの特性と結びついている程度；Terry & Hogg, 1996）の重要性を指摘している。それにもかかわらず、われわれの議論を結論に導くために、潜在的態度と行動との関連についてより広く考えるのが有意義であろう。
　先述したように、現在、潜在的態度を測定するために、IATのような課題が広く使用されている。しかしながら、まさにウィッカー（1969）が潜在的態度に対する彼のレビューで行ったように、潜在的態度が実際に行動を予測するのかどうか、もしそうならば、潜在的態度は顕在的態度よりも行動をより良く予測するのかを問うことが重要である。
　いずれの疑問も、最近、アンソニー・グリーンワルドら（Greenwald et al., 2009）による既存研究の大規模なレビューにおいて検討されている。たぶん驚かされることに、この論文によれば、関係の強さはいずれもよくて中程度ではあるものの、実際には、顕在的態度と行動との関係（平均 $r = .36$）は潜在的態度と行動（平均 $r = .27$）との関係より強いことが明らかになった。しかしながら、偏見研究の領域での潜在的測度の有用性について言うならば、このパターンは異なる民族集団に関する態度のような、社会的に敏感な話題では逆転し、潜在的態度が顕在的態度より良い予測を与えた。その上、潜在的態度と顕在的態度の予測力は、行動の種類によって変わることが明らかとなった。潜在的に測定される態度は意識的統制を逃れる行動（たとえば、アイ・コンタクトなど言葉を用いない反応）をより良く予測し、顕在的に測定された行動は熟考された行動反応をより良く予測した（Fazio et al., 1995; Greenwald et al., 2009 も参照）。

結　論

　現在ではラピエールの研究は非常に広く知られ、議論されているにもかかわらず、彼自身は生涯、その影響力の欠如を感じて失望していた。特に、彼の研究が態度について研究するとき質問紙法に頼ることの危険性を示したと信じていたが、彼は以下のように考えていた。

　…紙と鉛筆による検査が社会調査の主な道具として発展するのを阻止できなかった。当時もその後も、（1934年の）研究の知見は私の仲間に無視され、方法論的な妥当性への私の疑問は、社会研究への真に科学的な方法の適用に反対する反動

的な社会学者の考えと見なされた。(LaPiere, 1969, p.41)

　しかし、おそらくラピエールは、自分自身にも彼の同僚にも、そこまで批判的である必要はなかっただろう。彼の研究の含蓄はしばしば見落とされたり誤解されたりしたが、態度的反応と行動的反応という異なるタイプのものを同じものとして扱う危険性を強調した努力は、論文刊行時と同様に今日でも、意義深く正当である。確かに、これらの問題を取り巻く議論は、現在では当時よりも複雑であるが、その議論の基本的なポイントはほぼ変わりがない。この意味において、ラピエールは、社会心理学における調査の主要分野を開拓しただけではなく、変わることなく重要であることが示された疑問を取り上げることで、それをなしたのである。態度は社会心理学に「もっとも特有の、不可欠な概念」(Allport, 1935, p.798)であるだけでなく、社会的文脈のダイナミックスに敏感な方法で態度を研究する必要性は、依然として非常に重要である。ラピエールがわれわれに理解を求めたように、態度や行動、もしくはそれらの相互作用に関して当然と見なすべきものは何もないのである。

■さらに学びたい人のために

LaPiere, R. T. (1928). Race prejudice: France and England. *Social Forces, 7*, 102-111.

LaPiere, R. T. (1934). Attitudes vs. Actions. *Social Forces, 13*, 230-237.

ラピエールの1928年論文と1934年論文は、共に大いに読む価値がある。彼の研究の方法と結果が、生き生きと熱意を込めて説明されており、シンボル的行動と非シンボル的行動の関係を吟味することの理論的根拠が述べられている。

Dockery, T. M. & Bedeian, A. G. (1989). "Attitudes versus actions": LaPiere's (1934) classic study revisited. *Social Behavior and Personality, 17*, 9-16.

ドッカリーとベデアンは1934年論文を再訪し、この研究に関連する理論的、方法論的問題の両者について十全に説明している。

Wicker, A. W. (1969). Attitudes versus actions: The relationship of verbal and overt behavioral responses to attitude objects. *Journal of Social Issues, 25*, 41-78.

態度と行動の関係についての研究に大きな影響を与えた論文で、合理的行為理論と計画的行動理論など、この関係についての後の検討の基礎となった。

Ajzen, I. (1991). The theory of planned behavior. *Organizational Behavior and Human Decision Processes, 50,* 179-211.
Fishbein, M. & Ajzen, I. (1975) *Belief, attitude, intention, and behavior: An introduction to theory and research.* Reading, MA: Addison-Wesley.
Ajzen, I. & Gilbert Cote, N. (2008). Attitudes and the prediction of behavior. In W. D. Crano & R. Prislin (Eds.), *Attitudes and attitude change* (pp.289-311). London: Psychology Press.

合理的行為モデルと計画的行動モデル（これらのモデルは態度 - 行動の分野で主流となっており、考えてみるに値する）についてさらに徹底的な議論をするためには、これらに向かうことになる。

[訳者補遺]
潮村公弘（2016）『自分の中の隠された心——非意識的態度の社会心理学』（セレクション社会心理学 29）サイエンス社

■引用文献

Ajzen, I. (1991). The theory of planned behavior. *Organizational Behavior and Human Decision Processes, 50,* 179-211.
Ajzen, I. & Gilbert Cote, N. (2008). Attitudes and the prediction of behavior. In W. D. Crano & R. Prislin (Eds.), *Attitudes and Attitude Change* (pp.289-311). London: Psychology Press.
Ajzen, I., Darroch, R. K., Fishbein, M. & Hornik, J. A. (1970). Looking backward revisited: A reply to Deutscher. *The American Sociologist, 5,* 267-273.
Albarracin, D., Johnson, B. T., Fishbein, M. & Muellerleile, P. A. (2001). Theories of reasoned action and planned behavior as models of condom use: A meta-analysis. *Psychological Bulletin, 127,* 142-161.
Allport, G. W. (1935). Attitudes. In C. Murchison (Ed.), *A handbook of social psychology* (pp.798-844). Worcester, MA: Clark University Press.
Armitage, C. J. & Conner, M. (2001). Efficacy of the theory of planned behavior: A meta-analytic review. *British Journal of Social Psychology, 40,* 471-499.
Campbell, D. T. (1963). Social attitudes and other acquired behavioral dispositions. In S. Koch (Ed.), *Psychology: A Study of a Science* (Vol. 6, pp.94-172). New York: McGraw-Hill.
Crandall, C. S., Eshleman, A. & O'Brien, L. T. (2002). Social norms and the expression and suppression of prejudice: The struggle for internalization. *Journal of Personality and Social Psychology, 82,* 359-378.
Davidson, A. R., & Jaccard, J. J. (1979). Variables that moderate the attitude-behavior

relation: Results of a longitudinal survey. *Journal of Personality and Social Psychology, 37,* 1364-1376.

Deutscher, I. (1969). Looking backward: Case studies on the progress of methodology in sociological research. *The American Sociologist, 4,* 35-41.

Devine, P. G. (1989). Stereotypes and prejudice: Their automatic and controlled components. *Journal of Personality and Social Psychology, 63,* 754-765.

Dockery, T. M. & Bedeian, A. G. (1989). "Attitudes versus actions": LaPiere's (1934). classic study revisited. *Social Behavior and Personality, 17,* 9-16

Eagly, A. H. & Chaiken, S. (1993). *The psychology of attitudes.* Belmont, CA: Thomson.

Fazio, R H. (1990). Multiple processes by which attitudes guide behavior: The MODE model as an integrative framework. In M. P. Zanna (Ed.), *Advances in experimental social psychology* (Vol. 23, pp.75-109). San Diego, CA: Academic Press.

Fazio, R. H. (2001). On the automatic activation of associated evaluations: An overview. *Cognition and Emotion, 15,* 115-141.

Fazio, R. H., Jackson, J. R., Dunton, B. C. & Williams, C. J. (1995). Variability in automatic activation as an unobtrusive measure of racial attitudes: A bona fide pipeline. *Journal of Personality and Social Psychology, 69,* 1013-1027.

Fishbein, M. & Ajzen, I. (1975). *Belief, attitude, intention, and behavior: An introduction to theory and research.* reading. MA: Addison-Wesley.

Greenwald, A. G., McGhee, D. E. & Schwartz, J. L. K. (1998). Measuring individual differences in implicit cognition: The implicit association test. *Journal of Personality and Social Psychology, 74,* 1464-1480.

Greenwald, A. G., Poehlman, A. T., Uhlmann, E. L. & Banaji, M. R. (2009). Understanding and using the Implicit Association Test: III. Meta-analysis of predictive validity. *Journal of Personality and Social Psychology, 97,* 17-41.

Hagger, M. S., Chatzisarantis, N. L. D. & Biddle, S. J. H. (2002). A meta-analytic review of the theories of reasoned action and planned behaviour in physical activity: Predictive validity and the contribution of additional variables. *Journal of Sport and Exercise Psychology, 24,* 3-32.

Hofmann, W., Gawronski, B., Gschwendner, T., Le, H. & Schmitt, M. (2005). A metaanalysis on the correlation between the Implicit Association Test and explicit self-report measures. *Personality and Social Psychology Bulletin, 31,* 1369-1385.

Kaiser, F. G., Byrka, K. & Hartig, T. (2010). Reviving Campbell's paradigm for attitude research. *Personality and Social Psychology Review, 14,* 351-367.

Katz, D. & Braly, K. (1933). Racial stereotypes of one hundred college students. *Journal of Abnormal and Social Psychology, 28,* 280-290.

Kutner, B., Wilkins, C. & Yarrow, P. R. (1952). Verbal attitudes and overt behavior involving racial prejudice. *Journal of Abnormal and Social Psychology, 47,* 649-652.

LaPiere, R. T. (1928). Race prejudice: France and England. *Social Forces, 7,* 102-111.

LaPiere, R. T. (1934). Attitudes vs. actions. *Social Forces, 13,* 230-237.

LaPiere, R. T. (1969). Comment on Irwin Deutscher's looking backward. *The American*

Sociologist, 4, 41-42.
Nosek, B. A. (2005). Moderators of the relationship between implicit and explicit evaluation. *Journal of Experimental Psychology: General, 134,* 565-584.
Schwartz, S. (1978). Temporal stability as a moderator of the attitude-behavior relationship. *Journal of Personality and Social Psychology, 36,* 715-724.
Sheeran, P. (2002). Intention-behavior relations: A conceptual and empirical review. *European Review of Social Psychology, 12,* 1-36.
Terry, D. J. & Hogg, M. A. (1996). Group norms and the attitude-behaviour relationship: A role for group identification. *Personality and Social Psychology Bulletin, 22,* 776-793.
Wicker, A. W. (1969). Attitudes versus actions: The relationship of verbal and overt behavioral responses to attitude objects. *Journal of Social Issues, 25,* 41-78.

3 認知的不協和
フェスティンガーの「世界の終わり」研究・再入門

ジョエル・クーパー

背　景

　1954年の秋の日のこと、ある高名な社会心理学者が地元新聞の記事を読んでいた。この心理学者は、現代の社会心理学の誕生に大きな影響を与えた人物としてしばしば描かれる、クルト・レヴィンの学生であった。師と同じようにこの社会心理学者は、新たな科学における進歩は、理論を実験室で検証することばかりではなく、理論を現実世界の現象に適用することにもかかっていると信じていた。

　このころまでに、レオン・フェスティンガーは2つの理論的功績を打ち立てていた。彼が集団の同調圧力に関する論文（Festinger, 1950）を公刊したのは、1950年のことだった。その4年後、この集団圧力についての理論的洞察を個人に焦点化して当てはめ、社会的比較理論を発表した（Festinger, 1954）。社会的比較理論は、人間が自らの意見や能力を他者の持つ意見、能力と比較することによって評価したいという、強い欲求を持っていることを示して見せた。しかし彼は今や、社会心理学の歴史に変革をもたらすことになる新たな理論構築に取り掛かっていた——これはのちに、**認知的不協和**（cognitive dissonance）理論（Festinger, 1957）として広く知られるようになる。

　この新しい理論は、社会的比較を超えて、社会関係を個人の視点から捉えようとする大胆な試みであった。フェスティンガーによれば、個人は社会的世界を一連の心的認知として表象する。あらゆる行動、態度、感情は認知、すなわち個人の心の中の表象であると見なされる。身の回りの世界の知覚も同じである。他者、集団、物理的世界など、われわれの知覚のすべてが、心的表象であると見なされる。これらの表象は、互いに関連づけられて存在している——心

の中で互いに一貫しているときもあれば、一貫していないときもある。フェスティンガーは本一冊分ほどもある長大なモノグラフ (1957) で、この不協和の生起と低減をデータと理論で説明し、不協和による不快が引き起こす出来事を詳細に描き出した。しかし、その理論的主張は、エレガントかつ単刀直入なものであった——人は、認知間の不整合を嫌うため、互いに一致しない心的表象は、不快衝動と同種の心理的不快感を生じさせる。飢えのような他の衝動状態と同様に、これらの心理的不快感は解消されなければならない。さらに、その認知が個人的に重要なものであるほど、明らかな不整合を解消する必要性が高まる。

　このことを念頭においたうえで、地元新聞の中に以下の見出しを見つけたときフェスティンガーが何を思ったか、想像してみてほしい。

宇宙からの予言　クラリオン星から地球へ：洪水から避難せよ。
12月21日に水没すると地域住民に警告

　2段組みの記事は、他州に住むある集団の人びとが世界の終わりに備えていると伝えていた。はるか遠いクラリオン星から「地球の地殻に断層が見つかり、まもなく大災害に襲われる」というメッセージが届いたと、彼らは信じていたのである。そして、心からその予言を信じている者たちだけが大被害から救われると考えていた。記事の見出しが報じたとおり、その予言は日時を特定していた——1955年12月21日の真夜中に地球は滅びる、と。また、クラリオン星からやってくる宇宙船が信者たちを洪水の前に救い出すことになっていた。研究者たちは、彼らの集団に「シーカーズ（Seekers）」という仮名を付け、主導者を「マリオン・キーチ夫人」[1] と呼んだ。

　シーカーズたちが12月22日の朝の自分たちに見出す状況ほど、鮮烈な認知的不協和の例があるだろうか？　一連の非常に明確な予測がたてられた。地球は前の晩深夜に終わりを迎え、宇宙船がキーチ婦人の自宅に到着し、信者を救い出すはずだった。しかし、深夜に宇宙船は現れず、夜明けには地殻変動による大洪水が起きなかったことが明らかになるだろう。いつもどおり、陽はまた昇り、地球は回り続けることだろう。

---

[1] キーチ夫人（本名はドロシー・マーティン）は、自身を「宇宙に従う者」と呼んでいた。彼女が信者グループを立ち上げる前には、L・ロン・ハバードの主導する「ダイアネティックス」（サイエントロジーの前身）の熱心な信奉者であった。

フェスティンガーの見方は以下のようなものだった。シーカーズの予言に関する心的表象と、22日の朝に彼らが目撃する予言がはずれたという現実とは、認知的不協和状態を生み出すだろう。予言と観察した出来事の不一致は、まぎれもない矛盾を生じさせるだろう。フェスティンガーが生み出しつつあった認知的不協和理論からは、シーカーズのメンバーはこの不一致を不快な緊張状態として経験し、それを何とかして低減しようとするだろうと予測される。
　人びとはどうやって不協和を低減できるのだろうか。複数の認知間に非一貫性が生じて不快な不協和状態に陥ったとき、たいていの場合、いずれかの認知を変化させることによって不協和を減らすことができる。もしニューヨーク－パリ間の距離が1,000マイル以下だと信じていて、実際は3,000マイルであるということを知らされたならば、2都市間の距離についての信念を改めればよい。しかし、その信念にこだわっていた場合には――たとえば、その信念を公言してしまったなど――、それに強くこだわって、それと矛盾する正しい距離情報を示されても変えようとしないだろう。
　クラリオン星人についての信念を、シーカーズは公に表明していた。そのため彼らは、周囲からあざけられた。予言された大災害に備えて、大きな犠牲を払って準備していた。所持品を売り払った者や、銀行口座を空にした者もいた。彼らの信念は強固であり、捨て去ることなどできなかった。しかし同時に、12月22日になっても地球が安泰であるという事実は、これまた否定できないものであった。22日の朝、一貫しない認知が出現することはまぎれもなかった。
　こうした種々の状況に直面して、フェスティンガーと共同研究者のヘンリー・リーケンとスタンレー・シャクター（Festinger, Riecken, & Schachter, 1956）は、大胆な予測を立て、論議を巻き起こした。彼らの仮説は、シーカーズは信念を持ち続けるばかりか、以前にも増して熱烈に信じるだろうというものであった。彼らは、予言は正しかったのだ、クラリオン星人は正しく伝えていたのだという信念を、かたくなに抱き続けるだろう。当然ながら、地球が滅びたと主張することもできない。しかし、彼らの信念の骨子を変えずに、もう一度主張しなおすことが可能だ。もしかすると、日付が間違っていたのかもしれない。地球が滅亡しなかった他の理由があるのかもしれない。いずれにせよ、彼らは信念体系に固執し、それまで以上の熱心さで、それを信じ続けることだろう。
　彼らの活動でもっとも明白かつ注目すべき変化は、シーカーズの信念を宣伝する試みを急激に増大させることだろう。言い換えるなら、フェスティンガーたちは、キーチ夫人と信者たちが、自分たちの信念体系を正当化しようと活

発な布教活動を繰り広げるだろうと予測した。「その信念体系が正しいと信じる人が増えれば増えるほど、すなわちそれは正しいに違いないということになる」（Festinger et al., 1956, p.28）。

第一の不協和研究 ―― 『予言がはずれるとき』

　フェスティンガーらは、この、はずれた予言がもたらす効果について研究するチャンスに飛びついた。しかし、時間がなかった。新聞の記事が出てから予言された破滅の日まで、たった の2ヵ月しかなかった。そこで研究者たちは、参与観察を通じてシーカーズを調査することにした。そのため、新入りの信者を装って、この集団の内部に潜入することにした。
　それは容易なことではなかった。研究者が入信を希望する旨を電話すると、キーチ夫人は丁寧にそれを断った。シーカーズは、外部者や、新たなメンバーを獲得することに関心がなかったのである。彼らはマスメディアを警戒し、部外者に疑いの目を向けた。ところが、幹部メンバーの1人が彼らは宇宙からの使者なのではないかと言い出した。そうして、ようやく研究者たちは集団に受け入れてもらうことができた。
　キーチ夫人は、地球滅亡に関するすべてのメッセージを自動筆記によって受け取っていた。自動筆記とは、ある個人（霊媒）に何らかの外的存在が憑依し、その霊媒を通じてメッセージを伝えるという主張である。憑依状態になった霊媒は、外部世界から送られたとされる言葉を筆記する。シーカーズにとって、キーチ夫人はその霊媒であり、クラリオン星人は送り手だった。彼女が自動筆記した言葉は、大災害から救われるために何をせねばならないか、詳細な指示を与えていた。
　彼らに与えられた指示によれば、真夜中に宇宙からの使者が彼らのもとを訪れ、待機している宇宙船へと案内してくれることになっていた。宇宙船に乗せてもらうためには、細かく指示された手順どおりに準備を進めておく必要がある。その手順に忠実に従うために信者たちが多大な努力を払う様子に、研究者たちは居合わせた。たとえば、手順の1つに含まれていたのは、身に着けている金属をすべて取り除くことであった。真夜中が近づくと、人びとはジッパーやブラジャーなどを捨てはじめた。宇宙船は、きっかり夜12時に到着するはずであった。人びとの準備は整った。下記は、このドラマチックで衝撃的な夜の出来事について、研究者が記録した内容の抜粋である。

12:05 AM　使者は訪れない。部屋にあるもう1つの時計がまだ11:55を指していることに気づく。まだ真夜中ではないのだと、皆が同意した。

12:10 AM　もう1つの時計が12時を告げた。まだ使者は訪れない。人びとは押し黙っていた。大災害発生まで、残り数時間を切っている … 真夜中を過ぎたが、何も起こらず、誰も何も言わず、物音ひとつしなかった … 人びとは座ったまま石のように固まり、その顔から表情は消えていた。

4:00 AM　人びとは、説明を探しはじめた。誰ひとりとして満足しているようには見えない。彼らは理由を探し求めつつ、互いを慰めあっている。キーチ夫人を含む数名が泣きはじめた。

4:45 AM　救いが現れた！　キーチ夫人が憑依状態になり、メッセージを自動筆記しはじめた。彼女は憑依から回復すると、重大なお告げを読み上げた。「唯一の神がこの地上におわすことが、今日、確かに示された。神は汝らと共にあり、その御言葉によって汝らは救われた。この世の始まり以来、これほどに神の御力と御光が溢れたことはなかった …」（Festinger et al, 1956, pp.163-169 にもとづく抜粋）

　このメッセージは熱烈に歓迎された。どういうことだろうか。大災害が回避されたということである。キーチ夫人はこう続けた。「この小さな集団が、夜を徹して座り続け、まばゆい光を放っていた。神はそれをご覧になり、この世を破滅から御救いになった」。つまり、予言が実現しなかったことの理由が説明されたのだ。彼らの信念体系は正しかった。至上の存在（地上の神）がシーカーズに試練を与えたが、彼らの崇高な行いに心打たれたことによって、世界の破壊を思いとどまったのだ。

　2つ目のメッセージが直後に続いた。神は、このお告げはクリスマスのメッセージであり、地球上の人びとに広く知らしめるべしと命じた。キーチ夫人と信者たちはすぐさま、アソシエーティッド・プレスやその他、思いつく限りの新聞社に電話をかけた。地元新聞社には、始業時間よりも前にメッセージを届けた。研究者たちが予測したとおり、予言がはずれたことによって生じた認知的不協和に対して、布教するという低減方略が主な手法となった。予言と現実が一致しないという矛盾する認知は、敬虔な信者の小グループがいかにして世界を破滅から救ったかという、全体を説明できるメッセージに置き換えられた。

この不協和を低減する素晴らしい方略は役立つが、その効果は社会的な支持を得ることでより強められる。フェスティンガーたちが推測したとおり、皆がそうであると信じているなら、そうに違いないのだ。

『予言がはずれるとき』の影響

　社会心理学の文献における認知的不協和研究の展開は、厳格かつ革新的な実験室実験によって特徴づけられる。この分野の歴史を振り返ると、フェスティンガーらの1956年の報告が認知的不協和理論を社会心理学において類を見ない地位にまで高めた主要な研究の1つであることに疑いの余地はない。1960年代の社会心理学者たちの最大の関心事はほぼ間違いなく「不協和」にあったし、その後も数十年にわたって、幅広い理論検証が重ねられてきた。この理論をめぐるさまざまな論争のほぼすべてが、実験室実験にもとづいて展開された。したがって、認知的不協和理論を社会心理学の舞台の中央に押し上げるのに、終末論カルト集団の参与観察研究がこのように重要な役割を果たしたという事実は、いくらか皮肉なことかもしれない。

　もう1つ皮肉な点は、フェスティンガーら（1956）の研究は、再現可能性が不明瞭なことである。『予言がはずれるとき』に観察が忠実に描かれていることは疑いがない。しかし、この効果を促進したかもしれない重要な要因についてはわからないので、情報が十分でない。数年後、ジェイン・アリン・ハーディックとマルシア・ブレイデンは、真言教会（Church of the True Word）というキリスト教ペンテコステ派の集団を研究した。彼女らの研究（Hardyck & Braden, 1962）の4年前、主導者であるシェパード夫人は「片手で数えられる年数のうちに」核兵器による世界破滅が起きるという啓示を受けた。その後研究が行われた年に、破滅の詳細な日時が予言された。29の家族からなる135名の人びとが破滅を避けるために核シェルターに避難し、42日間地下生活を送った。

　彼らは意気揚々とシェルターから出てきた。予言は現実にならなかった。自動筆記による導きには何の利益もなかったが、それにもかかわらず、彼らは予言を解釈しなおした。神は、予言は神からの核による破壊の警告ではない。神は世界に、信仰と愛、そして人びとの兄弟愛の必要に目覚めさせようとしていたのだ。キーチ夫人のグループと同様、彼らは信念全体を捨てることなく、予言が誤っていたとも考えなかった。シーカーズと同じく、現実にあわせて予言

の意味を解釈しなおした。しかし、フェスティンガーらの研究の核をなす予測のうち、1つが支持されなかった——彼らは、布教しなかったのである。

　ハーディックとブレイデン（1962）は、社会的支持を求めなければならなくなる条件はフェスティンガーらの先行研究では考慮されていなかった要因によるのかもしれない、と指摘した。両集団とも特定の予言があり、はずれた点においては同じだが、真言教会はシーカーズよりもはるかに大きな集団だった。おそらく、集団サイズが関係していると思われる。集団**内**から十分な社会的サポートが得られるならば、新たに布教をして信者を増やす必要性を感じないかもしれない。さらにハーダイクとブレイデン（1962）は、真言教会がその地域の他の住民から尊敬されており、また上位組織のペンテコスタ派からも認められていたと指摘している。一方、シーカーズは地域住民の嘲笑の的となっていた。したがって、既存の社会的サポートがどのくらい大きなものであったか、また以前からの信念対立がどのくらい強いものであったかといった要因が、予言がはずれたときに布教に勤しむか否かを大いに規定するのだろう。

第二の不協和研究 —— 強制承諾の心理

　フェスティンガーら（1956）の古典的研究には敬意を払いつつも、認知的不協和理論の歴史を正しく読み解くには、ボクシングでいうところのワン・ツー・パンチで『予言がはずれるとき』の影響を理解する必要があると思われる。というのも事実、後にレオン・フェスティンガーとJ・メリル・カールスミス（Festinger & Carlsmith, 1959）が強制承諾の影響に関する実験研究を刊行し論争を巻き起こしてはじめて、『予言がはずれるとき』は重要文献として名を残すことになったのである。以下では、『予言がはずれるとき』の功績と認知的不協和の進展を正しく評価するため、この2つ目のパンチについて検証しよう。

背　景

　フェスティンガーとカールスミス（1959）は、認知的不協和理論から直接的に導かれる予測を提示して、実験室での検証に乗り出した。先に述べたとおり、認知間の不一致が知覚されたときに不協和が生じるとされる。ここで、ある女性が、自らの態度とは異なる発言をしたときのことを想像してほしい。たとえ

ば、彼女は政府予算について歳入と支出のバランスをとるべきだと信じているのに、政府支出をもっと増やすべきだと反対の発言をしてしまったとしよう。この発言と態度とは一致せず、不快な不協和状態が経験されるはずである。不協和理論によれば、このような状態におかれたとき、人はいずれかの認知をもう一方と整合するように変化させることによって、不協和を低減しようとするだろう。この例に挙げた女性の場合、支出増を推す発言をしてしまったことを撤回するのは難しく、むしろ、態度を変える方が容易である。そのため彼女は、以前よりも赤字財政支出に賛成するようになるだろう。

　フェスティンガーらの実験の要点は、参加者に自身の態度とは異なる発言をさせ、それが態度に与える影響を測定することであった。引き起こされた不一致により、言動に一致するように態度を変容させるだろう。この予測はこれまで検証されたことはなかったが、不協和理論に先行する数々のバランス理論からも、同様の予測を導くことができる。しかし、他のバランス理論とは異なり、不協和理論の独自な点は、不協和を**エネルギー・モデル**として概念化したところにある。エネルギーには、**強度**がある。すなわち、さまざまに異なる強度で不協和が経験され、それに応じてさまざまに異なる強度で態度変容への圧力が生じる。そこでフェスティンガーとカールスミス（1959）は強度の違いがもたらす効果の検討に乗り出し、社会心理学者たちの熱い関心を集めることとなった。

　自分の態度に反する行為をしたときに、何らかのインセンティブを与えられたらどうなるだろうか？　と彼らは問うた。たとえば、ある男性が自らの態度とは異なる発言をすればお金が支払われるとしよう。支払いによって不協和は小さくなるだろうか？　フェスティンガーとカールスミスは、そのとおりだと考えた。また、金額が大きいほど、不協和も小さいだろうと考えた。態度と食い違う発言をすることによって大金を得ることができたならば、それは態度と食い違う行為をする理由として十分なものになり、不快な動因状態の強度を小さくするはずだ。単刀直入に言えば、自分の態度に反する発言をすることに対して支払われる金額が大きいほど、態度の変化量はより**小さく**なるだろう。

　この予測は、当時の心理学の常識を覆すものであった。1950年代後半の（社会心理学を含む）心理学の中心的アプローチは、学習理論にもとづいていた。すなわち、報酬に応じて学習するという考え方である。人がその行動を変えるのは、強化されたため、すなわち報酬を与えられたからである。インセンティブが大きいほど、行動に与える影響も大きくなる。したがって、学習理論によれば、自分の態度に反する発言に対して支払われる金額が大きいほど、態度は

より**大きく**変化するはずである。フェスティンガーとカールスミス（1959）は、この主張にずばり、異議を唱えた。インセンティブが小さいほど、より多くの人びとが自らの態度に反する発言によって影響を受け、大きなインセンティブは行動が態度に与える影響を排除するだろう。これは不協和理論から直接導かれる予測だったが、社会心理学の主導原理であった強化の役割に真っ向から挑戦するものであった。

方　法

　フェスティンガーとカールスミスは、不協和理論から導かれる予測をどのようにして綿密に、しかも実験的に検証するかという難問に直面した。『予言がはずれるとき』における検証状況は混沌としていて、統制不能だった。キーチ夫人の自宅で起きた一連の出来事は、その場で刻々と変化し展開していったので、研究者たちは出来事を観察することはできても、それを統制することはできなかったのである。この問題に対処するために、フェスティンガーとカールスミスは、変数を厳密に統制し、予測を精密に立てることができる実験室実験に、強制承諾の予測を持ち込むことにした。

　しかし、事は簡単ではなかった。彼らのもくろみは、参加者全員が一致する態度を見出し、そしてその態度に反する発言をさせることだった。そのうえで、態度に反する発言をしたことに対して彼らが受けるインセンティブの量を系統的に操作する。そしてこれらすべてが、参加者にとって現実的で、熱心に取り組むことができるようになされねばならない。

　フェスティンガーとカールスミス（1959）が作り上げた手続きは、その後数十年にわたって、実験法のモデルとなった。厳密さと統制が豊かな創造性と共存していた。そして、この研究は、その結果がもたらした知見のみならず、その素晴らしく巧妙な手続きの点でも、名声を得ることとなった。

　研究者が行った第一の決定は、実験室の中で新しい態度を形成させることであった。そこで、誰がどうやっても本当につまらないし退屈だとしか言いようのない課題を作り出した。ここで形成された態度に対して、その後、参加者たちは矛盾する発言をすることになる。どういうことか見てみよう。あなたはスタンフォード大学の学生で、「パフォーマンス測定」の実験にボランティアとして参加することになったと想像してみてほしい。指定された場所に行ってみると、しばらく待合室で待たされた後、実験室へと通される。あなたの目の前には、大きな四角いボードが置かれ、その上に48個の木製の直方体（ペグ）

が整然と並んでいる。実験者は課題の説明を始める。「右手を使って、それぞれのペグを90度回転させてください。続いて、またそれぞれを反対に回転させて、元の状態に戻してください」。この作業が終わったら、もう一度はじめから繰り返すように求められる。もう一度。そしてまたもう一度。その次に、今度は左手を使って同じ作業を繰り返す。この退屈な時が過ぎていく間、実験者はあなたの後ろに座り、ストップウォッチやら記録用紙やらを手にして忙しげにしている。

　ようやくペグ回し作業が終わった。実験者は、あなたの協力に感謝し、「たいへんに助かりました、これで実験は終わりです」と告げる。さらに、もう1つ告白しなければいけないことがあると言う。この実験に関して、実は隠していたことがあると言うのだ。この研究の**真の**目的は、簡単な手作業をするときに期待がどのような効果をもたらすかを検討することだったと、実験者は告げる。参加者の半数は実際には実験群に割り当てられていると説明する。彼はあなたに確認する。あなたが待合室に座っている間、誰かが話しかけてきませんでしたか、と。あなたが「誰もいませんでした」と答えると、彼はあなたが統制群であったと説明する。もしあなたが実験群の参加者であったなら、雇われたサクラが待合室にいて、「この実験は本当に面白くてワクワクしますよ」と話しかけたでしょう。つまり、面白い作業を期待していた人びとと、（あなたのように）そうではない人びとの行動がどのように異なるかを調べることが研究目的だったのですと、実験者は白状する。

　参加者であるあなたには窺い知りようもないことだが、実験者の言ったことはすべて嘘である。彼はあなたのペグ回しの速さや正確さには興味がないし、あなたは統制群で**はない**。彼は、実験の次の大事なステップの下準備を進めていたのだ。実験群であったらサクラはこんなことを言ったはずだという説明をしたのち、実験者にあることが起きる——次の参加者は実験群のはずだが、雇ったサクラがまだここに来ていないではないか。彼は一瞬あわてふためくが、急にいい考えが浮かんだというように顔を輝かす。

　「いいことを思いつきました」と彼は言う。「代わりに、あなたを雇いたいと思います」。おそらく、あなたは名誉に思うことだろう。さらに実験者の説明に耳を傾ける。「まずは、次の参加者のいる待合室に行ってください」と彼は続ける。そして待合室の様子をチェックする。「ええ、次の人はもう着いています。その人に、あなたは今ちょうど『パフォーマンス測定』の実験を終えたところで、これまでにやった心理学実験のボランティアの中でいちばん面白かったと伝えるだけでいいんです」。あなたが考えていると、彼は「もちろん

お金をお払いしますよ」と告げる。次の参加者と話す仕事に対して1ドルもしくは20ドル。いずれの金額が告げられるかは、あなたがランダムに割り当てられた条件に応じて決まる。そして、あなたはこの仕事を引き受ける。

　あなたは、待合室に向かう。そこには、次の参加者であるスタンフォード大の学生が、実験の順番がくるのをおとなしく待っている。約束の金額をポケットに入れて、あなたは即席の演技をする。さっきまで退屈でつまらないと思っていた作業をさも面白くて楽しいものであるように、でっちあげのセリフを口にする。だがあなたは、自分が実験者によって雇われたサクラではないということを知らない。待合室の「次の参加者」こそ、本物の雇われたサクラなのである。実験者のために仕事をしているのは彼の方なのである。彼はあなたのセリフを聴き、教えてくれてありがとうと礼を言ってから、さもこれからペグを回転させはじめるかのように、実験室のドアの向こうに姿を消す。

　フェスティンガーとカールスミス（1959）はこの念の入った手続きによって、不協和理論から導かれる仮説を検証するために必要なすべての条件を作り出した。まず、すべての参加者に共通する態度を作り出した。すなわち、「パフォーマンス測定」課題はつまらないという態度である。参加者からその態度とは正反対の発言をすることの同意を得、参加者はそれに対して大きな報酬（20ドル）もしくは小さな報酬（1ドル）を受け取った。研究者の予測は、そのような行為（つまり、待っている他の参加者に「課題は面白かった」と告げること）は、彼らの態度（課題は退屈でつまらない）と矛盾し、不協和を生じさせるだろうというものであった。不協和のせいで不快な緊張状態に陥ってしまった参加者は、行動と一貫するように態度を変化させることで、不協和を緩和しようとするだろう。ただし、不協和の大きさは報酬量と逆になり、発言に対する報酬が高いほど、不協和が小さいだろう。フェスティンガーとカールスミスは、発言に対してほんの少額しか支払われなかった場合の方が、高額の場合よりも、パフォーマンス測定課題に対して**より**ポジティブな態度を表明するだろうと予測した。

　彼らはどのようにして参加者の態度を測定したのだろうか。もう1つ策略が必要だった。帰り際に、参加者は事務室で何枚かの書類にサインしてほしいと頼まれる。そこに行ってみると「心理学部では、参加者が実験で行ったことをどのくらい楽しんだかについて調査を行っています」と事務員が説明する。そして、課題がどのくらい興味深かったか、どのくらい楽しむことができたかなど、いくつかの質問を尋ねられる。これらの質問に答えた後で、ようやく参加者は、この実験の真の目的を知ることになる——実験者が再び現れて、すべて

の手続きと仮説について説明したのである。

結　果

　実験結果は、図3.1に示したとおり、仮説を支持するものであった。統制条件では、ランダムに割り当てられた参加者たちが単にペグを回す作業を行っただけで、態度に反する発言をするように求められることはなかった。彼らは予測どおり、課題が退屈で、もう一度しようとは思わないと回答した。しかし、態度と異なる発言をした実験条件の参加者たちは、こちらも予測されたとおり、行動と一貫するように態度を変化させたが、ただし、報酬が低い場合にのみであった。同様の発言をしても、高い金銭報酬を受け取った場合には、その発言は態度に何の影響ももたらさなかった。彼らは、ペグ回しの作業は極めて退屈だという態度をまったく変化させなかったのである。明らかに、そして予測どおり、態度に反する発言をすることに対する報酬が大きいときには不協和がもっとも小さく、報酬が小さいときにはもっとも大きかった。

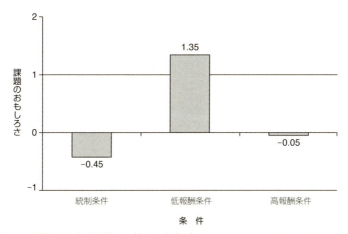

図3.1　退屈なペグ回転課題に対する態度（Festinger & Carlsmith, 1959 より）
　　　［注］課題の面白さは、－5から＋5の11件法によって評定された。

認知的不協和研究がもたらした影響

　ときに、ある研究の功績が学界に広く認識されるまでに長い年月がかかることがある。しかし、フェスティンガーとカールスミス（1959）の研究は、公刊されるやいなや大きな反響を呼んだ。私見だが、『予言がはずれるとき』の刊行と、フェスティンガーとカールスミスの強制承諾実験のワン・ツー・パンチがあったからこそ、これほどの影響力を持ちえたのだと思われる。社会心理学者はもちろんのこと、そうではない人びとさえも、『予言がはずれるとき』研究のことを知っていた。シーカーのような荒唐無稽な予言への人びとの反応が注目を集めていた。フェスティンガーら（1956）がその出来事を報告しただけでなく、その結果を予測するために理論を用いたという事実も、正しく認識されていた。しかし、この研究は実験的検証ではなく、いずれの変数も統制されていなかった。また、（後の研究が示したように）布教活動と不協和低減の関係については、大いに議論の余地があった。
　それに続くフェスティンガーとカールスミスの研究（1959）は、厳密に統制された実験を通じて不協和理論を支持する結果を示しただけではなく、実験として見事に洗練されていた（その後幾世代にわたって、不協和研究を特徴づけることとなった特色である）。さらに、当時の心理学全体の主流であった考え──強化が変化を生み出すという考え──に、直接照準を定めていた。
　その後、不協和理論の視点からの数々の興味深い知見が実験研究文献に積み重ねられていった。アロンソンとミルズ（Aronson & Mills, 1959）は、集団に入るために必要な手続きの煩雑さを操作し、その影響を検討した。入る手続きが面倒なほど、集団に対して好意的になるだろうと予測し、支持された。アロンソンとカールスミス（Aronson & Carlsmith, 1962）の後の研究で、子どもたちの大好きな遊びで**自制**するよう脅しや罰を与えることの効果も、同じ不協和理論の原則に当てはまることが見出された。子どもたちが魅力的な玩具で遊んではいけないと警告されて実際に遊ばずにいるとき、その脅威が大きい場合よりも小さい場合の方が、玩具の魅力度を低めて、さらに永続的な態度変化を示した。脅威が大きいほど、それが態度に与える効果は小さかったのである。これらの研究は、不協和理論の予測をするために快報酬と強化に焦点を合わせており、背後にある一般的認識と強化の概念に挑戦するものであった。
　不協和理論は批判にも事欠かなかった。しかし、良い理論の特質は、批判と

支持を共に喚起することにある。その欠点を明らかにする真摯な実験を喚起し（たとえば，Chapanis & Chapanis, 1964; Rosenberg, 1965）、さらに知見を再構築し視野を広げる実験を刺激する（たとえば，Linder et al., 1967）。ここで紹介した重要な研究例に続く数十年にわたる研究からの結論は、不協和理論は十分に正しく、興味深く、直観に反する予測を生み出したということである。しかし、現象に理論をうまく当てはめられない、いくつかの制約条件が残っていることも明らかになった。究極的には、不協和理論は変わらなければならなかった。

2つの古典的研究を超えて ── 不協和の概念の発展

　ここに紹介してきた2つの重要研究の後、数十年にわたってたくさんの研究が積み重ねられ、多くの重要な結論が得られた。理論と一致する結果が得られたものもあれば、そうとは言えないものもある。オリジナルの研究でフェスティンガー（1957）は、不一致によって態度変化を起こさせる鍵となる動機要因は、衝動に類似の嫌悪状態であると推論し、それを不協和と名付けた。当時、彼はこの仮定に対する証拠を持っていなかったが、2つの重要研究のみならず、それに続く数多くの研究における予測をもたらす鍵となる要因であった。今われわれは、彼の推論が正しかったことを知っている。そうと言えるのは、以下のことが可能となったからである。(a) 生理的変化（皮膚電位反応（SCR）や脳活動（EEG）など）と、自分の態度に反する立場を唱道することに続く心理的不快感を測定できる（Croyle & Cooper, 1983; Elliot & Devine, 1994; Harmon-Jones, 1999; Losch & Cacioppo, 1990）。(b) 参加者に生理的喚起を高める薬を摂取してもらい不協和を強めたり、鎮静剤を摂取してもらってそれを弱めたりすることができる（Cooper et al., 1978）。(c) 態度と一致しない行動の後に生じる態度変化を、それによる生理的喚起が不一致行動によってではなく他の何かによって生じたと誤帰属させることによって排除可能である。たとえば、生理的喚起は薬の副作用のためであり、不一致な行動のせいではないと信じたならば、態度変化は生じない（Zanna & Cooper, 1974）。
　その一方、態度に対する態度に反する行動の効果が普遍的ではないことも、これまでの研究によってわかってきた。特定の条件下においてのみ、その効果が生じるのである。たとえば、リンダーら（Linder et al., 1967）は、態度に反する発言をするか否かについて選択権を持っていると思っている場合にのみ、フェスティンガーとカールスミス（1959）の結果が再現されることを示し

た。さらに、クーパーとウォーチェル（Cooper & Worchel, 1970）は、態度に反する発言が何らかの帰結をもたらす状況でなければ、不協和は生じないことを示した。この研究で、われわれはフェスティンガーとカールスミス（1959）の古典的実験を踏襲したが、「課題は面白かった」という実際の参加者の主張によってサクラ（つまり、待合室にいる「次の参加者」）がどの程度信じるか信じないかの程度を系統的に変化させた。その結果、サクラが信じた場合のみ、参加者の態度が変化した。この条件下では、他の学生に嘘をついて本当でないことを信じさせるというネガティブな影響が、態度変容につながったと考えられる。もしサクラが信じなかった場合には、参加者は「実害なければ咎めなし」の原則を用いたようである。課題に対する発言は同じく態度に反してはいるが、それがネガティブな帰結をもたらさなかったため、参加者の不協和を取り除いたのである。

　なぜ不協和は、特定の条件下でしか生じないのであろうか。オリジナルの理論は、選択や帰結といった変数の影響に関しては何も言及していない。これらの制約条件が繰り返し示されていることは、理論を新しい視点から見直す必要を示しており、それをラッセル・ファジオとクーパーが1984年に行った。不協和の「ニュールック」モデル（Cooper & Fazio, 1984）でわれわれは、不協和は認知間の不一致それ自体でもたらされるのでは**ない**と論じた。むしろ、不協和は、望まない帰結をもたらしたことについて本人が責任を感じたときに生じる、不快な喚起状態なのである。態度に反する振る舞いをしたとき典型的に不協和が生じるのは、人はたいてい自らの意志によって行動していると感じており、かつ不一致な行動は通常望まない事象を生じさせるためである。しかし、態度と不一致な振る舞いをしたことの帰結が不協和の原因となるのであって、不一致それ自体ではないのである（Scher & Cooper, 1989）。

　他の研究者たちは不協和の限定的な条件に注目して、態度に反する行動の影響についての別の視点を提示している（たとえば, Beauvois & Joule, 1999; Harmon-Jones, 1999）。エリオット・アロンソン（Aronson, 1992）は、自己が重要な動機づけの役割を果たすと論じ、基本的に認知間の不一致によって自尊心が脅威にさらされたときに、不協和が生じると指摘している。クロード・スティール（Steele, 1988）は、自己の重要性については同意しているものの、態度に反する行為は自己へのダメージとなり、全般的な自尊心を再確認することによって修復されうると考えている。

　これらの意見を取り入れて、ストーンとクーパー（Stone & Cooper, 2001）は、以前のニュールック・モデルを改変し、**自己基準**（self-standards）モデルを取

り入れた。ニュールック・モデルは、行為が嫌悪をもたらす結果となるかどうかをどのように判断するかについて何も考慮していないことに彼らは気づいた。何がある行為の結果を、望ましくない、受け入れられない、不快だとさせるのだろうか。彼らは再び不協和理論を拡張し、何らかの判断基準に照らし合わせて彼らの行動の帰結を評価する必要があると論じた。ときには、その判断基準はその人の自己概念に独特で、破っているとは見なされないような場合でも、個人的規範を破ったと思う場合もあるだろう。また、その基準は規範的で、社会的に認められた行動規範に反したのかもしれない。社会的認知の概念を援用して、自己基準モデルは異なる基準へのアクセスを可能とし、それゆえ不協和プロセスで役割を果たす条件を明確にする。

結 論

1987年、認知的不協和理論の誕生から30周年を迎えたことについて、フェスティンガーはこの理論が変化し続けていることを喜ばしく思うとコメントを寄せた。すべての理論は変化する必要がある、と彼は述べた。もし静止したままであれば、それはおそらく良い理論ではないのである。フェスティンガーが新聞を開いて終末論カルトについての記事を目にしたそのときから、社会心理学文献における基幹的な理論の創造に向けての第一歩が踏み出されたのである。不協和理論と他の理論を検証する実証的、理論的な論争は、理論を補強するとともに、その限界についても明らかにした。このような活発な議論を通じて、新しいバージョンの不協和理論が形成されてきたのである。もしフェスティンガーが現在の不協和理論のありさまを目にしたならば、きっとにっこり微笑むことだろう。それは進化を遂げ、より強力に鍛えられてきたからだ。フェスティンガーの予言は、今も生きている。

■さらに学びたい人のために

Festinger, L., Riecken, H. W. & Schachter, S. (1956). *When prophecy fails*. Minneapolis: University of Minnesota Press.［フェスティンガー・リーケン・シャクター／水野博介（訳）(1995).『予言がはずれるとき──この世の破滅を予知した現代のある集団を解明する』勁草書房.］

本書は、地球が破滅されることに備えた実在集団を取り上げて、認知的不協和理論を試論的に提示している。場面はドラマチックであり、手法論上の問題が真摯かつ魅力的に提示されている。

Festinger, L. & Carlsmith, J. M. (1959). Cognitive consequences of forced compliance. *Journal of Abnormal and Social Psychology, 58*, 203-210.

不協和理論から引き出されたフェスティンガーとカールスミスの古典的実験は必読であり、その旧来の考えを打破する予測と斬新な方法論は良く知られている。

Zanna, M. P. & Cooper, J. (1974). Dissonance and the pill: An attribution approach to studying the arousal properties of dissonance. *Journal of Personality and Social Psychology, 29*, 703-709.

ザンナとクーパーの実験は、認知的不協和の基本的仮定の1つ、すなわち不協和は覚醒をもたらし、それは変化を動機づける、という仮定を評価する新しい方法論的アプローチを提示した。

Cooper, J. & Fazio, R. H. (1984). A new look at dissonance theory. In L. Berkowitz (Ed.), *Advances in experimental social psychology* (Vol. 17, pp.229-264). Orlando, FL: Academic Press.

不協和研究が蓄積されるにつれ、理論は新しい知見に適合する必要があった。クーパーとファジオの論文は、理論の最初の包括的な変更を提案した。

Stone, J. & Cooper, J. (2001). A selfstandards model of cognitive dissonance. *Journal of Experimental Social Psychology, 37*, 228-243.

不協和の最新バージョンは、おそらくストーンとクーパーの自己基準モデルにもっとも良く示されている。

Cooper, J. (2007). *Cognitive dissonance: Fifty years of a classic theory*. London: Sage.

本書は認知的不協和理論に貢献してきた半世紀にのぼる研究を統合している。この理論は、50年前、フェスティンガーと共同研究者たちが終末論カルトに潜入し研究したことに始まった。

[訳者補遺]
三井宏隆・増田真也・伊東秀章(1996)『認知的不協和理論──知のメタモルフォーゼ』(レクチャー「社会心理学」) 垣内出版

■引用文献

Aronson, E. (1992). The return of the repressed. Dissonance theory makes a comeback. *Psychological Inquiry, 3*, 303-311.

Aronson, E. & Carlsmith, J. M. (1962). The effect of the severity of threat on the devaluation of forbidden behavior. *Journal of Abnormal and Social Psychology, 66*, 584-8.

Aronson, E. & Mills, J. (1959). The effect of severity of initiation on liking for a group. *Journal of Abnormal and Social Psychology, 59*, 177-181.

Beauvois, J. & Joule, R. V. (1999). A radical point of view on dissonance theory. In E. Harmon-Jones & J. Mills (Eds.), *Cognitive dissonance: Progress on a pivotal theory in social psychology* (pp.43-70). Washington, DC: American Psychological Association.

Chapanis, N. P. & Chapanis, A. (1964). Cognitive dissonance. *Psychological Bulletin, 61*, 1-22.

Cooper, J. (2007). *Cognitive dissonance: Fifty years of a classic theory*. London: Sage.

Cooper, J. & Fazio, R. H. (1984). A new look at dissonance theory. In L. Berkowitz (Ed.), *Advances in experimental social psychology* (Vol. 17, pp.229-264). Orlando, FL: Academic Press.

Cooper, J. & Worchel, S. (1970). The role of undesired consequences in the arousal of cognitive dissonance. *Journal of Personality and Social Psychology, 16*, 312-320.

Cooper, J., Zanna, M. P. & Taves, P. A. (1978). Arousal as a necessary condition for attitude change following induced compliance. *Journal of Personality and Social Psychology, 36*, 1101-1106.

Croyle, R. & Cooper, J. (1983). Dissonance arousal: Physiological evidence. *Journal of Personality and Social Psychology, 45*, 782-791.

Elliot, A. J. & Devine, P. G. (1994). On the motivational nature of cognitive dissonance: Dissonance as psychological discomfort. *Journal of Personality and Social Psychology, 67*, 382-394.

Festinger, L. (1950). Informal social communication. *Psychological Review, 57*, 271-282.

Festinger, L. (1954). A theory of social comparison processes. *Human Relations, 1*, 117-140.

Festinger, L. (1957). *A theory of cognitive dissonance*. Stanford: Stanford University Press.［フェスティンガー／末永俊郎（監訳）（1965）『認知的不協和の理論――社会心理学序説』誠信書房］

Festinger, L. & Carlsmith, J. M. (1959). Cognitive consequences of forced compliance. *Journal of Abnormal and Social Psychology, 58*, 203-210.

Festinger, L., Riecken, H. W. & Schachter, S. (1956). *When prophecy fails*. Minneapolis: University of Minnesota Press.［フェスティンガー・リーケン・シャクター／水野博介（訳）（1995）『予言がはずれるとき――この世の破滅を予知した現代のある集団を解明する』勁草書房］

Hardyck, J. A. & Braden, M. (1972). Prophecy fails again: A report of a failure to replicate. *Journal of Abnormal and Social Psychology, 65*, 136-141.

Harmon-Jones, E. (1999). Toward an understanding of the motivation underlying dissonance effects: Is the production of aversive consequences necessary?. In E. Harmon-Jones & J. Mills (Eds.), *Cognitive dissonance: Progress on a pivotal theory in social psychology* (pp.71-103). Washington, DC: American Psychological Association.

Linder, D. E., Cooper, J. & Jones, E. E. (1967). Decision freedom as a determinant of the role of incentive magnitude in attitude change. *Journal of Personality and Social Psychology, 6*, 245-254.

Losch, M. E. & Cacioppo, J. T. (1990). Cognitive dissonance may enhance sympathetic tonus, but attitudes are changed to reduce negative affect rather than arousal. *Journal of Experimental Social Psychology, 26*, 289-304.

Rosenberg, M. J. (1965). When dissonance fails: On eliminating evaluation apprehension from attitude measurement. *Journal of Personality and Social Psychology, 1*, 28-42.

Scher, S. J. & Cooper, J. (1989). Motivational basis of dissonance: The singular role of behavioral consequences. *Journal of Personality and Social Psychology, 56*, 899-906.

Steele, C. M. (1988). The psychology of self-affirmation: Sustaining the integrity of the self. In L. Berkowitz (Ed.), *Advances in experimental social psychology* (Vol. 21, pp.261-302). San Diego, CA: Academic Press.

Stone, J. & Cooper, J. (2001). A self-standards model of cognitive dissonance. *Journal of Experimental Social Psychology, 37*, 228-243.

Zanna, M. P. & Cooper, J. (1974). Dissonance and the pill: An attribution approach to studying the arousal properties of dissonance. *Journal of Personality and Social Psychology, 29*, 703-709.

4 | 規範形成
シェリフの光点の自動運動研究・再入門

ドミニク・アブラムス、ジョン・M・レバイン

重要なのは何が真実かではなく、何が真実として知覚されるかである。
ヘンリー・キッシンジャー

背 景

　真実とは何だろうか？　これこそ、ムザファー・シェリフの規範形成研究の背後にあった究極の問いであり、光点の自動運動を用いた彼の研究が1935年に初めて出版されたときと同じく、今日でも通用する理由である。このもっともシンプルな言葉で、シェリフは、人びとがどのように世界の特定の見解を正しいと見なすのかを理解し、この過程において**他者**が果たす決定的役割を示し、分析しようとした。

　哲学者、詩人、そして科学者たちは、何世紀にもわたって真実と現実の問題と格闘してきたが、それは究極的には、私たちの理解がより「現実」に近づくほど、世界はより良い場所になるだろうという信念によって突き動かされてきた。しかしながら、何が現実かについての厳密に実証的な科学的観点と併行して、少なくとも他に2つの見解がある。1つはシェリフを悩ませた見解で、現実への案内として、信仰は科学を超えうるという考えに立っている。もう1つは、シェリフが大いに主張した見解で、現実、そして私たちが理解しうるものとしての真実は、原理的に構成されるものだという考えである。さらに、現実は――それを知覚する脳や感覚器官を必要とするという意味において――単に心理学的に構成されるのではなく、むしろ**社会**心理学的なものであって、われわれは知覚に意味を与える社会的な枠組みを必要とすると彼は論じた[1]。

　後のソロモン・アッシュ（Asch, 1951、5章参照）とスタンレー・ミルグラム

(Asch, 1964、7章参照) による研究は、なぜ、またはいつ、社会規則、役割、そして規範に従ったり抵抗したりするのかに関心があったのに対して、シェリフは、いくつかの根本的な前提となる問いを提起した。それはたとえば、規範とは何か、規範の社会心理学的な機能は何か、そして規範は、どのように発展し、効力が維持されるのかである。

シェリフの見事さは、それまで視知覚のマイナーな問題と見なされていた効果、つまり光点の自動運動効果を用いて、彼の洞察を論証して見せたことにあった。まず、彼のパラダイムについてその詳細と一連の研究をシェリフが関心を抱いていた広範な問いにどのように関連づけたかについて詳述する前に、シェリフが検証するために選んだ具体的な問いについて簡単に述べることにする。シェリフにとって、一連の研究は、社会構造、文化、そして社会が意識に埋め込まれ、それによって人びとが世界の知覚や理解を形作るメカニズムを説明するものであった。研究の根本的な根拠と説明は、多大な影響を及ぼした1936年の著書『社会規範の心理学 (*The Psychology of Social Norms*)』に述べられている。そこで彼は、なぜ光点の自動運動効果を採用し、なぜ社会心理学における個人主義や還元主義をはっきりメタ理論的に批判するためにその研究を利用したかを説明している。彼は、社会と個人が分離できない、言い換えれば、片方がもう片方より重要だということはない、ということを指摘するのに腐心した。フロイド・オルポート (Allport, 1924) の還元主義的な理論化を断固拒絶し、物理的な現実の知覚でさえ、社会的基礎を有することを示したのである。

自動運動効果 (Autokinetic Illusion: AKI) 研究

自動運動効果は、暗闇で固定された光点が自動的に動くように見える錯覚である。この現象は天文学者に良く知られており、暗い夜に星を観察していたときに発見された。心理学者たちもまた、その効果の心理物理学的な根拠に長く関心を持ってきており (Adams, 1912)、視知覚システムのさまざまな特性に起

---

[1] シェリフによるゲシュタルト理論の融合——後に社会構成主義として知られる——は、決して単一固有の考えではない。心理学の外側では、彼の考えの起源は社会学における構造論、とりわけデュルケーム (1915) にさかのぼれるだけでなく、文化人類学研究の研究にもさかのぼることができる。この考えは社会学のシカゴ学派、象徴的相互作用論、エスノメソドロジー、さらにはポストモダニズムや、言説指向にまで結びついている。

因するとされている（Levy, 1972）。人が光点を暗い部屋で繰り返し見せられるとき、特に観察者が光源までの距離がわからない場合、光源は不安定に動いているように見える。実際、背もたれのない椅子に腰掛けた場合、その観察者は自分の空間的な位置さえ不確かに感じられる。シェリフはこの錯覚を、人びとが参照すべき枠組みがまったくない刺激をどう意味づけるのかについて研究するうえで理想的な手段と捉えた。

シェリフは自動運動効果をいくつかの問いを調べるために用いた。第一に、人びとが完全に曖昧な刺激をいかに意味づけるのだろうか。人びとは少なくともたまには当たるだろうと期待して、でたらめ、すなわち無秩序に判断するのだろうか。あるいは体系的な判断アプローチが現れるのだろうか。第二に、もし2人の個人が同じ刺激の判断を尋ねられたら、この錯覚の違いはさらにでたらめで混乱した結果を招くのだろうか、あるいは、何とか協調的な判断システムを生み出すのだろうか。第三に、そのような協調判断システムが確立されたとして、それはそこに関わった個々人の存在を超えて生命を得るのだろうか。そのシステムは、最初にそれを発達させた人びとがいなくなった後でさえ、集団の中に存続するのだろうか。そして、人びとはその状況から立ち去った後でも、その判断システムを使い続けるのだろうか。

方法と結果

シェリフの実験は、コロンビア大学の心理学実験室の暗室で行われた。今日の基準から言えば、これらの実験はとても初歩的なものである（技術的な詳細については、Sherif, 1935 参照）。個人実験は 19 人の男性の参加者が関わり、集団実験（実際には2つの条件のみ）は 40 人の男性の参加者が関わった。すべて大学生だった。

位置が固定された点光源が参加者に各試行2秒間呈示された。装置は比較的シンプルで、スクリーン、シャッターのついた金属製の光源（ピンポイントの光を呈示する。シャッターは実験者によって制御された）、そしてタイマーから構成されていた。参加者たちは光源から 18 フィート離れたテーブルに座り、彼らの前には電信キーがあった。そして次のような教示が与えられた。

> 部屋が完全に暗くなったら、私が「用意」と合図を送り、光の点を見せます。少しすると光が動きはじめます。動くのが見えたら、すぐにキーを押してください。数秒後に光は消えます。そうしたら、その動いた距離を答えてください。できる限

り正確に見積もるようにしてください。

　光源は参加者がその光が動きはじめたのを見たということを示した時点から2秒間呈示された後、シャッターが閉じられ、参加者たちは推定値（分数も可）をインチで報告した。実験者は（暗闇の中で）ノートに反応を記録し、それぞれの試行ごとに1ページめくった。この手続きが、100回判断するまで続けられた。

　個人実験では、参加者は連続2日間実験室に通い、その課題を繰り返した。各個人は、最初のセッションの間に自分なりの値の中央値[2]と範囲を確立し、連続する2つのセッションで中央値を維持し、分散を減少させたことが明らかとなった。シェリフは次のように議論している。

　　いかなる比較の規範をも欠いた中で個人が動きを知覚するとき、**個人はその人に固有の、動きの範囲とその範囲内での一点（標準、あるいは規範）を主観的に確立する**。… その規範は、連続して経験される動きを比較し判断する参照点として働く。（1936, p.96. 強調は原典）

　ここで重要な点は、参加者が自身のやり方に任されると、人は自身の判断のための参照枠を作り出したことである。言い換えると、不確かで曖昧な状況で規範が存在しないとき、人は彼らの判断の参照点、係留点となる規範を作り出すのである。実際、シェリフは規範を尺度上の単一ポイント、あるいは単一の判断と見なさなかった。むしろ、それを、参照枠である**とともに**、最頻値[3]もしくは中央値と見なしていた。自身のやり方に任されると、人はそれぞれ異なった規範を生み出し、それらを確立すると、後続する機会に再びそれを活用した。この点に関して、シェリフは次のようにコメントしている。

　　われわれは、外的要因が十分に不安定で、一定範囲で、組織化の主要な特徴を確立する際に内的要因が主要な役割を果たせることを意図して刺激状況を選んだ。このことは、孤立した個人の経験とは異なって、集団メンバーとしての経験が生み出すどんな一貫した結果も、集団内の相互作用によると言うことを可能にする。（1936, p.98）

---

[2] 中央値は分布の上位50％と下位50％を分ける真ん中の値である。
[3] 最頻値（モード）は、分布においてもっとも頻繁に見られる値である。

これこそが、シェリフが達成したかった極めて重要なポイントである——つまり、集団過程を個人過程の集合に還元することはできず、実際個人がもはやその集団内にいなくなったときでさえ、集団過程が個人に影響し続けうる状況を目指したのである。
　この後半のアイディアを検証するために、順序を相殺した2つのフェーズからなる集団実験が行われた。参加者は最初のセッションを個人として行い、そして続く3つのセッションでは2〜3人の集団のメンバーとして行った。あるいは、最初の3セッションに集団のメンバーとして、そして最後のセッションに個人として参加した。集団のセッションでは、参加者が実験者に誰が反応しているか示すことのできる伝達システムを必要とした（シェリフは参加者に、彼らがどのような順番で反応してもよいとした）。
　図4.1に示されるように、(それぞれの集団で別々に示された) 結果は非常に一貫していた。個人からスタートした場合（グラフの左側）、最初のセッションにおいて個人間で異なっていた光点の動きの推定値が（判断が集団としてなされた）第2セッションで収束し、後続のセッションでもその収束が維持された。集団としてスタートした場合（右のグラフ）、収束は最初のセッションですぐに起こり、その後の2つの集団セッションでも同様に維持され、最後のセッションで参加者が単独で判断した場合も持続した。

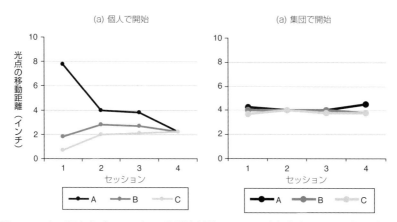

図4.1　3人の評定者（A, B, C）の典型的判断パターン。(a) 個人として開始し（セッション1）、次に集団として一緒になる（セッション2〜4）。または (b) 集団から開始し（セッション1〜3）、次に個人で判断する（セッション4）。（データは Sherif, 1936, pp.102-103 による）

理論的意義

　こうした知見へのシェリフの解釈は、「集団状況においては新しい超個人的な特質が生じるとする社会心理学者と社会学者との主張には、実証可能な心理学的基盤がある」というものだった (1936, p.105)。シェリフは、研究において各集団が独自の範囲と中央値を作り上げ、その規範が変わったときにはその集団全体に影響が及んでいると指摘した。さらに、これらの規範は「社会的産物」であり、いったん作り上げられると、それが作られたときの条件を超えて意味と影響を持ち続けた。言い方を変えると、集団は個人を集団の判断に閉じ込めておく拘束力を持つようであった。シェリフはさらに、あるメンバーがリードし、他のメンバーがフォローするという考えを棄却した。そうしたことは実験では生じていないし、どんな場合でも、いったん集団の規範が定着したならば、他のメンバーを無視するリーダーには従わないと考えられた。

　シェリフは結果の一般化可能性に対しても非常に気を配り、彼の明らかにした知見は集団が規範を形成する広範な社会的文脈に当てはまること——彼が作り上げた実験パラダイムが実験室外の広範な集団状況を代表する重要な特徴を持つこと——を示すことにも熱心であった。特に、彼は古い規範がもはや状況に適さなくなったとき（たとえば、権威がもはや正統でないなど）、その後の流動的で不安定な状況が新しい規範の形成や標準化を促すと主張した。政治的激変の時代、そして飢饉や災害の時代も同様に、こうした規範はしばしばスローガンとして顕在化し、新たな参照枠にもとづく新しい現実を定義する。また、政治的リーダーを目指す者が、まず「構造化されていない状況を準備」、あるいは不確実性と自由選択の見かけを作り出して、自分のスローガンによりインパクトを与えるという狡猾な方法の存在をシェリフは指摘している。

　シェリフの射程は非常に広かった。彼は自身の規範の定義に、今日の心理学者なら、価値、モラル、態度、感情といった多くの小さな領域に分ける事柄も含めて考えていた。シェリフにとって、こうした構成概念のすべてが規範という見出しで包括可能であり、それらすべては中心的かつ重要であり、すべて参照枠として機能するものであった。しかしながら、それらは形成、発達、到達の時期が異なる。彼は、価値を特定の態度や行動となって現れるもっとも永続的な参照枠であるとした。彼は、カテゴリー化が価値にもとづく識別においていかに不可欠な基盤であるかを例証した。彼は、子どもの道徳判断に関する

ジャン・ピアジェ（Piaget, 1932）の研究に言及し、（規則にもとづく）他律的道徳性から（原理にもとづく）自律的道徳性への発達的変化が「とりわけ重要な社会規範の場合における価値の内在化過程」（Sherif, 1936, p.135）、特に公正や公平に関わる規範に関する事例であると主張した。

シェリフはさらに、政治的プロパガンダと価値変容にも関心を持っていた。彼は、価値を本質的に社会学的で、態度が形成、表出される確立された社会的参照枠と見なしていた。しかしながら彼は、価値でさえ、十分に不安定で曖昧な状況下では変容しうるとはっきり認識していた。彼は、いかにして政治体制が国民を戦争に従事させたり、他の集団を憎ませたりすることが可能なのか、思索をめぐらした（彼が後に行った有名な少年キャンプの研究での問題意識である。9章参照）。

この問題を探索するため、シェリフ（1937）はさらに別の自動運動効果研究を行ったが、今回は、何も知らない真の参加者と一緒に、判断する際に特定の範囲内で反応するサクラを用意した。異なる規範に収束させることが可能であることを示すために、7人の異なる参加者それぞれに対して、異なる範囲と中央値が用いられた。シェリフは、参加者がセッション内でサクラの規範に収束させること、参加者が後続の単独のセッションにおいてもその規範にぴったり従ったことの両方を示したのだった（何人かは後で、実際にはサクラの規範に抵抗しようとしたと主張している）。ずっと後の説得や少数派の間接的影響に関する多くの研究（たとえば6章参照）と呼応して、シェリフ（1936）は、たとえ人びとが最初聞いたときには友人の意見を完全に受け入れることをためらったとしても、後にはその意見を頼りにして、参照点や係留点として用いることがしばしばあると指摘している。

シェリフは、彼の実験は一般化可能性に欠けているという批判に文化人類学的証拠を挙げて反撃し、人びとのもっとも基本的な欲求や活動でさえ、社会的参照枠組みや規則に縛られていると指摘した。特にフロイド・オルポート（1924）を「展望が大いに欠如している」として、また「競争的で個人主義的な中産階級社会で形成された人間のイメージ」を助長しているとして批判した（Sherif, 1936, p.144）。シェリフは、親族関係や親の世話のような分野における異なる文化的慣習について論じ、また、いかに食べ物の制限が特定の動植物が母親にどう影響するかについての信念を基礎としているか、いかに財産が個人的所有とは異なるものとして定義されうるか（Rivers, 1924）、いかにサモアの文化が、アメリカの文化とは対照的に、競争よりも協力を規範と見なしているか（Mead, 1928）を具体的に示した。彼はまた、どれくらい性についての規則

と儀式に文化差があるか（Malinowski, 1927）についても言及している。彼の考えの本質は、人間のもっとも基本的な欲求でさえ、社会的に合意された参照枠、ないしは種々の規範の範囲内にある、ということである。言い換えれば、そうした欲求は、社会的に制御されているのである。

シェリフは次に、規範の「内在化」というアイディアをより詳細に探求し、それはまさに社会化のプロセスであると論じた。彼は、ジグムント・フロイトの自我と超自我の理論化（Freud, 1927）を幾分大まかに引用し、それらが価値の内在化、すなわち、こうした価値からもたらされる参照枠の主観的受容を表すと主張した。彼は、このアイディアを、社会はメンバーとは別の確かな実体として存在し、その現実を人びとに強いるとするデュルケーム流の観点と区別し、そうではなく、価値と規範は社会集団内での日々の相互作用と社会化を通じて現実化すると論じた。

シェリフは、自らの理論のさまざまな意義を問い続けた。1つ挙げると、彼は、集団もしくは制度的なものを喧伝しており、個人は認知的に自らが存在している社会構造全体を表しているという誤謬に陥っているという批判に反論した。むしろ彼はこう論じる。

> 個人の中の社会は、社会の全体的な構造 – 価値システムの正確なミニチュアレプリカではない。個人の中の社会は、個人が発達する中で直面し組み入れる社会的刺激状況を超えて広がりえない。（1936, p.187）

自動運動効果研究の知見にもとづいて、シェリフはまた、個人は自分自身では社会構造の中でおかれた位置に気づいていないとしても、社会心理学者はそれに気づかねばならないと論じた。これはまた、自動運動効果実験において、それぞれ異なる参加者が各自の規範を作り上げることに実験者は気づいているが、参加者自身は他者の判断に接して初めて規範の違いに気づくということである。そして、個人からなる集団が、他の集団が異なる規範を作り上げていることに必ず気づくわけでもないのである。

二番目の鍵となる論点は、規範が1つの世代から次の世代へとどの程度引き継がれるかである。シェリフは、新しい規範が状況の変化に対応して絶えず発達していくが、古い規範のいくつかは引き継がれると論じた。現存の要求や条件と葛藤するとき、それらは「遺物（survivals）」と称される。そうした遺物は、しばしば強力で優勢な集団の利益に役立つ（たとえば、道徳的に疑わしい宗教活動、特定の社会集団の抑圧など）。さらに、魅力的だがおそらくは過度に楽観的

な社会変革の分析において、シェリフは、後に続く軋轢は無秩序を引き起こすのではなく、むしろ「新たな規範の上部構造」(1936, p.202) をもたらすと論じた。

後続研究

　シェリフの自動運動効果研究が体系的に追試されたのは、第二次世界大戦後であった。重要な問いは、どうやって、実験参加後にも規範が継続されることを示すかであった。ボバルド (Bovard, 1948) は、たった9人の参加者ではあるが、実験のサクラによって誘導された規範が実験後28日間にわたり安定して持続することを示した。ホフマンら (Hoffman, et al., 1953) は、実際に動く光源を用いて規範を生み出すことが可能で、より効果的であり、さらにより長い接触時間 (7秒) がより強い効果を持つことを示した。ローラーら (Rohrer, et al., 1954) は、このトレーニング技術を軍隊の訓練部隊の男性46人に用い、光源を2インチまたは8インチ動かして参加者を訓練した。1時間後、直後の集団フェーズとして光源を静止し、完全に自動運動効果にもとづく判断をさせた。それぞれの集団は2インチで訓練された1人と8インチで訓練された1人からなり、50試行の判断がなされた。1年後、参加者は個人単位でさらに50試行を行った。予想されたように、2インチと8インチでそれぞれ訓練された参加者（訓練フェーズでの平均はそれぞれ3.08インチと8.74インチ）は、訓練直後の集団フェーズで収束し、それぞれの平均は6.29インチと6.41インチであった。さらに驚きであったのは、これらの新たな集団ベースの規範は持続しており、当初2インチと8インチで訓練された個人は、それぞれ1年後に平均で5.50と5.09であった。集団フェーズと1年後の個人フェーズの間の相関も非常に高かった（2インチで訓練された参加者で $r = .92$、8インチでは $r = .60$）。これらの結果は、各集団で確立された平均は単なる短期的同調の問題ではなく、妥当な規範として受容されており、いかなる反証もない状況では最初の実験の設定を超えて持続し、参加者たちが1年後に同様の実験状況におかれたときには再び回復したのであった。

　その一方で、研究者らは、曖昧な刺激を用いた規範形成を確かめる他の方法を追求し、個人の最初の判断が集団の判断とどれほどかけ離れているかが問題になるかという問いを検討した。たとえば、ゴールドバーグ (Goldberg, 1954) は、白人男性に写真によってアフリカ系アメリカ人男性の知性を評価しても

らい、集団同調を検証した。ゴールドバーグは、集団の影響はすぐに確立され、同調は常に、個人と集団との間の最初の距離に比例すると結論した。それゆえ、最初に集団規範からの距離が大きかった個人は、絶対値としては集団規範に大きく近づいたが、比率で見るとそうではなく、最初の距離にかかわらず一定であった。比率で見ると影響が一定であるという知見は、明らかに合意された集団でさえ、ほとんど知覚されないが影響が生じ、メンバーはだんだんと規範に近づくことを意味している。

　他の研究は、規範に収束したいという人びとの願望を説明するかもしれないパーソナリティ変数に焦点を当てた。ヴィドリッヒとカイマン（Vidulich & Kaiman, 1961）は独断的態度（すなわち別の考えを受け入れない）の非常に高い人と低い人が、高い地位（教授）または低い地位（学生）のサクラの判断に収束するかしないかを検証した。彼らは、閉鎖的な（独断的態度の）参加者は地位の高いサクラにより同調する一方で、開放的な（非独断的態度の）参加者はそれと反対の反応パターンを示すことを見出した。

　他のバリエーションとして、ケルマン（Kelman, 1950）は、課題の結果が成功か失敗か、あるいは曖昧かが、参加者の個人規範よりも一貫して高い評価をするサクラに同調する程度に影響するかを検討した。その結果、（曖昧なフィードバックを受ける集団と比較して）成功した集団よりも失敗した集団の方が同調した。その理由として、成功した集団はもともと独立的で、それが強化されたからだとしている。後に、サンプソンとインスコ（Sampson & Insko, 1964）は、もし影響源を好まない場合は、影響源を好む場合よりも同調しないという、バランス理論からの予測を確認している。

自動運動効果研究を超えて ── 別の説明と知見

　シェリフの規範形成の説明への最初の重要な挑戦は、ノーマン・アレクサンダーら（Alexander et al., 1970）によるもので、自動運動効果による知見の代替説明をもたらした。彼らは「構造化傾向は、個人がその状況における出来事に持ち込む期待、一部その状況それ自体の性質によって形作られる期待の中にある」と主張した（1970, p.108）。具体的には、シェリフの最初の知見は刺激の曖昧さを反映しておらず、むしろ参加者は実験者が光源を動かしており、その動きには客観的に正しい答えがあると信じていたという事実に帰される、と彼らは論じた。それゆえ、参加者が正しい推定値（すなわち規範）への合意を期待

するのは合理的であり、もしこの期待が取り除かれる——つまり、人びとはそこで刺激状況にどのような構造や安定性をも期待しない——なら、そこに規範を求めないはずである。

　この仮説を検証するため、アレクサンダーらは参加者に、光源は静止していると事実を言い、光の動きは錯覚だと伝えて実験を行った。具体的には、参加者は次のように言われた。

　　［単独条件：…もしあなたが光点を見るたびにその方向や距離が変わって動くように見えても／一緒条件：…もし光点の方向や距離が他の人たちの誰とも異なって見えても］驚くことはありません。事実、もし見るたびに光点の動く方向や距離が違って見えても、驚くことはありません。(1970, p.113)

　このように教示することで、参加者（10人の個人と5組の個人）が60試行分反応するときに、彼らは光の動きのパターンが変化することに驚くことはないであろうし、他者に同意すべきだという期待も持たないであろう、と彼らは論じた。シェリフの研究からの知見とは違い、参加者はどの試行でも、光点の方向も距離も変化したと報告した。さらに、単独条件と一緒条件の両方で、規範への収束や試行による分散の減少の証拠は得られなかった。

　第2実験では、（シェリフが使ったような）標準的な教示が与えられたが、15試行のブロックごとに交互に、サクラが参加者に収束するか、参加者から拡散するかするようにした。サクラが収束したとき、10人の参加者は通常のシェリフ・タイプの収束を見せた。しかし、サクラが拡散したとき、参加者はサクラの判断に従わなかった。なぜだろうか。アレクサンダーらは、「筋の通らないカオスを不快と見なす生得的な心理学的傾向というよりも、状況における期待と役割の定義」が、自動運動効果パラダイムの知覚的収束を説明するからだと結論づけた。

　しかしながら、1976年、ニコラス・ポリスらはこの代替説明に、事実上の反証を与えた。彼らは、アレクサンダーら (1970) による実験パラダイムの修正版は、実際には意見の違い、あるいは少なくとも意見が収束しないという予期を誘発し、ある種の予測可能性を提供していると指摘した。すなわち、この状況は不確実さを引き起こすものではなかった。なぜなら、参加者は一貫した合意があるはずだと期待しなかったからである。この可能性を確かめるため、ポリスらはアレクサンダーらの研究デザインに、参加者は自動運動効果が錯覚だという知識以外に他の期待を与えない、3つ目の条件を追加した。結果は極

めて明確だった。一緒条件で判断した参加者は、単独条件よりも、試行につれてより判断が収束し、試行による分散が少なかった。さらに、3条件すべてで、参加者は試行につれて収束を示した。このように、この知見は、アレクサンダーらの結果を再現しなかっただけでなく、状況が構造化されていないと知覚されたときに規範が形成され参加者が収束するという、シェリフの元の解釈を強く強化するものであった。

規範形成を促進する集団の力も、ポリスとモンゴメリー（Pollis & Montgomery, 1966）によって示されている。彼らは参加者に、一緒条件または単独条件のいずれか、また（すでに存在している）自然集団または見知らぬ人からなる集団のいずれかで、規範を作るよう求めた。研究者らは、参加者に再テストを行い、参加者が後で自動運動効果を判断する際に、集団の規範は他のどの条件よりも自然集団における一緒条件で維持されることを見出した。

シェリフもまた、自動運動効果研究を続けた。とりわけ、シェリフとハーベイ（Sherif & Harvey, 1952）は、規範形成における自我機能に焦点を当てた。彼らは「極度のストレス、不確実性、安定した参照点の欠如の効果は、自分自身のものではない情報源からの行動規範を受容する可能性を増加させるという意味で、暗示性を増加させるであろう」（1952, p.276）と論じた。このような非構造的で不確かな刺激状況は不安を引き起こし、規範の周辺のより広範囲に判断が散らばる結果となることが示唆された。すなわち、判断の個人間の分散は大きくなるが、集団規範への収束も大きくなるだろう。

この考えを検証するため、参加者は50の判断を単独で行い、その2～3日後にペアで判断した。3つの条件があった。単純条件では、参加者はその実験室を見る機会があり、その実験室は他の条件よりも小さく、それゆえ知覚の係留点、参照点がより多く存在した。実験者はフレンドリーで、参加者を激励した。中間条件では、実験はとても大きな部屋（81×54フィート）で行われ、参加者は実験装置も部屋も、明るい状態で見ることはなかった。困難条件では、広い部屋がここでも使われ、参加者は階段やロープが複雑に配置された中を通って座る席を見つけなければならなかった。さらに、実験者は参加者とラポールを築かないようにした。言い換えると、この最後の条件は、参加者の方向感覚を混乱させる条件である。結果は、単純条件よりも中間条件や困難条件での判断の収束が大きく、シェリフとハーベイの予測を大方支持した。

自動運動効果パラダイムで作られた規範の頑健性を検証するため、ジェイコブスとキャンベル（Jacobs & Campbell, 1961）は大規模な研究を行い（175人の参加者で様々な集団サイズ）、30試行ごとに集団メンバー1人が去り、新しいメ

ンバーに置き換えられた。さらに、それぞれの集団で1人、2人、または3人のサクラが最初に「文化的規範」もしくは係留点となる判断をした。これらのサクラは何も知らされていない真の参加者に15.5インチという係留点を与えたが、これは単独判断の典型的規範（平均で3.8インチ）よりもはるかに大きなものだった。ジェイコブスとキャンベルは、規範が最終的には「自然な」レベルに戻っていくように徐々に減衰するけれども、「文化の重要な名残が最後のサクラから4～5世代後まで持続する」ことを見出した。もちろんこの研究は、最初の規範が強い（なぜなら何世代も続いた）とも、弱い（なぜなら最終的には減衰した）とも、いずれにも解釈できる。アッシュ（Asch, 1951）の同調研究のように（5章参照）、ジェイコブスとキャンベルの研究は、社会的影響の力とそうした影響に抵抗する個人の能力の両方を示している。

　マクニールとシェリフ（MacNeil & Sherif, 1976）はジェイコブスとキャンベルの研究を受けて、規範にはその中心傾向以上のことが関わっていると論じた。規範には、受容可能な指針または行動の程度もしくは範囲も含まれている。自動運動効果パラダイムにおける規範の典型的な許容度あるいは範囲が約7インチ（中心傾向は4インチ）であることを考えると、ジェイコブスとキャンベルによる文化的規範は、中心傾向からも許容度からも、もっともに思えるものではないと言える。マクニールとシェリフは、もし「自然な」規範に照らして明らかに恣意的なものでないならば、新たな規範はもっと長く持続するはずだと論じた。

　この可能性を検証するため、マクニールとシェリフは、ジェイコブスとキャンベルが開発したメンバー置き換え手続きを使って研究を行った。集団は真の参加者だけからなる条件と、最初は3人のサクラがいるが世代をおって真の参加者に置き換わり4世代目で真の参加者だけで構成される条件とを用意した。「中程度の恣意性」条件では、サクラは範囲9～15インチ、最頻値12インチで回答した。「恣意性が高い」条件では、サクラは範囲15～21インチ、最頻値18インチで応答した。マクニールとシェリフの予測と一致して、恣意的な規範への収束は、恣意性が高い条件よりも中程度の恣意性条件において大きく、より長く持続した。

自動運動効果研究の影響

　シェリフの研究は非常に大きな影響を与えた。いろいろなかたちで自動運動

効果研究は、集団内での社会的影響に関する多くの後続研究の基礎となった。シェリフの方法論は、集団の情報的影響（Deutsch & Gerard, 1955）に寄与する本質的なプロセスをつまびらかにすることを明確に意図していた。集団過程を研究するための開始点として曖昧な刺激を用いることは、次第に常識となった。ヘンリー・タジフェル（たとえば Tajfel, 1978）の集団間差別の草分け研究（10章参照）が、シェリフとシェリフ（Sherif & Sherif, 1953）の集団間葛藤の研究（9章参照）をカテゴリー化と集団メンバーシップの基盤が恣意的で最小限となる状況へと還元して、参加者に集団アイデンティティの明確な基礎がわからないようにして始まったのも偶然ではない。同様に、少数派の影響に関するセルジュ・モスコビッチの研究（Moscovici, 1976, 1980）は、不安定な刺激状況（たとえば、参加者は残像色を判断しなければならないなど。6章参照）を使用することに大いに負っている。

シェリフの研究の第二の重要な貢献は、集団のプロセスを弁別的な集団の生産物という観点から、すべてを個人心理学に還元することのない弁別的レベルの分析によって研究することが可能であり、意義があるということを確立したことにあった。シェリフに始まる非還元主義的な社会心理学の擁護は、自我心理学が、そして行動主義と社会的認知（そして今は社会神経科学）が、よりマイクロな分析レベルに焦点を合わせたため、長年にわたって傍流に追いやられた。しかしシェリフの主張と展望——とりわけ彼の還元主義批判——は、社会心理学における「ヨーロッパ的」観点の発展に拍車をかけた。それを先導したのが、タジフェル（1979）とモスコビッチ（Moscovici, 1961）であり、個人の行動の意味を理解するためにはより広い社会構造が考慮されねばならないと主張した。シェリフの考えに欠けていたものはたぶん、社会規範の十分な分析には単に判断の値や準拠枠だけでなく、社会構造やイデオロギーといった、より広いテーマも考慮しなければならないという認識であった。こうしたアイディアは、社会的表象理論（Deaux & Philogene, 2001; Jovchelovitch, 2007）やシステム正当化理論（Jost & Hunyadi, 2005）のようなアプローチに取り入れられた。

シェリフ（1966）にとって、彼の自動運動効果研究に続く多くの研究がパーソナリティや他の個人差の調整的役割に焦点を当てたことは不幸なことであった。彼はそれらが重要でないと感じたのではなく、彼の規範形成の研究の鍵となるテーマには適切でないと感じたのである。彼は以後の研究で、そうしたテーマを他の分野に拡大していった。それには、「何が社会的状況を構成するかという参照枠の問題、組織水準の問題と学際的アプローチ、刺激構造の漸次的変化、係留点（参照点）、文化的産物、（包括的な意味での）社会規範、社会的

知覚、そして自我関与」(1966, p.xv) が含まれる。たとえば、葛藤と協力に関する彼の研究は、いかに集団間の相互依存が新しい規範を生み出すか（たとえば、Sherif & Sherif, 1953) を示し、規範と参照枠は、青年期の参照集団 (Sherif & Sherif, 1964) や態度と態度変容 (Sherif & Hovland, 1961) に関する彼の研究の中心的関心であった。これらのさまざまな要素を考え合わせて、シェリフは彼の観点を次のようにまとめている。

　社会的態度（たとえば、宗教、政治、戦争についての態度）は、ほとんどの態度尺度がそうであるような単一点としては十分に呈示されない。社会的争点についての人びとや集団に対する個人の立場は点ではなく、個人が受容し拒否する人びとのカテゴリー化なのである‥‥その個人の相対的な受容、拒否、そして無関心の範囲の大きさが、個人の関与の程度の操作的指標として提案された。(1966, p.xx)

自動運動効果研究を超えて
——規範形成への新しいアプローチ

　シェリフの考えは直接的にも間接的にも、現代の「共有された現実 (shared reality)」研究に貢献した。ハーディンとヒギンス (Hardin & Higgins, 1996) は、社会的確証が多くのさまざまな領域における判断の確信度において鍵となる役割を果たしており、それゆえ「共有された現実を確立する努力が、社会的相互作用を支配するであろう」(1996, p.38) と述べた。レバインとヒギンス (Levine & Higgins, 2001) は、これは個人にとってと同様に集団にとっても真実だと主張した (Echterhoff, et al., 2009 も参照)。実際、共有された現実は、交換記憶 (transactive memory) (Moreland et al., 1976)、集団信念 (Bar-Tal, 1990)、共有された心的モデル (DeChurch & Mesmer-Magnus, 2010) も含め、多くの集団現象の中心にある。シェリフにもとづきつつも批判的に、レバインとヒギンス (2001) は、共有された現実は一時的な側面を持つが、人びとは集団のメンバーになる過程でその共有された現実を受け入れ、採用するようになると指摘した。さらに、その現実を新たなメンバーに伝える過程それ自体が、古参者内における共有された現実を強固なものにする (Levine et al., 1996 参照)。また、規範は判断と行動に影響する参照枠を含むというシェリフのより広い論点にもとづいて、レバインら (2000) は、共有された現実が、制御焦点における促進焦点、または予防焦点のいずれかで操作されると、複数試行再認記憶課題で用い

る方略のリスキーさにどう影響するかを示した。この研究で強調されたキーポイントは、集団は、単に何が正解かだけでなく、どう問題を解くかという手段についても共有された現実を確立するということである。

　社会的アイデンティティと自己カテゴリー化理論もまた、社会的参照枠の性質に焦点を当てている。とりわけ、自己カテゴリー化は影響の心理学的境界を与え、他カテゴリー（外集団）のメンバーよりも、自身が所属するカテゴリー（内集団）のメンバーの人びとと社会的現実を共有しやすいと論じられてきた。たとえば、ジョン・ターナー（Turner, 1985）は、「参照情報影響」の理論を唱え（Abrams & Hogg, 1990; Turner, 1991 も参照）、「不確かさは自己と同じだとカテゴリー化された人びととの間の不合意がもたらす社会的産物である。社会的比較のための適切な参照集団としての他者知覚が、不確実性の喚起と相互影響に必要な合意への共有された期待を作り出す」と主張した（1985, p.93）。

　このアイディアは、アブラムスら（Abrams, 1990）による、シェリフの自動運動効果研究の重要な拡張の中で検証された。彼らは、参照情報影響理論と一致して、同意への期待は社会的カテゴリー化の影響を受けるはずだと主張した。彼らの研究では、光点を見るたびに、3人の真の参加者が光点運動を判断し、その後3人のサクラの判断を聞いた。サクラはそれぞれ、特定の真の参加者の判断に合わせるよう指示されていた。最初の3試行は参加者よりも5センチ高く、残りの22試行は3試行目のプラスマイナス2センチ以内で推定し続けた。

　統制群では、参加者は座席番号が与えられ、（センチ単位で）光点が動いた距離を推定する前に、自分の座席番号を声に出して言うよう教示された。カテゴリー化の役割を検証するため、アブラムスら（1990）はさらに2つの条件を加えた。カテゴリー化条件では、真の参加者とサクラとに、表向きは無作為化手続きを装って、異なるカテゴリー・ラベル（HとJ）が与えられた。参加者は推定したとき、自分のカテゴリー・ラベルを言うように求められた。集団アイデンティティ条件では、表向きには彼らの間に差がないことを確かめるためとして、最初に2グループ間でゲームをさせることで、カテゴリー化をさらに強化した。推定する際には、どのグループに属しているかを言わなければならなかった。

　サクラの規範と真の参加者の規範との間の最初の違いは、5センチだったことを思い出してほしい。シェリフなら、すべての3つの条件でサクラによってなされたより高い推定値に真の参加者が収束させるはずだと予測するだろう。対照的に、参照情報影響理論では、カテゴリー化条件と集団アイデンティ

ティ条件ではサクラの推定値に収束せず、統制条件においてのみサクラの推定値に収束すると予測される。なぜなら、真の参加者とサクラの参加者は、彼らのシートナンバーと関連する一連の解答をしてきたという事実から（すなわち、3人の真の参加者は1から3のシート番号で、3人のサクラの前にそのように応答した）、暗黙のカテゴリー化が起こっていたからである。結果は、こうした予測を支持した。実験はそれゆえ、カテゴリーが顕現化するとき、同じだが別様に非構造化された刺激環境において、2つの別個の規範が同時に現れうることを示した。これらの知見はシェリフの結果を弱めるのではなく、人びとが新たな規範を作るときに構造——参照枠——を求めるという、彼の主張を強めている。カテゴリーが判断における相違と有意味に関連するとき、人びとはこのカテゴリーを異なる規範、または別の言い方をするなら、異なる共有された現実を確立するために用いるだろう。

　自動運動効果以外の刺激状況を用いた後続の研究も、類似の効果を示している。たとえば、トム・ポストメスらは、規範形成における匿名性と脱個人化の役割を考慮して、集団規範が内集団コミュニケーションから現れる典型例への集団内適応にもとづいて出現すると論じた。彼らの脱個人化効果の社会的アイデンティティ・モデル（social identity model of deindividuation effects：SIDE）は、このプロセスがコンピュータを媒介したコミュニケーションにより促進されることを示した。なぜなら、個人的アイデンティティの顕現性が低下する一方で、匿名性と共通内集団カテゴリー化を顕現化させる可能性が高まるからである。たとえば、ポストメスら（Postmes et al., 1998）は、集団が向社会的または効果的な相互作用の目標をプライムされたときに、メンバーが特定できる場合よりも匿名である場合にこの目標に収束することを示した。さらに、ポストメスら（2000）は、コンピュータを媒介した集団では社会的アイデンティティと、そのアイデンティティにリンクした弁別的コミュニケーション規範の両方が自発的に作り出されることを示した。最後に、人びとは他集団ではなく、特定の社会集団の現実を共有したいと望むという考えと一致して、自分たち自身の行動や意見に関して（外集団ではなく）内集団の合意を過大視しがちであり（Robbins & Krueger, 2005）、子どもでさえ、内集団と外集団が異なった意見を持つだろうと予期する（Abrams, 2011; Piaget & Weil, 1951）証拠が得られている。

結　論

　規範形成と持続に関するシェリフの研究は、社会心理学分野だけでなく、行動科学全体への真の古典的貢献となっている。社会規範の性質と機能についての根本的な問いを発し、その問いを検証するための独創的な実験パラダイムを開発することによって、シェリフは社会的影響がいかに作用するかについての考えに革命をもたらした。たとえば、自動運動の錯覚を用いた研究は、共有された現実という重要な現象に関する理論的、実証的研究の大きな流れを作った。そして社会心理学における個人主義と還元主義への彼のメタ理論的批判は、集団内そして集団間のプロセスに関する現在もっとも影響力のある理論的観点、すなわち社会的アイデンティティ・アプローチの知的な土台を作ることに貢献した。実際、彼の実験では曖昧で不確かな自動運動効果が巧みに利用されたのとは反対に、公刊されて75年が経った今も、シェリフのアイディアは私たちの研究領域における確かな参照点であり、生産力となり続けていることには、まったくもって不確かではないのである。

■さらに学びたい人のために

Sherif, M. (1936). *The psychology of social norms.* New York: Harper & Row.	この本はたいへん短いが、どこから見ても極めつきの古典である。とても読みやすく、力強く、魅力的であると同時に、その広がりはたいへん印象的である。
Abrams, D. & Hogg, M. A. (1990). Social identity, self-categorization and social influence. *European Review of Social Psychology, 1,* 195-228.	伝統的な社会的影響研究を社会的アイデンティティ・アプローチと結びつける有益な要約。
Turner, J. C. (1991). *Social influence.* Milton Keynes: Open University Press.	ターナーは、社会的アイデンティティ・アプローチをより広範囲に扱っている。

Postmes, T., Spears, R., & Lea, M. (2000). The formation of group norms in computer-mediated communication. *Human Communication Research, 26*, 341-371.	この論文は、集団が対面的な相互作用を持たずコンピュータを介してコミュニケートする場合であってもいかに規範が現れるかを示しながら、いかに社会的アイデンティティ・アプローチを適用できるかについて、より具体的な例を紹介している。この研究は、いかに異なる集団あるいはコミュニティが、コミュニケーションのための固有の習慣やルールを創造しうるかを例証している。
Levine, J. M., & Higgins, E. T., (2001). Shared reality and social influence in groups and organization. In F. Butera & G. Mugny (Eds.), *Social influence in social reality: Promoting individual and social change* (pp.35-52). Seattle: Hogrefe & Huber.	共有された現実が集団の出来事の中で果たす決定的役割を例証する研究のレビュー。いかに、集団のメンバーが相互作用の前に共有された現実を求め、相互作用の最中に共有された現実に到達し、そしてその後の相互作用で共有された現実に影響されるかが論じられている。
Jost, J. T., & Hunyadi, O. (2005). Antecedents and consequences of system-justifying ideologies. *Current Directions in Psychological Science, 14*, 260-265.	システム正当化の理論の説明。社会集団が彼らに不公正に作用する社会構造を受け入れる規範的信念を発展させる過程を扱っている。
Moscovici, S. (1981). On social representations. In J. P. Forgas (Ed.), *Social cognition: Perspectives on everyday understanding* (pp.181-209). London: Academic Press.	モスコビッチの、社会的表象の理論についての詳説。それは規範よりもっと幅広い概念で、人びとが解釈や意味の社会的に共有されるシステムを構築したりそれにつながったりするという仮定を精緻化したものである。

[訳者補遺]
ガーゲン, K. J.／東村知子（訳）(2004)『あなたへの社会構成主義』ナカニシヤ出版
ヒューストン, M., シュトレーベ, W., コドル, J. P., & スティブンソン, G. M.／末永俊郎・安藤清志（監訳）(1994, 1995)『社会心理学概論――ヨーロピアン・パースペクティブ 1, 2』誠信書房

■引用文献
Abrams, D. (2011). Wherein lies children's intergroup bias? Egocentrism, social understanding and social projection. *Child Development, 82*, 1579-1593.

Abrams, D. & Hogg, M. A. (1990). Social identity, self-categorization and social influence. *European Review of Social Psychology, 1*, 195-228.

Abrams, D., Wetherell, M. S., Cochrane, S., Hogg, M. A. & Turner, J. C. (1990). Knowing what to think by knowing who you are: Self categorisation and the nature of norm formation, conformity, and group polarisation. *British Journal of Social Psychology, 29*, 97-119.

Adams, H. F. (1912). Autokinetic sensations. *Psychological Monographs, 59*, 32-44.

Alexander, C. N. Jr., Zucker, L. G. & Brody, C. L. (1970). Experimental expectations and autokinetic experiences: Consistency theories and judgmental convergence. *Sociometry, 33*, 108-122.

Allport, F. H. (1924). The group fallacy in relation to social science. *Journal of Abnormal and Social Psychology, 19*, 60-73.

Asch, S. E. (1951). Effects of group pressure upon the modification and distortion of judgments. In H. Guetzkow (Ed.), *Groups, leadership, and men* (pp.177-190). Pittsburgh, PA: Carnegie Press.

Bar-Tal, D. (1990). *Group beliefs: A conception for analyzing group structure, processes and behaviour.* New York: Springer Verlag.

Bovard, E. W. Jr. (1948). Social norms and the individual. *Journal of Abnormal and Social Psychology, 43*, 62-69.

Deaux, K. & Philogène, G. (Eds.) (2001). *Representations of the social.* Oxford: Blackwell.

DeChurch, L. A. & Mesmer-Magnus, J. R. (2010). The cognitive underpinnings of effective teamwork: A meta-analysis. *Journal of Applied Psychology, 95*, 32-53.

Deutsch, M. & Gerard, H. (1955). A study of normative and informational social influences upon individual judgment. *Journal of Abnormal and Social Psychology, 51*, 629-636.

Durkheim, E. (1915). *The elementary forms of the religious life.* London: Allen and Unwin.

Echterhoff, G., Higgins, E. T. & Levine, J. M. (2009). Shared reality: Experiencing commonality with others' inner states about the world. *Perspectives on Psychological Science, 4*, 496-521.

Freud, S. (1927). *The ego and the id* London: L and V Woolf. ［フロイト／本間直樹ほか（訳）(2007)『フロイト全集18（1922-1924年）――自我とエス みずからを語る』岩波書店］

Goldberg, S. C. (1954). Three situational determinants of conformity to social norms. *Journal of Abnormal Psychology, 49*, 325-329.

Hardin, C. D. & Higgins, E. T. (1996). Shared reality: How social verification makes the subjective objective. In R. M. Sorrentino & E. T. Higgins (Eds.), *Handbook of motivation and cognition* (Vol. 3, pp.28-84). New York: Guilford.

Hoffman, E. L., Swander, D. V., Baron, S. H. & Rohrer, J. H. (1953). Generalization and exposure time as related to autokinetic movement. *Journal of Experimental*

Psychology, 46, 171-177.

Jacobs, R. C. & Campbell, D. T. (1961). The perpetuation of an arbitrary tradition through several generations of a laboratory microculture. *Journal of Abnormal and Social Psychology, 62,* 649-658.

Jost, J. T. & Hunyadi, O. (2005). Antecedents and consequences of system-justifying ideologies. *Current Directions in Psychological Science, 14,* 260-265.

Jovchelovitch, S. (2007). *Knowledge in context: Representations, community and culture.* London: Routledge.

Kelman, H. C. (1950). Effects of success and failure on "suggestibility" in the autokinetic situation. *Journal of Abnormal and Social Psychology, 46,* 267-285.

Levine, J. M. & Higgins, E. T. (2001). Shared reality and social influence in groups and organization. In F. Butera & G. Mugny (Eds.), *Social influence in social reality: Promoting individual and social change* (pp.33-52). Seattle: Hogrefe and Huber.

Levine, J. M., Bogart, L. M. & Zdaniuk, B. (1996). Impact of anticipated group membership on cognition. In R. M. Sorrentino & E. T. Higgins (Eds.), *Handbook of motivation and cognition* (Vol. 3, pp.531-569). New York: Guilford.

Levine, J. M., Higgins, E. T. & Choi, H-S. (2000). Development of strategic norms in groups. *Organizational Behavior and Human Decision Processes, 82,* 88-101.

Levy, J. (1972). Autokinetic illusion: A systematic review of theories, measures and independent variables. *Psychological Bulletin, 78,* 457-474.

MacNeil, M. K. & Sherif, M. (1976). Norm change over subject generations as a function of arbitrariness of prescribed norms. *Journal of Personality and Social Psychology, 34,* 762-773.

Malinowski, B. (1927). *Sex and repression in savage society.* New York: Harcourt, Brace & Company, Inc. [マリノフスキー／阿部年晴ほか（訳）(2017)『未開社会における性と抑圧』筑摩書房（ちくま学芸文庫）]

Mead, M. (1928). *Coming of age in Samoa: A psychological study of primitive youth for western civilization.* New York: William Morrow & Co. [ミード／畑中幸子ほか（訳）(1993)『サモアの思春期』蒼樹書房]

Milgram, S. (1964). Group pressure and action against a person. *Journal of Abnormal and Social Psychology, 69,* 137-143.

Moreland, R. L., Argote, L. & Krishnan, R. (1996). Socially shared cognition at work: Transactive memory and group performance. In J. L. Nye & A. M. Brower (Eds.), *What's social about social cognition?: Research on socially shared cognition in small groups* (pp.57-84). Thousand Oaks, CA: Sage.

Moscovici, S. (1961). *La psychanalyse, son image et son public.* Paris: Presses Universitaires de France.

Moscovici, S. (1976). *Social influence and social change.* London: Academic Press.

Moscovici, S. (1980). Towards a theory of conversion behavior. In L. Berkowitz (Ed.), *Advances in experimental social psychology* (Vol. 13, pp.209-239). London: Academic Press.

Moscovici, S. (1981). On social representations. In J. P. Forgas (Ed.), *Social cognition: Perspectives on everyday understanding* (pp.181-209). London: Academic Press.

Piaget, J. (1932). *The moral judgment of the child.* London: Kegan Paul.

Piaget, J. & Weil, A. M. (1951). The development in children of the idea of the homeland and of relations to other countries. *International Social Science Journal, 3*, 561-578.

Pollis, N. P. & Montgomery, R. L. (1966). Conformity and resistance to compliance. *Journal of Psychology, 63*, 35-41.

Pollis, N. P., Montgomery, R. L and Smith, T. G. (1976). Autokinetic paradigms: A reply to Alexander, Zucker and Brody. *Sociometry, 38*, 358-373.

Postmes, T., Spears, R. & Lea, M. (1998). Breaching or building social boundaries? SIDE-effects of computer mediated communication. *Communication Research, 25*, 689-715.

Postmes, T., Spears, R. & Lea, M. (2000). The formation of group norms in computer-mediated communication. *Human Communication Research, 26*, 341-371.

Rivers, W. H. R. (1924). *The history of Melanesian society.* Cambridge: Cambridge University Press.

Robbins, J. M. & Krueger, J. I. (2005). Social projection to ingroups and outgroups: A review and meta-analysis. *Personality and Social Psychology Review, 9*, 32-47.

Rohrer, J. H., Baron, S. H., Hoffman, E. L. & Swander, D. V. (1954). The stability of autokinetic judgments. *Journal of Abnormal and Social Psychology, 49*, 595-597.

Sampson, E. E. & Insko, C. A. (1964). Cognitive consistency and performance in the autokinetic situation. *Journal of Abnormal and Social Psychology, 68*, 184-192.

Sherif, M. (1935). A study of some social factors in perception. *Archives of Psychology, 27* (187).

Sherif, M. (1936). *The psychology of social norms.* New York: Harper and Row.

Sherif, M. (1937). An experimental approach to the study of attitudes. *Sociometry, 1*, 90-98.

Sherif, M. (1966). *Introduction to the torchbook edition of the psychology of social norms.* New York: Harper and Row.

Sherif, M. & Harvey, O. J. (1952). A study in ego functioning: Elimination of stable anchorages in individual and group situations. *Sociometry, 15*, 272-305.

Sherif, M. & Hovland, C. I. (1961). *Social judgment: assimilation and contrast effects in communication and attitude change.* Oxford: Yale University Press. [シェリフ・ホブランド／柿崎祐一（監訳）(1977)『社会的判断の法則──コミュニケーションと態度変化』ミネルヴァ書房]

Sherif, M. & Sherif, C. W. (1953). *Groups in harmony and tension.* New York: Harper and Row.

Sherif, M. & Sherif, C. W. (1964). *Reference groups: Exploration into conformity and deviation of adolescents.* New York: Harper and Row. [シェリフ・シェリフ／重松俊明（監訳）(1968)『準拠集団──青少年の同調と逸脱』黎明書房]

Tajfel, H. (Ed.) (1978). *Differentiation between social groups: Studies in the social psychology of intergroup relations*. London: Academic Press.
Tajfel, H. (1979). Individuals and groups in social psychology. *British Journal of Social Psychology, 18*, 183-190.
Turner, J. C. (1985). Social categorisation and the self-concept: A social cognitive theory of group behaviour. In E. J. Lawler (Ed.), *Advances in group processes* (Vol. 23, pp.77-121). Greenwich, CT: JAI Press.
Turner, J. C. (1991). *Social influence*. Milton Keynes: Open University Press.
Vidulich, R. N. & Kaiman, I. P. (1961). The effects of information source status and dogmatism upon conformity behavior. *Journal of Abnormal and Social Psychology, 63*, 639-642.

5 同調
アッシュの線分判断研究・再入門

ヨランダ・ジェッテン、マシュー・J・ホーンセイ

「2 + 2 = 5」
ジョージ・オーウェル『1984年』

背景

明らかに2 + 2は5ではない。しかしオーウェルが言うように、人びとが2 + 2は5だと信じている世界に行ったならば、あなたは自分の判断を疑いはじめるだろう。さらには、これが真実に違いないとさえ考えはじめるだろう。「他の人が正しくて、自分は間違っているのだ」と。

数十年にわたって社会心理学者たちは、人びとが自分の立場に立って同調圧力に力強く抗うよりも、むしろ、他者の見方に従うように導く要因に大きな関心を向けてきた。同調と抵抗に関する知見の発展に特に重要なのが、ソロモン・アッシュによる線分判断実験（Asch, 1951, 1955）であった。アッシュは、なぜわれわれは自分が正しく他の人が誤りだとわかっているときですら、ときとして自分の固い確信を放棄して自らの態度や判断を他者に合わせようとするのかを問うた。すなわち、われわれはなぜ、ときに同調の圧力に負け、無批判に多数派の意見を受け入れるように見えるのだろうか。

アッシュ（1955）が書いているように、彼の同調に対する関心は、他の著作に加えて、心理学者エドワード・L・ソーンダイクの古典的研究を読んだことに始まる。これらの研究では、人びとがある話題に関する意見を尋ねられ、その後、反対の意見を持つ権威ある人物、あるいは同僚集団の意見を聞かされる。これらの研究で典型的に見られたのは、人びとが再び意見を尋ねられると、同僚や権威人物の意見の方向にシフトするということである。他の多くの人と同様に、アッシュもまたこの知見に混乱した。なぜ人

は、権威的人物や多数派が意見の論拠をまったく示していないときですら、その意見に影響されるのだろうか。なぜ、単なる反対意見を言う人数や権威者が反対の態度を示したという事実が、同調を導くのだろうか。

線分判断実験

　アッシュはこの疑問に答えるために、これら示唆的な先行研究の実験状況に極めて似た実験パラダイムを創案した。しかし、1つだけ重要な違いがあった。同調が正しくない応答をすることになることが明瞭であるにもかかわらず、課題の多様な特質や社会的文脈によって、同調圧力に抗うのが極めて困難な実験状況を作り上げたのである。

　この実験を説明するもっとも良い方法は、これらの実験1つの参加者になったと想像してみることであろう。実験室に到着すると、そこには7〜9名の他の参加者が待っている。そして視覚的判断に関する心理学実験に参加すると伝えられる。実験者はさまざまな線分の長さを比べるようにあなたに伝え、そしてあなたは2つの大きな白いカードを見せられる（図5.1）。1枚のカードには基準となる線分が書いてあり、もう1枚にはA、B、Cとラベルのついた3本の線分が書いてある。あなたに課せられた課題は、3本の線分のうち基準線分と同じ長さのものを選び、それを大きな声で報告することである。比較する3本の線分のうち1本は明らかに基準線分と同じ長さであり、他の2本は明らかに短いか長い。あなたは簡単な課題だと思うだろう。

　参加者たちは着席した後に、そのとき座った順に解答していくよう求められ、それを何度か繰り返す。あなたの席は他のほとんどの人が言い終わった後に回答する位置である。実験は何事もなく開始される。全員が、どの線分が基準線分と同じ長さかについて一致する。だんだん退屈になってくる。ところが3回目の試行で突然、最初の参加者が明らかに誤った答えを言う。たとえば図5.1のような線分が与えられて、「B」ではなく「A」と答える。彼は間違ったに違いなく、あなたは再び線分を良く観察し、先ほどの答えはやはり明らかな誤答であることを確認する。ところが、である。2番目の人も3番目の人も、1番目の人と同じ解答をする。4番目の人も、5番目の人も、基準線分よりも明らかに長い（あるいは短い）線分の番号を解答する。みんなは盲目になってしまったのだろうか？　そしてあなたの順番が回ってくる。あなたはどう答えるだろうか。（明らかに間違っているとわかっていたとしても）他の人の解答に合

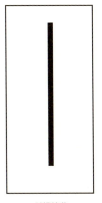
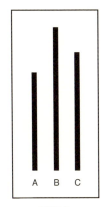

基準線分　　　　　　　　　　　比較線分
（8インチ）　　　　　　　　　（6, 8, 7インチ）

図5.1　アッシュの標準的な線分判断実験の刺激。左側の基準線分と同じ長さのものを右側の比較線分から選び、それを口頭で報告する（一見すると非常に簡単な）課題である。

わせるべきだろうか、それとも、その答えが自分1人になってしまうとしても、自分自身の判断を貫くべきだろうか。

　あなたは知らないことであるが、実は他の実験参加者たちは本当の実験参加者ではない。12の本試行で誤った解答をするよう教示されていた実験アシスタント（「サクラ」）なのである。この実験は視覚についてではなく、同調に関する研究であったのだ。実験の結果は、多数派が明らかに誤っているときですら、こういう文脈において同調せずにいるのは非常に難しいことを示した。この鍵となる知見はさまざまなかたちで報告されているが、ここでは主要な社会心理学の教科書に記載されている、典型的な報告に注目してみよう。（多数が明らかに誤った解答をした）本試行への反応が、図5.2に示されている。参加者の76％が少なくとも1回は、多数派の誤った解答に同調した、というのが、これらの知見の一般的な要約である。

　この数字を正しく評価するために、アッシュは、同様の課題をサクラなしで、つまり全員が基準線分の長さともっとも合うと思う線分を声に出す、純粋な参加者の場合でも行った。そういう条件では非常に簡単な課題で、誰ひとり誤った解答をすることはなかった。これを根拠にアッシュは述べている。「通常の状況では、同じ長さの線分を回答する課題で間違える人は1％にも満たない。しかし、集団圧力がある場合には、選択の36.8％で、少数派である参加者は多数派による誤った判断を受け入れた」（Asch, 1955, pp.32-33）。

　参加者が同調するかどうかは別にして、自身が少数派になり、多数派が自分

5　同調　99

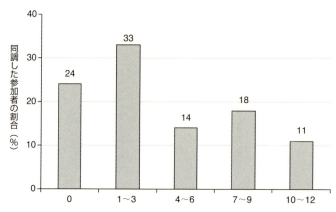

図5.2 アッシュの標準的線分判断実験における12の本試行で、多数派に同調した割合（Asch, 1955 をもとに作成）

自身の目で見ているものとまったく異なるものを見ているように思われるというのは、落ち着かない経験である。アッシュの実験参加者たちは、まさにそういう困惑する経験をした。実際、この実験を記録した映像からは、実験参加者が線分をいろいろな角度から見てみたり目を細めたりして、多数派が見て、自分が見ていないものを見つけようとむなしく試みる様子が示されている（図5.3）。実験中にからくりを知らない真の参加者から観察することができた非言語的行動の変化を、アッシュ（1952）自身が詳細に記している。

　最初の1人あるいは2人目の異なる判断の後、参加者の振る舞いや姿勢の明らかな変化に気がつくだろう。集団全体が異なる判断をしたことに、参加者の表情には当惑と狼狽を見てとることができる。しばしばより活動的になる。椅子に座りながら貧乏揺すりをしたり、違う角度から線分を見ようと頭を傾けたりする。彼は周りを見回して他の人に真剣にささやきかけたり、気の弱そうな微笑みを見せたりするかもしれない。また突然立ち上がってカードの前に行き、じっくり見つめるかもしれない。あるいは微動だにせず、静かに黙りこむかもしれない。（1952, p.454）

後続研究

この知見が初めて公刊されるや、アッシュの研究はたいへん大きな注目を浴

図5.3 サクラの参加者たちが全員一致で誤った解答をしたとき、真の参加者（左から6番目の人物）は混乱すると同時に、より警戒を露わにしている。（Asch, 1955, p.31より許可を得て再掲。Copyright © 1955 Scientific American, Inc. All rights reserved.）

びた。この興味深い結果を受けて、アッシュや他の研究者たちは、同調を左右する文脈や課題の特徴をより詳細に探ろうと、多くの追加研究を開始した。教科書などで良く知られているように、これらの研究は**規範的影響**の証拠と見られている。この分析は、異端となることへの恐れが、正しくありたいとする動機づけと、明らかに誤っている多数派に同調しようとする動機づけとを妥協させるよう、人びとを導くことを示唆する。

結論から言うと、異端な意見を表明することに参加者が抱く不安には明確な根拠がある。線分判断課題を用いたある派生研究で、アッシュは典型的手続きを逆転させた。ここでは、誤った解答をするサクラは1名だけで、このサクラは真の実験参加者に取り囲まれていた。この（不幸な）サクラは、おおっぴらにあざけりの対象となった。ドイッチュとジェラード（Deutsch & Gerard, 1955）が行った規範的影響力をさらに検証した研究では、参加者は多数派の（誤った）解答を目撃するが、自身の反応は個人的に記録するだけの状況（つまり、あざけられる恐怖、ひいては規範的影響力を取り除いた状況）が導入された。この場合、同調率は激減した（Abrams et al., 1990; Insko et al., 1983 も参照）。しかしながら興味深いことに、同調が無くなったわけではなかった。一部の参加者にとっては、その状況の力は結局、多数派の解答が正しいのだと納得するのに十分だったのである。言い換えると、この研究は規範的影響（すなわち、他者と「調子を合わせる」）の存在を示しただけではなく、**情報的影響**（すなわち、他者による確証）の存在の証拠も示した。

また別の後続研究は、同調のレベルに影響する他の条件に注目した。予想どおり、多数派の誤りが明白であればあるほど、同調への抵抗は増加した（Asch, 1955）。アッシュ（1955）はまた、純然たる多数派のサイズや多数派内での一致

の程度が、同調を強めるかどうかに関心を持った。一連の研究の初期に、多数派のサイズがある程度まで重要であることが示された。誤答をするサクラが1名だった場合は、参加者は（3%を除く）ほとんど全試行において正しく解答した。誤答をするサクラが2名の場合には、誤答への同調は14%に増加し、サクラが3名の多数派になると、32%にまで増加した。しかし、それ以降、同調率の増加はなかった。実際15名のサクラを用いた場合には、同調率はそれよりも若干低くなった（31% ; Asch, 1955 参照）。

さらにアッシュは、多数派が一致している程度による同調への影響についても検討した。これらの研究の結果は、より興味深いものであった。多数派の誤答に従わない個人がいた場合には（それがサクラであっても他の真の参加者であっても）、同調の程度は激減した。また興味深いことに、参加者はその人物のことを特に温かく、好ましい人物だと知覚していた。参加者にとっては、線分の長さを同じように見ている人物が少なくとも1人いるという仲間意識が安心材料になったのだろう。また他の実験では、多数派だけではなく、参加者の解答とも異なる解答（すなわち多数派とは異なる、もう1つの明らかに誤った解答）をする人物が存在した場合の同調についても検討している。ここでの多数派への同調は比較的低いものであった（本試行の9%にのみ生じた）。この結果からアッシュは、同調の低減が起こるのは、異議の方向性によってではなく（すなわち異議の正誤に関係なく）、異議が発生したという事実によってであると結論づけた。

アッシュによる研究はその後、同調のしやすさについての研究へと発展した。子どもは大人よりも同調するのだろうか。女性は男性よりも同調するのだろうか。同調のレベルは国によって違いがあるのだろうか。アッシュによる初期のある研究は、子どもの同調を扱っている。アッシュは、7歳から10歳の子どものコホート〔訳注〕と10歳以上の子どものコホートとを比較し、より小さい子どもの方が、同調傾向が強いことを示した。このパターンは、もっと最近の研究でも再現されている。たとえばアッシュと少しだけ異なるパラダイムを用いたウォーカーとアンドレード（Walker & Andrade, 1996）の研究によると、年少の子どもほど同調が見られた。6～8歳では42%、9～11歳では38%、12～14歳では9%の同調率で、15～17歳では同調がまったく見られなかった。

アッシュのパラダイムにおける同調率の国際比較をした研究としては、ロッ

〔訳注〕年齢、時代、世代などの特性を同一にする集団。

ド・ボンドとピーター・スミス（Bond & Smith, 1996）の研究がある。彼らは統計的な分析を行い、より個人主義的な国家（たとえばアメリカ合衆国）とより集団主義の方向性を持つ国家（たとえば香港）の間の同調率を比較した。133件のアッシュの線分判断実験を分析した結果、同調率は個人主義の国よりも集団主義の国において高いことが示され、おそらく集団主義の国においては、同調することにより価値がおかれているからだろうと結論づけられた。また彼らの研究では、女性の方が男性よりも同調するという頑堅な効果も明らかにされた。また興味深いことに、最近の研究では同調率は比較的低い傾向にあり、ここ数十年の間に、同調率は有意に低下していることも示された。事実、線分判断パラダイムを用いた2つの再現実験（LaLancette & Standing, 1990; Perrin & Spencer, 1981）では、両者を通じてたった一度しか同調が示されなかった。これらは、規範的影響の原理がもはや当てはまらないということではない。しかし、1950年代に比べれば、より少数派の意見を発するようになってきたことが示唆される。

線分判断研究の影響

アッシュによる一連の研究は、社会心理学の象徴とも言える。この研究は同じ領域の他研究（特にフィリップ・ジンバルドーによるスタンフォード監獄実験やスタンレー・ミルグラムによる服従実験；7章と8章参照）のような劇的さには欠けていた。また大衆文化への影響という点では限られてもいた[1]。それにもかかわらず、洗練されかつ良く計画されたアッシュのアプローチの結果、彼の研究は同調の研究に興味ある者にとっての礎となった。これらの研究を引用していない入門書や、アッシュが巧みに探求した知見やアイディアに触れたことがない心理学徒は想像しがたい。

アッシュの研究結果がなぜ大きな注目を集めたのかを理解するのは、それほど難しくない。これはとりわけ、人びとがおとなしい羊のように多数派に従うように見える事例について、非常に明瞭に説明していると思われるからであ

---

[1] しかしながらアッシュの研究は、ニューヨークで1950年代中頃に現れた「No soap, radio」コメディに影響を与えたかもしれない。こうしたコメディでは、ジョークを言う人とサクラが「No soap, radio」という無意味で笑えないオチで終わるジョークにわざと騒々しく笑う。目的は、犠牲者にまったく意味不明なジョークで笑わせることである。

る。たとえば、アッシュの研究で示された同調が、ナチのプロパガンダに従うことや、過食症のような摂食障害（痩身であることへの多数派の圧力に抗うことの困難。Crandall, 1988）、サッカーのフーリガンやその他の集団的暴力（Le Bon, 1895）など、さまざまな行動の基底にあると論じられてきた。ギュスターブ・ル・ボンが半世紀前に主張したように、アッシュの研究は、集団であれ群集であれ、個人は同調圧力に抵抗することができず、集合体の意思の奴隷となることを示していると思われる。ル・ボンの言葉を借りると「群集の中の個人は砂の中の砂粒のようなものである。風の意のままにかき回されるだろう」（Le Bon, 1895, p.13）。この観点では、同調はおろかにも人びとを従わせる、不合理な影響と見なされている。同じ見方でセルジュ・モスコビッチは、後にこうコメントしている。「アッシュの研究は、同調を最もドラマティックに描き出した研究の1つである。同調は盲目的に集団に一致させてしまうことであり、そうすることが現実や真実に背を向けることになると本人が気づいていても行われてしまうのだ」(1985, p.349)。このように同調は、典型的に人間性のダークサイドと結びつけられた。人びとは多数派が誤っているとわかっている時ですらそれに抵抗できないのだ。たとえそれが $2+2=5$ のように馬鹿げた主張であったとしても。

アッシュの研究を超えて

代替説明と知見

しかし同調は、本当に弱さや臆病さの現れなのだろうか。他者が明らかに誤っている場合にもそれを真剣に受けとめるのは、本当に臆病なことなのだろうか。言い方を変えれば、アッシュの線分判断課題における同調は通常の反応であり、思慮深い行為だとさえ見ることはできないだろうか。また、同調した人びとは、考えなしに盲目的に多数派に従ったのだろうか。この問いに答えるためには、これらの研究をもっと詳細に検討する必要があるし、またその研究の参加者であるということがどういうことであったのかについて、注意深く考える必要がある。

この点について、実験終了後に参加者が彼らの反応を導いたのは何なのかについて詳しく語るよう求められて述べたことを読むと、非常に多くのことが明らかになる。実際、これらのデータは、その一言一言が、誤った多数派の反応

への同調レベルの詳細について教えてくれる。同調は規範的影響によって起きるとする説明どおり、自発的に同調した人たちの多くは、多数派が正しいとは考えていなかったが、おろかだと見なされたくなかった、あるいは1人だけ逸脱したくなかったから集団に従ったと自発的に語った。しかし一方で、同調の別の理由もあった。何人かは「研究の結果を台無しにしたくなかった」(Asch, 1955, p.33)と述べ、舟を座礁させないように多数派に同調して、みんなの利益に沿うように行動したと信じていた。また別の何名かは、最初に誤った反応をした人は視覚障害に違いないと信じていた。2人目、3人目も誤った解答を言ったとき、単純にこれらの参加者は、たぶん、1人目をバカにしないために同調しているのだと考えた。興味深いことに、これらの参加者たちは、この文脈を、最初の人物の誤った反応にすべての人が同調した場面と解釈していた。しかしこれらの参加者全員にとって、心の中で思っている正答は、公的な反応とは異なっていた。彼らは自分の目を信じていたが、状況の文脈から、多数派に同調した方が良いと決断したのであった。また他の参加者は、多数派に同調しただけではなく、正しい反応が何かという自身の個人的信念を変えたように思われる（その結果、いわゆる**転向**を示した）。たとえば、彼らは、自分たちは視覚的錯視によって歪められており、実際には多数派が正しいと信じていた。なぜなら、それほど多くの人が間違えるとは単純には考えられないからである。彼らはこう確信していた。「自分は間違っていて、彼らが正しいに違いない」。

　また重要なことに、アッシュ自身は多数派の圧力に屈しなかった人の反応についても詳細に検討したにもかかわらず、それは社会心理学の教科書にほとんど紹介されていない。それでは実際、彼ら抵抗者はいったい何を語ったのであろうか。アッシュは2種類のパターンがあったことを報告している。まずは自身の判断に自信を持っており、多数派の意見を考慮することなしに反応した人びとである。もう一方は、多数派が正しいのだろうと信じていたが、自身が見たままのことを言わずにはおれなかった人びとである。たとえばアッシュ(1952)は、すべての本試行において同調しなかった参加者番号1番に行った、実験後の事後説明インタビューについて述べている。実験後の実験者からの「誰が正しかったと思いますか？」という問いかけに対して、この参加者は「まったく疑うことなく、今でも私は自分が正しいと信じています」と回答している。また「あなたは他のみんなが間違っていたと考えますか？」に対して、「うーん、そう考えたのでなければ、ああは答えなかったでしょう。今、私は自分の答えに完全に自信があります。でもなぜこんな違いが起こったのか、今でもわかりません」(1952, p.466)。言い方を変えると、同調しなかった人びとは、

正しくあること、自身の知覚に忠実であることにより関心があったようである。ただしこのことは、彼らがこの経験に深く困惑しなかったということではない。たとえばアッシュ（1952, p.466）は、本試行で同調しなかった上述の参加者が、実験終了後に実験者のところまで歩み寄って「私に何か誤りがあったでしょうか？」と尋ねたと書いている。すべての事後説明を済ませた後で、ようやくこの参加者は深い安堵を感じ、そして帰りがけにこのように言って去った。「私の人生で経験したことのないような出来事でした。きっと一生忘れないでしょう」（1952, p.467）。

　これらの説明から、いくつも重要な示唆が得られる。特に、参加者の自身の反応についての説明を見ると、多数派がなぜ明らかに誤った反応をしているのかについて、いろいろな理論を考え、積極的に状況を解釈しようとしていたことがわかる。これらの理論のうち、いくつかは同調を正当化するものであり（例：「彼らは全員あまりにも礼儀正しいから、明らかに視覚障害を持っているかわいそうな１人目の反応に異議を唱えることができなかったのだ」）、またいくつかは、同調しないことを正当化するものであった（例：「この混乱した状況で私ができる最善策は、自分の眼を信じることです」）。したがって、人びとが盲目的かつ受動的に多数派に従うという説明は、これら証言が示す経験をうまく説明できない。参加者は、単に傍観者的に、多数派に圧倒されるがままだったわけではない。むしろ彼らは、彼らが見ていることと多数派による反応とが矛盾するという著しい不協和な経験を解決するために、それを説明する理論を探すために、批判的に関わり、能動的に状況の意味を見つけようとしたのである（このような不協和の強さについての議論は、３章参照）。

　参加者たちが作り上げた理論の特徴を理解するためには、この研究の詳細をさらに検討することが有益である。特に実験文脈の２つの側面が重要である。(a) 課題の内容と、(b) 多数派との対立である。第一の側面に関して、課題は次のような３つの特徴を持っていた。(a) 正しい反応は１つであることを参加者は知っており、またどの反応が正しいのかも明らかであった、(b) 正しい反応をするかどうかは重要なことではなく、また必ずしも個人的な価値を反映させる必要はなかった、(c) 参加者が反応をする際には１人でする必要があったし、また即座に反応するように求められていた。そのため、なぜ多数派が誤った反応をしているのかについて知る由もなかった。これらの特徴それぞれについて考察し、どのように反応に影響したのかを検討しよう。

　ある１つの反応が明らかに正しく、残りの２つが明らかに誤っているようにすることで（図5.1）、正しい判断が何かに関する情報を他者から集める必要が

ほとんどない状況が作られた（先行するムザファー・シェリフによる自動運動現象の研究とは大きく異なる状況である。4 章参照）。しかし、日常生活においては、このような 0 か 1 かという同調場面はめったにない。むしろ、他者からの何らかの影響を受け入れるが、一部は拒否するというように主観的判断を含んでいる。たとえば、一緒に観た映画がひどかったことについては友人の多数派に同意するが、その映画の特殊効果の説得力についての議論には同意しないかもしれない。さらに、他者には他者のものの見方があることを受け入れることは何の問題もないから、こういった場合の不同意は不愉快にならない。この点で、アッシュの実験パラダイムにおける回答の明瞭さこそが、高水準の同調を生んだと指摘されてきた（Ross et al., 1976）。参加者はほとんど疑いなく、彼らが直面した状況の異様さに準備できていなかった。つまり、多くの参加者があまりに文脈に圧倒され、それにうまく対処できず、多数派に従っておくのがもっとも簡単だったということである。

　アッシュ自身が言うように、実験の構成の単純さもまた、別のかたちで同調に寄与していた。「参加者はどう行動しても『益』を得ることはなかった。通常の利益への考慮は排除されていた」（1952, p.469）。この点は、実験後にある参加者がまさに言及していたことである。彼はこう言った。「もし政治的な質問であったならば、違うと感じた場合には同意しなかったと思います。…たぶん自分の考えを言いたいと思ったでしょうが、同調するように見せかけるのがいちばん簡単でした」（Asch, 1952, p.471）。この点に合致して、もし反応が重要な結果、あるいは個人的に意味のある結果に関連している場合には、同調がより低くなることが多くの研究者によって議論され、実際に示されている（Crutchfield, 1955; Hornsey et al., 2003; Jahoda, 1959）。

　多数派の性質に目を向けると、明らかに誤っている多数派に参加者が同調してしまうことはそれほど驚くことではないと理解できる、多くの興味深い観察がある。アッシュ（1952）自身は確かに、多数派は簡単に無視することができる存在だとは考えていなかった。アッシュは、ひとたび自分が集団の中にいると意識したら、われわれはそのことに無関心ではいられないし、周囲の他者が何を考えているのかを気にすることを強調している。彼はこう言っている。

　　個人は、他者と共有している世界を経験するようになる。彼は彼自身が他の人と同じように環境に含まれている存在だと知覚する。そして、他者と環境との関係は自身と環境との関係と同じであることに気づく。彼は自身が他者と同じ対象に集中し、その同一の特徴に反応していることに気づく。共同行為や相互理解には、わか

りやすく、構造的に単純なこの関係性が必須である。これらによって、集団に「引き寄せられる」ことが理解可能になる。(1952, p.484)

言い換えると、多数派の圧力に屈することは、無関心や無思慮な行為ではない。その逆であり、個人は自身を取り巻く他者の視点を**深く考慮している**ことを示しているのである。彼らは集団内の調和を維持することに気を配り、他者が正しいと思うことに喜んで従う、ということを示している。これが重要なのは、集団が効果的に機能し団結を維持することができるのは、まさに他者からの社会的影響の受容を通してだからである。この分析は、社会的アイデンティティの伝統における理論と一致している。そこでは、同調、より一般的には社会的影響は、以下のように発すると見なされている。

自分たちの反応が正しく、適切で、かつ望ましいものであると確認するために、関連属性において互いに交換可能と知覚された他者（その状況における心理的な内集団メンバー）と合意に達することが必要である。(Hogg & Turner, 1987, p.150)

このように、自分と同じ経験をしている同じ集団のメンバーに囲まれている場合、その人びとは世界を解釈する方法について妥当な情報をもたらす源泉となる（Turner, 1991）。この観点では、アッシュの線分判断課題における同調は、明らかな誤答を思わずさせてしまう不適切な力というよりも、むしろ非常に適切な反応であると思われる。アッシュはさらに強く、次のように言う。「集団は所与の条件の一部である。集団を考慮しないこと、どのようにであれ集団に影響されないようにすることは、意図的なのである」（Asch, 1952, p.484)。

無視された抵抗の重要性

広く使用されている社会心理学の教科書を調べてみると、アッシュの線分判断課題研究は、とりわけ同調行動に関するものとして引用されており、抵抗についてではない。これは決まって、「アッシュの同調研究」と呼ばれる事実からもわかる。しかし、詳細に検討すると、同調と同じように、抵抗も生み出されたことがわかる。その意味で、結果の呈示のされ方は興味深い。多くの場合、76％が最低1試行は同調し、また平均して本試行の約3分の1で多数派に同調したと述べられる。その逆について、つまり「参加者のおよそ4分の1が完全に独立しており、多数派の誤った判断に決して同調しなかった」(Asch,

1955, p.33) ことや、ほぼ全試行で同調し続けたのは参加者の 11％だけであった（図 5.2 参照）ことが強調されることはまずない。すなわち、参加者 1 人当たり 1 回の同調につき、2 回は異議を唱えていたことになる。この点を踏まえると、なぜわれわれはこの研究を同調の研究と見なすのかという疑問はもっともである。なぜこの研究は、異議についての洞察をもたらす研究として——参加者が巨大な多数派の圧力に抗して負けずにいることの証拠として——報告されないのであろうか。

　これは些細な問題ではない。抵抗は、単に同調しないことではないからである。むしろ、同調とはまったく異なるプロセスであり、異なる思慮によって導かれている。しかし、個人が明らかに間違っている多数派に抵抗することができるという考えは、おしなべて、アッシュの研究に言及する人びとの興味をほとんど引かなかった。その理由と思われることの 1 つは、一般的に社会心理学が、集団の圧力に直面した際に何が人を反抗させるのかではなく、何が同調を引き起こすのかに興味があると思われることである（Jetten & Hornsey, 2011 参照）。マリー・ヤホダは以下のように述べている。

　　現代は同調の時代であるということが、多くの思索家の間で広く共有されているが、それだけではない。それに関連する心理学文献においても、同調を説明する条件の強調一色である。ただ実際にはもちろん、常識の観察からも帰無仮説検定を用いた検討によっても、独立性が存在する十分な証拠が得られている … これらの多くの実験には、仮説を確証する多数に入らない反抗的な参加者は迷惑であるという、暗黙の含みがある。(Jahoda, 1959, p.99; Moscovici, 1976 も参照)。

　ヤホダによる観察から 60 年経過したが、大きな変化はない。これはいくつもの理由から不幸なことである。抵抗を無視して同調に注目するなら、集団生活を不完全に描くことになり、ときにはまったく誤ってしまう。実際、アッシュが示したように、抵抗は同調と同じぐらい集団生活において一般的なのである（Haslam & Reicher, 2007; Reicher & Haslam, 2006; 7 章、8 章参照）。アッシュの研究を超えて、われわれ自身の身の周りを見渡してみても、このことは明らかである。両方が起こり、抵抗は日々の生活において、同調と同じく生活の一部なのである。

　さらにわれわれは、同調圧力に抗い、反逆する人にしばしば好意を持ち、共感する。特に、明らかに間違っていたり盲従したりしている多数派に従わない場合はそうである。たとえば、今では古典となった映画『12 人の怒れる男』

を考えてみよう。被告人の有罪無罪の判断を行う、1人の陪審員についての物語である。証拠の確認を慎重に行わなかったにもかかわらず、陪審員のうち11名は早い段階で被告人が有罪であると一致した。しかしながら、1名の陪審員は多数派に抵抗し、他の陪審員たちに注意深く証拠を検討するように仕向けた。多数派からの相当な圧力にもかかわらず反対意見を述べ、ストーリーが展開するにつれ、多数派が誤っており、証拠からは被告人を有罪とすることができないという主張を曲げなかった抵抗者が正しかったことが明白になる。われわれ観客は、抵抗者に同一化する。彼はこの物語のヒーローである。一方、興味深いことに、多数派は偏見にとらわれて自分自身に正直であることができない、弱い人間として描かれる。

アッシュの線分判断実験における抵抗の証拠がより注目されてこなかった理由は、他にもある。今日までわれわれは、いくつかの試行で同調を示した少数派に注目することによって、なぜ参加者の大多数が多くの試行で同調しなかったのか、その理由を説明してこなかった、あるいは、説明しようともしてこなかった。抵抗ではなく同調に注目することは、すなわち差異ではなく画一化の理解に注目することであり、集団メンバーによる積極的な行動ではなく消極的な反応に注目することでもある。結果的に、異議や傑出しようとする意志に関する理論化はまったく立ち遅れ、ひいては集団の（あるいはより広くは社会の）**変化**のしかたについての理解の失敗につながった（Turner, 2006 参照）。実際、社会の変化は、しばしば1人の個人（あるいは一群の人びと）が、多数派によるものの見方が本当に正しいのかを問い、そうではないという彼らの信念を曲げなかったことに発している。

だが、アッシュのオリジナルの研究報告を読めば、彼が同調のみに興味を持ったわけではないことは明らかである。事実、彼は人を同調する存在として記述することに警告した。彼はこう見ている。

> 現代の思想は、任意に心理学的変化を生み出す社会的条件の力を強調している。それは集団の力への隷属を一般的事実とし、人間が持つ自立心や、ある条件下では集団の熱狂や偏見を超えて立ち上がる能力を無視するか、暗黙のうちに否認してしまっている。(Asch, 1952, p.451)。

アッシュ自身による考察は、彼の研究においてこの相反するプロセスをどのように探求しようとしたのか、さらにその意味するところについて彼が何を感じていたのかについて、ずっとニュアンスに富んだ見方を教えてくれる。すな

わち、一方では明らかに誤っている多数派に参加者が同調しようとすることに、アッシュが警告を発していることも明らかである。彼はこう語る。

> われわれが見出した同調傾向は非常に強いものであり、そのため十分に知的で善意に溢れた若者があえて白を黒と言うことになってしまうのは問題である。それはわれわれの教育方法やそれがわれわれの行動を導く価値について、疑問を投げかけるものである。(Asch, 1955, p.34)

しかし、他方でアッシュは、論文を以下のように締めくくっている。

> しかし、この報告書から過度に悲観的な結論を導く者は、独立性の能力が過小評価されていないことを思い出さねばならない。また、さらなる観察から多少とも安堵を得るだろう。この挑戦的実験の参加者たちは、ほぼ例外なしに、自立が同調よりも好ましいことに同意したのである。(Asch, 1955, p.34)

確かに、アッシュは同調の力と同じように、自立の力と現実性を確信していた。人びとが同調すると知ったとしても、彼は言う。

> しかし、社会的圧力の力は必ず無批判な服従を意味するという仮定に対して、われわれは懐疑的でなければならない。自立、そして集団の熱狂を超えて立ち上がる能力もまた、人間に開かれているのだ。(Asch, 1955, p.32)

それでも、アッシュのメッセージの半分だけが生き残り、もう半分はほとんど忘れ去られてきた。彼のメッセージと目的は、こうして歳月を経て変化した。自立と同調の相互作用を理解しようというよりもむしろ、彼の研究の消費者たちは、人びとの同調傾向だけに注目してきたのである。

結　論

それでは、アッシュの線分判断研究から何を結論とすべきだろうか。もちろん、われわれが明らかに誤った多数派に直面した際に経験する同調と混乱について教えてくれることは確かである。しかし、おそらくより重要なのは、この知見が人間の行動全般について教えてくれることはいったい何かである。この

知見は、人間がいかに簡単に仲間からの圧力に屈してしまうのかについて示していると論じるのではなく、むしろこの研究が、第一に、人間にとっては他者によって確証されることが重要であり、第二に、多くの文脈において、他者はそういった確認のためのもっとも有用で重要な源泉である、ということを教えてくれていると指摘したい。同調と抵抗の両者が、われわれを取り巻く世界についてのより広範な理解につながる道でありえるし、それゆえに両者は、いずれも合理的なのである（Spears, 2010 参照）。ここでも再び、アッシュを参照してこの点を説明しよう。以下の文章で、アッシュは1572年に新星を発見した天文学者、ティコ・ブラーエを引用している。

　いつものように晴天の星を観察していた際、私は新しく普通ではない星に気づいた。その明るさは他の星を凌ぎ、私の頭のほぼ真上で輝いていた。私は子どもの頃から完璧に天のすべての星のことを知っていたので（この知識を持つことはそれほど難しいことではない）、私には空のその場所に、最小のものでさえ、いかなる星も存在していなかったことはまったく明らかであったし、それほど群を抜いて明るいものは存在しなかった。この出現に本当に驚いたので、私自身の眼を疑ってみるのをはばからなかった。しかし、他者にその場所を教え、彼らも同じようにそこに実際に星が存在しているのを見ることができたことを知って、私はもはや疑うことがなかったのである。（Asch, 1952, p.493 における引用）。

他者との一致によってのみ、われわれは現実を知ることができるのであるから、ときに、われわれの見たものが真であると他の人が教えてくれるまで自分の眼を信じることができないのは、それほど驚くことであろうか。そしてもし、他の人が違うものを見ているようであるならば——ティコ・ブラーエの例で言えば、他の人にはその星が見えないならば——少なくとも時間と共に、「彼らが正しく、自分が間違っているに違いない」という結論に導かれることにならないだろうか。アッシュが言うように、ティコ・ブラーエの物語は、彼が観察の妥当性や根拠を非常に重視したことを教えてくれる。確かに「もし星を見続けたのが彼1人だけであったならば、彼は実に不幸な人物であったろう」(1952, p.494)。端的に言えば、見ているものが**正しい**と理解するために、われわれは正しいと教えてくれる他者を**必要**としている。この理由のために、他者に耳をかさないこと（そして同調をやめること）は、不合理なことになりうるのである。

■ さらに学びたい人のために

Asch, S. E.（1952）. *Social psychology*. Englewood Cliffs, NJ: Prentice-Hall.
Asch, S. E.（1955）. Opinions and social pressure. *Scientific American, 193*, 31-5.

線分判断研究についてより理解するために、アッシュの古典を読みたいと思うかもしれない。この 1952 年のテキストは、参加者が実験の後語ったことについて詳細で豊かな説明をしており、かつ、この研究の参加者であったならどのようであったかを良く描いている。1955 年の論文は、この知見から何が結論されるかについて考察し、考えるための糧を豊富に与えてくれる。どちらも、アッシュが同調にも異議にも、両方に関心があったことを明確に示している。

Turner, J. C.（1991）. *Social influence*. Milton Keynes: Open University Press.

もしより広い社会的影響過程と、なぜ人びとが同調するのかという問題に興味があるなら、ターナーの包括的な文献概観を読む必要がある。

Moscovici, S.（1976）. *Social influence and social change*. New York, NY: Academic Press.

この本はこの分野の古典となっており、心理学者が同調に一面的な関心を持っていることへの不満を表明している。

Spears, R.（2010）. Group rationale, collective sense: Beyond intergroup bias. *British Journal of Social Psychology, 49*, 1-20.

もっと最近スピアーズが、モスコビッチと同じ感覚を表明し、なぜ社会心理学者は集団をバイアスと非合理の源泉として見ることに固執するのかについて考察している。

Jetten, J. & Hornsey, M. J.（Eds）（2011）. *Rebels in groups: Dissent, deviance, difference and defiance*. Wiley-Blackwell.

受け入れられている見方とは対照的に、ジェッテンとホーンゼイ編の本書には、創造性、学習、組織の機能等々においては、異議、差異、逸脱、反抗が同調と同じく集団での活動の一部であり、集団が良く機能するためには同じように基本的であることを示す諸章が含まれている。

［訳者補遺］
池田謙一（2013）『新版 社会のイメージの心理学』（セレクション社会心理学 5）サイエンス社
スミス, P. B. & ボンド, M. H.／笹尾敏明・磯崎三喜年（訳）(2003)『グローバル化時代の社会心理学』北大路書房

■引用文献

Abrams, D., Wetherell, M. S., Cochrane, S., Hogg, M. A. & Turner, J. C. (1990). Knowing what to think by knowing who you are: Self-categorization and the nature of norm formation, conformity, and group polarization. *British Journal of Social Psychology, 29*, 97-119.

Asch, S. E. (1951). Effects of group pressure upon the modification and distortion of judgment. In H. Guetzkow (Ed.), *Groups, leadership and men* (pp.177-190). Pittsburgh, PA: Carnegie Press.

Asch, S. E. (1952). *Social psychology*. Englewood Cliffs, NJ: Prentice-Hall.

Asch, S. E. (1955). Opinions and social pressure. *Scientific American, 193*, 31-35.

Bond, R. & Smith, P. (1996). Culture and conformity: A meta-analysis of studies using Asch's (1952b, 1956) line judgment task. *Psychological Bulletin, 119*, 111-137.

Crandall, C. S. (1988). Social contagion of binge eating. *Journal of Personality and Social Psychology, 55*, 588-598.

Crutchfield, R. (1955). Conformity and character. *American Psychologist, 10*, 191-8.

Deutsch, M. & Gerard, H. (1955). A study of normative and informational social influences upon individual judgment. *Journal of Abnormal and Social Psychology, 51*, 629-636.

Haslam, S. A. & Reicher, S. D. (2007). Beyond the banality of evil: Three dynamics of an interactionist social psychology of tyranny. *Personality and Social Psychology Bulletin, 33*, 615-622.

Hogg, M. A. & Turner, J. C. (1987). Social identity and conformity: A theory of referent informational influence. In W. Doise & S. Moscovici (Eds.), *Current issues in European social psychology* (Vol. 2, pp.139-182). Cambridge, UK: Cambridge University Press.

Hornsey, M. J., Majkut, L., Terry, D. J. & McKimmie, B. M. (2003). On being loud and proud: Non-conformity and counter-conformity to group norms. *British Journal of Social Psychology, 42*, 319-335.

Insko, C. A., Drenan, S., Solomon, M. R., Smith, R. & Wade, T. J. (1983). Conformity as a function of the consistency of positive self-evaluation with being liked and being right. *Journal of Experimental Social Psychology, 19*, 341-358.

Jahoda, M (1959). Conformity and independence. *Human Relations, 12*, 99-120.

Jetten, J. & Hornsey, M. J. (Eds.) (2011). *Rebels in groups: Dissent, deviance, difference and defiance*. Wiley-Blackwell.

LaLancette, M-F. & Standing, L. (1990). Asch fails again. *Social Behavior and Personality, 18*, 7-12.

Le Bon, G. (1895). *La psychologie des foules* (Le Bon, G. (1982). *The crowd: A study of the popular mind*. Atlanta: Cherokee Publishing Company). [ル・ボン／櫻井成夫（訳）(1993)『群衆心理』講談社（講談社学術文庫）]

Moscovici, S. (1976). *Social influence and social change*. New York, NY: Academic Press.

Moscovici, S. (1985). Social influence and conformity. In G. Lindzey & E. Aronson (Eds.),

Handbook of social psychology (Vol. 2, pp.347-412). New York: Random House.

Perrin, S. & Spencer, C. (1981). Independence or conformity in the Asch experiment as a reflection of cultural and situational factors. *British Journal of Social Psychology, 20*, 205-209.

Reicher, S. D. & Haslam, S. A. (2006). Rethinking the psychology of tyranny: The BBC Prison Study. *British Journal of Social Psychology, 45*, 1-40.

Ross, L., Bierbrauer, G. & Hoffman, S. (1976). The role of attribution processes in conformity and dissent: Revisiting the Asch situation. *American Psychologist, 31*, 148-157.

Spears, R. (2010). Group rationale, collective sense: Beyond intergroup bias. *British Journal of Social Psychology, 49*, 1-20.

Turner, J. C. (1991). *Social influence*. Milton Keynes: Open University Press.

Turner, J. C. (2006). Tyranny, freedom and social structure: Escaping our theoretical prisons. *British Journal of Social Psychology, 45*, 41-46.

Walker, M. B. & Andrade, M. G. (1996). Conformity in the Asch task as a function of age. *The Journal of Social Psychology, 136*, 367-372.

6 少数派の影響
モスコビッチの青-緑残像実験・再入門

ロビン・マーティン、マイルス・ヒューストン

背 景

　多数派は、いつも少数派に勝つのだろうか。少数派は多数派の力に屈服して、意志を曲げるのだろうか。それとも、少数派が多数派の意見を変えることは可能なのだろうか。社会的影響に関する研究を見ると、同調への圧力とはすなわち、多数派の観点が必然的に優勢になることだと考えるかもしれない。確かに、アッシュによる古典的な同調の研究は（5章参照）、線分の長さの判断という曖昧さが一切ない課題において、人は明らかに誤った多数派の判断に公的に同意することを示した。さらに続く研究によって、人びとはいくつかの理由によって、多数派に同調することが示された。その理由は、多数派に受け入れられ、それにより他者と違っていると見られないようにしたいという欲求（「多数派集団に属したい」という**社会的承認**（social approval）の反映）や、多数派は少数派よりも正確で正しい判断をするだろうという仮定（「多くの目は少ないよりも良いだろう」という**社会的合意**（social consensus）の反映）がある。

　1960年代後半までの社会心理学研究では、多数派が個人を同調させる条件は何かということがもっぱら注目されていた。この研究動向をフランスの社会心理学者セルジュ・モスコビッチは、**同調バイアス**（conformity bias）と呼んだ。しかしながら1960年代の後半から研究者たちは、特にモスコビッチ自身の研究によって、異なる問いを立てはじめた。少数派が多数派の態度に影響を与えられるだろうか、という問いである。モスコビッチは彼の著書『社会的影響と社会的変化（*Social Influence and Social Change*）』（1976）において、答えは「イエス」であると思われると指摘している。彼によると、その理由は単純である。もし人びとが多数派に同調するだけならば、新しいアイディアは決して

生まれることがないであろうし、イノベーションも決して起こらず、社会は決して変わることがないだろう。しかし歴史を振り返ってみると、主流の態度に立ち向かうものの見方を主張した個人（たとえばガリレオやフロイト）や少数派集団（たとえばサフラジェット（Suffragettes：婦人参政権運動家集団）や奴隷制度反対派）は枚挙にいとまがない。そして時間が経つにつれて、これらの少数派の見方は確かに多数派の考え方や行動を変化させてきた。

　より広く社会的影響について考えた場合、研究者が多数派の影響により注目するという同調バイアスを持つと、社会的影響をより一方通行のものとして捉え、少数派は常に多数派に従うものと見なすようになるとモスコビッチは論じた。しかし上記のいくつかの例が明らかに示しているように、少数派は多数派の態度や行動を変容させることができる。実際、モスコビッチはその強力な批判の中で、アッシュによる多数派の影響に関する研究は、実は少数派の影響に関する研究なのだと示唆している。すなわち、（何も知らされていない真の実験参加者と同じように線分を見るであろう）実験室外にいる多くの人びとを想定すると、アッシュの実験は、少数ではあるが一貫した少数派（アッシュのサクラ）が多数派の判断を変えうることを示しているのである。

　少数派の影響に関する彼のアイディアを検証するために、モスコビッチらは、実験参加者にスライドの色に関する判断をさせるという実験パラダイムを作り出した（Moscovici et al., 1969）。この「青－緑」実験で、最大6人の真の実験参加者がスクリーンの前に座り、明るさの異なる何枚かの青いスライドを見た。それぞれのスライドが提示された後で、各参加者は順番に、そのスライドの色を声に出して答えるように求められた。全員がスライドの色を答え終わったら、次のスライドが提示された。この実験条件では、ほとんど全員が「青」と解答し、スライドが明らかに青だと知覚されたことを示した。しかしいくつかの実験条件では、集団内の少数派（6人中2名）が実験者の協力者のサクラであり、あらかじめ決められた反応を示した。これらの条件では、彼らはスライドに対して「緑」と答えたのである。この答えは、他の真の参加者とは明らかに異なった答えであった。アッシュの研究と同様に、このサクラによる色の判断は、真の参加者が答えるよりも前に行われた。この研究で得られた重要な知見は、以下のとおりである。すなわち、少数派が一貫して青いスライドを「緑」と言い続けることによって、真の参加者による「緑」という解答の回数が増加したのである。より正確に言うと、サクラによる解答が存在しない真の参加者だけの統制条件で、参加者がスライドを「緑」と言ったのは1％未満（実際には0.25％）であったのに対して、実験条件では8.42％であった。（先行のアッシュ

の研究にもとづいて予測される）人は常に多数派に従うという考えに反して、モスコビッチの研究は、少数派が多数派の判断を変化させうることを示した。

　しかし、この少数派の影響はどのように説明できるのだろうか。青－緑研究は、少数派の影響が起こりうることを確かに示した。しかしこれらの研究は、**なぜ**、そして**どのようにして**、少数派の影響が起こるのかを明らかにしていない。多数派の影響を説明するために用いられる社会的承認および社会的合意による説明は、この場合使えない。なぜなら、少数派に加わることは逸脱者であることを意味し、社会的承認を失うリスクとなるからである。そこでモスコビッチは、少数派による影響は別の理由で起こると考えた。彼は特に、自らの判断について少数派自身が一貫して、自信を持って、常に自我関与していることが必要だと考えた。こうすることで、多数派メンバーに多数派の見解への疑問を抱かせることが可能になる。その結果影響を与える可能性が開かれるのである。

　多数派の影響と少数派の影響を統合して説明するために、モスコビッチは転向理論（conversion theory）を開発した（Moscovici, 1980; レビューとして Martin & Hewstone, 2008; Martin et al., 2008 参照）。図 6.1 に図式化したように、まず転向理論では多数派と少数派の両者が影響を与えることが可能だが、そのプロセスはある程度異なると見なしている。転向理論によると、多数派と少数派では、その状況の異なる側面に人びとの注意を向けさせる。それにより、異なるレベルで態度変容を生み出す。上述のように、人びとは多数派を前にした場合、社会的承認を得るためにその多数派に所属したいと考える。彼らはそうすることが正しいと仮定しているからである。それゆえに彼らは、論拠の内容を詳細に検討することなく多数派の立場に従うことになる。これは公的には服従していることになるが、私的な態度変容は起こっていない。しかし、少数派を前にした場合には事情が異なる。人びとは自分も逸脱者集団のメンバーだと見なされないようにしたいと考えるが、同時に少数派の観点に興味を抱き、なぜ彼らが多数派と異なる見方をしているのか理解したいと思うようになる。これが少数派の立場に対するより詳細な検討とその論拠の評価を生む。結果として、公的には拒否するものの、私的にその立場を受け入れ、態度変容が起こる。これが多数派と少数派が異なるレベル（公的 vs. 私的）で影響を与えるという予測であり、転向理論における重要なポイントである。多数派は公的な変化を生み出し、少数派は反対に私的な変化を生み出す。

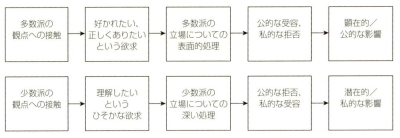

図 6.1　転向理論の図式化

　このプロセスの最終点において、多数派と少数派の影響に関する研究は、影響の**顕在的**レベル（公的）と**潜在的**レベル（私的）を区別する。顕在的レベルと潜在的レベルの最大の違いは、参加者が彼らの反応の変化に意識的に気づいている程度である。顕在的レベルにおいては、人びとは自分の反応の変化に気づいている。一方で潜在的レベルにおいては、この変化はおそらく意識されない。アッシュの線分判断研究などの先行研究の焦点であった顕在的あるいは公的レベルの影響を超えて、この分析は、少数派の影響は潜在的、あるいは私的レベルで強くなるであろうし、これによる態度変容は意識されないだろうという予測を導く。このことは、人びとが少数派の立場に接した際に態度や行動を変化させるかもしれないが、そうした変化が起こったことに気づかないという、興味深い可能性をもたらす。

　この章では、「残像研究」と呼ばれる一連の研究に焦点を当てる。これは多数派および少数派の影響について、顕在あるいは公的なレベルだけではなく、より潜在的、無意識的なレベルでの検討を行った最初の研究である。これは、人びとが公的に表明していることが実際に信じていることであるとは仮定できないという点で重要である。アッシュの研究で言うならば、公的には多くの人びとが多数派に同意した。しかし、多数派集団のメンバーにはわからないよう私的に尋ねられた場合には、同調率は激減した。さらに多くの参加者は、彼らの反応についての説明をアッシュに求められた際には、多数派が間違っていることはわかっていたが、自分だけ違っているとか逸脱していると見られるのが不安だったので同調した、と答えた。モスコビッチとペルソナズ（Moscovici & Personnaz, 1980）は、多数派とは異なり、少数派は相手が気づいていなくても世界の見え方（この場合には色）を変化させられる、という新しいアイディアを残像研究で示そうとした。残像研究では工夫された方法を用いることで、人びとの色知覚を、公的な表明だけではなく、もっと潜在的、無意識的なレベル

で検討することができたのである。

青－緑残像研究

上述したように、オリジナルの青－緑研究は、一貫した少数派が真の参加者による公的な判断を変化させることができることを示した。しかし、これらの研究は、少数派によるより潜在的／私的なレベルでの影響を検討できなかった。これは特定の反応のみ、つまりスライドの色だけを測定していた（顕在的影響）からであり、潜在的影響に関する測定はなされていなかった。したがって致命的なことに、これらの研究では少数派が参加者の私的な判断にも影響したのかについて、何も語らない。

方　法

この方法論的問題に取り組むために、モスコビッチと共同研究者であるバーナード・ペルソナズ（1980）は、残像実験パラダイムを作り出した。このパラダイムは、有名な知覚効果である補完的色彩残像知覚を利用する。人が色のついた刺激を凝視した後に真っ白な背景を見ると、もともとの刺激とは異なる色が一時的に知覚される（「残像」と呼ばれる）。残像は目の桿体細胞および錐体細胞における生理学的な働きによるものであり、刺激の色と残像の色の関係は予測可能である（Brindley, 1962）。この知覚現象は簡単に体験してみることができる。30秒間、青い刺激を見つめた後に、すぐ白い紙に視線を移してみてほしい。紙の上に一時的に色が見えた後、すぐ消えることに気づくだろう。白い紙の上に見える色が最初に凝視した色の残像である。たとえば青い物体を最初に見ていたのであれば、残像の色は黄色がかっているはずである。

この残像知覚の原理を実験手続きに導入することで、青いスライドを「緑」だと主張するサクラが他の集団メンバーに何の私的影響も与えないのであれば、彼らがスライドの色を公的に何色だと言ったかとは関わりなく、残像を見る際には青の補色（すなわち黄色）を知覚すると予測できる。しかし、サクラが実際に参加者の知覚を変化させるのであれば、他の参加者は残像に緑の補色（すなわち赤あるいは紫）を知覚するはずである。モスコビッチとペルソナズ（1980）は、残像反応はスライド知覚に直接関わるが、公的反応に用いられたものとは異なる反応にもとづいて記録されると論じた（なぜなら、潜在的反応は

研究の公的表明段階で表明されなかった色にもとづく判断だからである）。また参加者はおそらく残像効果に気づいていないので、これらの反応は影響の潜在レベルを反映していると考えられる。この独創的な方法によって、参加者にその関連を気づかれることなく、影響の顕在レベル（スライドの色）と潜在レベル（残像の色）の両者を測定することができる。

　残像パラダイムでは、2名の参加者が一連の青いスライドを見せられた。スライドはスクリーンに1枚ずつ投射され、参加者は以下の2つの反応をするよう求められた。(a) スライドの色（青か緑か）、(b) スライドの残像の色の判断である。残像判断では、参加者に青いスライドを見せた後に白いスクリーンを見せ、そこで発生した残像の色を報告させた。残像の反応は9段階尺度によって記録された（1＝黄色、2＝黄色／オレンジ、3＝オレンジ、4＝オレンジ／赤、5＝赤、6＝赤／ピンク、7＝ピンク、8＝ピンク／紫、9＝紫）。実際には、実験を通して、明らかに青である同じ色のスライドが使用された。

　実験には4つの段階があり、そのいずれにおいても、いくつかの試行、あるいはスライドの提示があった。実験方法を理解するにあたり、あたかも実験参加者であるかのように読み、実験中にどのように感じるかを考えてみると良いかもしれない。あなたは色知覚の研究参加に同意した後、同じく実験参加者だと思しき人の隣に座るように依頼される（しかし実際にはこの人は実験者の協力者であり、彼のオリジナルの研究でモスコビッチは女性の参加者と女性のサクラを使った）[1]。そしてそのもう1人の人と一緒にスクリーンに向かって座り、次のように伝えられる。スクリーンには一連のスライドが提示される、あなたはそのスライドの色と残像の色を教えてほしい、と。その後に残像を作る手続きと反応のしかたが説明される。

　それから第1段階（影響前段階）が始まる。ここでは5試行行われ、スライドおよび残像色の判断が私的に反応用紙に記録される。第2段階（影響段階）が始まる前に、これまでの実験参加者の反応があなたに伝えられる。多数派条件では、これまでの参加者のうち81.8%［訳注］がスライドの色を緑だと答え、18.2%が青だと答えたと伝えられた（少数派条件ではこの数値が逆になった）。このフィードバックはもちろん偽りだが、「緑」の反応を多数派か少数派に関連

---

[1] 興味深いことに、モスコビッチは彼の青－緑研究でサクラと参加者に女性を好んだ理由を、「対象物の色の評価により積極的であるから」だと論じている（Moscovici et al., 1969, p.368）。
［訳注］原文では81.2%と記載してあるが、元のMoscovici & Personnaz（1980）では81.8%となっているため、元論文の記載に従った。

づける役割を果たした。

　第2段階では、まずスライドの色判断があなたともう1人の参加者に15試行分求められる（この段階では残像形成はしない）。実験条件（多数派または少数派）では、あなたの隣にいる参加者は常にあなたより先に解答し、明らかに青いすべてのスライドに対して「緑」だと声に出して答える。明らかに青いスライドに対して「緑」と解答する別の参加者に対して、あなたはどう反応するだろうか。疑惑？　混乱？　疑い？　さらに、その「緑」という反応が以前の参加者の多数派、あるいは少数派と一致していると信じていたら、あなたの反応は違っただろうか。

　第3段階（影響後段階Ⅰ：サクラが同席した状態）ではさらに15試行が行われ、スライドの色および残像の色の両方について判断し、私的に記録することが求められる（実験2では5試行だけであった）。次の最後の段階が始まる前に、サクラは実験者に、重要な予定があるために帰らなければならないと伝える。これはあらかじめ計画されたことであり、最後のスライドへの反応の際にあなたを1人にするためである。サクラが不在であるときには、より彼女の意見に同意するのではないかと考えられるからである。それゆえ第4段階（影響後段階Ⅱ：サクラが不在の状態）では、さらに1人で行う5試行が追加され、あなたはスライドと残像の色を私的に回答するよう求められる。実験の最後に、実験の手続きおよびサクラの役割について、完全なデブリーフィングが行われる。

　これらの実験の参加者であったとしたらどう感じたかを考えるにあたって、いくつかのポイントを強調しておくことが役立つだろう。第一に、この研究は、参加者に色の知覚に関する研究だとされ、多数派あるいは少数派の影響に関するものだとは言われていない。それゆえ参加者は、誰かの影響を受けるとは思わない。また、実験者もサクラも、真の参加者の反応を変えようと努力することはなかった。第二に、真の参加者は、サクラがスライドに対してあらかじめ定められた反応をしていると知らなかった。サクラは十分に訓練されており、あたかも普通の参加者のように振る舞っていた。第三に、参加者間でのコミュニケーションは禁止されていたため、サクラの反応に対して疑問を挟むことはできなかった。第四に、サクラは研究の第2段階においてのみ「緑」という回答を口に出していたため、他の段階においては真の参加者に影響を与えようという試みはまったくなされなかった。この手続きで真の参加者はだまされたと感じなかったが、アッシュの研究もそうであったように、この実験手続きと良く訓練されたサクラの組み合わせによって、非常にリアルな状況を作り出すことに成功した。本章の第一著者はこのパラダイムを用いたいくつかの研究

を行ったことがあるが、サクラが本当の実験参加者であるかに疑問を抱いた人は、ほとんどいないと断言できる（もしいたならば、研究から除外される）。

結　果

　モスコビッチとペルソナズ（1980）の2つの実験の結果を見ていこう。最初の実験では3つの条件があった。多数派条件、少数派条件、そして統制条件である。統制条件がその他の2条件と異なるのは、2名の参加者が両者とも真の参加者であったことと、何の反応のフィードバックもなかった点である。スライドの色に関する結果（顕在的反応）については、第1段階（影響前）ではすべての参加者がスライドを青だと答えており、刺激の明白さが確認された。第2段階（影響段階）では、「緑」という反応が5％と若干の増加を見せたが、実験条件間での明確な違いは現れなかった。モスコビッチ（1980）による転向理論からは、多数派はその立場への服従を導くことから、結果的に多数派条件では少数派条件や統制条件よりも「緑」という反応数が増加するはずだと予測されるが、実験の結果はこの予測を支持しなかった。

　一方、潜在的な反応である残像の得点の平均値パターンは、転向理論と一致するものであった。結果を図6.2に示すように、予測と一致して、少数派条件においては影響前と影響後の段階の間で、残像判断が緑の補色の方向に有意に変化していた。言い換えると、反応が少数派の人びとに共有されていると信じているときに、残像をより緑の補色に近い色として報告していた。さらに、多数派条件および統制条件においては、残像の色の有意な変化は見られなかった。多数派条件と統制条件において変化が見られなかったという知見は重要である。各条件でサクラは同じ反応をしたにもかかわらず、サクラが多数派ではなく少数派の立場を表明していると信じたときにのみ、残像の変化が現れたのである。

　これらの知見は、第2実験でも再現された。すなわち、残像色の判断において、少数派条件においてのみ緑の補色の方向に有意な変化が起き、多数派条件ではこの変化が起こらなかった。

　これらの残像研究で明らかになったことをまとめると、少数派は知覚における真の変化を生み出すことができた。これは残像色の得点変化から示される。しかし、多数派は同じような知覚的変化を生み出すことはできなかった。このように、潜在的測定（残像色）の結果は、少数派が潜在的／無意識的レベルでの変化を生み出すことができるという主張を支持するものであった。したがってこの研究は、少数派が多数派に影響を及ぼすことがあるという考えに新たな

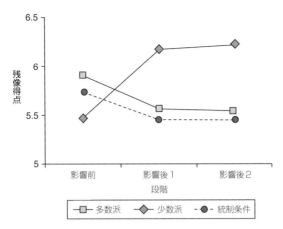

図6.2 段階および条件ごとの残像得点（Moscovici & Personnaz, 1980, 実験1より作成）
［注］9段階評価であり、得点が高いほど緑の補色（赤－紫）だという判断により近いことを意味する。モスコビッチとペルソナズ（1980）では標準化得点が報告されているが、ここでの素点平均はモスコビッチ（1980）より得た。

証拠を提供してモスコビッチら（1969）の最初の青－緑研究を拡張しただけではなく、多数派と少数派の影響は異なるプロセスを経て異なる結果へと導くというはじめての証拠を提供したのである。

研究の影響

　モスコビッチとペルソナズ（1980）の論文は、集団における合意と少数派の影響に関する研究に非常に大きな影響をもたらし、この領域においてもっとも引用される論文の1つとなった。この研究がこれほどの影響を持ちえた主な理由は、4つあると思われる。
　まず、結果が直感に反し、社会的影響に関する多くの仮定に挑戦するものであった点である。社会的影響に関する初期の研究と理論化に特徴的な同調バイアスに対して、手厳しい反論を突きつけた。さらに、少数派が知覚を変容させうるという主張が事実ならば、社会的影響過程にとって重要なだけではなく、色の知覚を含めた生理学的過程にとっても、その理解に非常に重要な知見となる。実際、集団過程に関するある主要なテキストの著者たちは、残像研究の結果について「びっくりした！　驚いた！　本当なんだろうか？」（Baron et al.,

1992, p.81）と述べている。この引用が示すように、この研究は社会心理学者たちの間に、賛否半ばする反応を引き起こした。たとえば、われわれ自身の論文（Martin, 1998）に対する匿名の査読において、モスコビッチとペルソナズ（1980）の研究がこう評されたことがあった。「納得できない懐疑論者としては、死ぬことを拒んでいる…古い吸血鬼の心臓に打ち込む、新たな杭となるような新たな研究を歓迎する」。[訳注]

　第二の理由は、彼らが開発した方法論の独創性にある。残像研究は転向理論検証の促進剤となった。また、残像研究は、他の研究者たちが新たなパラダイムを作り出すことを勇気づけた。彼らは、少数派の影響について、公的／顕在的なレベルではなく、意識的な知識を超えたより「深い」潜在的なレベルにおける影響を検証しようとした（たとえば，Alvaro & Crano, 1997）。そして同時に、影響の顕在的および潜在的な測定の開発方法をより理解することにもつながった（Martin & Hewstone, 2001 参照）。

　第三は、ブリューワーとクラーノ（Brewer & Crano, 1994）が書いているように、モスコビッチとペルソナズ（1980）の追試の結果が「…論争の的になるほど興味深い」（1994, p.395）点にある。その理由の一部は、結果が一貫しないことにある。追試において、常にではないがときどき、モスコビッチとペルソナズ（1980）の実験と同様の残像の変化が見出されているが、少数派条件だけではないのである。

　第四の理由は、これらの結果を報告した論文が、モスコビッチ（1980）の転向理論と同じ年に発表されたことにある。残像研究はこの理論を支持する唯一の証拠ではなかったが、多くの点で、社会的影響に関する非常に影響力のある分析として象徴的であった（Martin et al., 2008）。

研究に対する批判──代替説明と方法論的問題

代替説明

　残像研究の結果について多くの代替説明が提出されてきたが、（情報源が多

〔訳注〕モスコビッチとペルソナズ（1980）が古い吸血鬼であり、それを打ち倒すような新たな証拠が欲しかった、マーティン（Martin, 1998）はそれだ、という意味。

数派か少数派かの相違のほかに) スライドへの注意を増加させ、その結果残像の判断に変化をもたらす要因が取り上げられてきた。この節では、なぜ参加者がスライドにより注意を向けるようになるのかを説明する3つの解釈を検討する。その3つとは (a) サクラからの予想外の反応、(b) 参加者の疑念、(c) スライド提示の繰り返しである。

予想外の反応

マチェルド・ドムスとエディ・ヴァン・アーベルマート (Doms & Van Avermaet, 1980) による残像研究の直接的追試では、緑の補色の方向への残像変化が多数派、少数派のいずれの条件においても生じた。また、この研究では「情報なし」条件も設定されており、サクラがスライドの色を「緑」と言うがフィードバックの情報（パーセンテージ）は与えられなかった（すなわちサクラの反応は多数派の立場とも、少数派の立場とも関連していなかった）。興味深いことに、情報なし条件では、実験段階間の残像色の変化は起こらなかった。残像色の変化が起こったのは、逸脱した反応（スライドを「緑」と主張する）が少数派・多数派の情報源と結びついたときだけであったことから、ドムスとヴァン・アーベルマートは、この変化は反応が予想外、あるいは普通ではないときに刺激に注意を払うという一般傾向の一部なのではないかと指摘している。彼らは情報なし条件でこのような変化が起こらなかったことについて、サクラの反応が誰からも支持されていない、つまりそれは偏っており、妥当ではないと見られたのかもしれないと主張した。確かに、予想外の反応後に注意が増加する一般傾向はあるかもしれない。しかしながらこれだけでは、モスコビッチとペルソナズ (1980) において、参加者は同様に予想外の反応を受け取っているにもかかわらず、多数派条件で残像色の変化が起きなかったことを説明できない。

参加者による疑い

リチャード・ソレンティーノら (Sorrentino et al., 1980) は、モスコビッチとペルソナズ (1980) の部分的な追試として、少数派の影響のみの検討を行った。彼らは実験終了後に、実験手続きについてどの程度疑いを持ったか参加者に尋ねた。興味深いことに、実験に強い疑いを抱いた参加者だけが、残像が緑の補色の方向に変化していることが明らかになった (Martin, 1988 も参照)。彼らはこう説明した。つまり、疑いを持っている参加者はそうでない参加者よりも刺激をじっくりと観察し、その結果残像の変化が起こったのだろうと。彼らはま

た、非公式の研究における別データから示されたスライドへの注意と残像との関係についての結果を報告し、そこからはスライドへの注意の強さと残像の変化とが関係することが示唆された。しかしソレンティーノら（1980）では、実験終了後に参加者がどの程度疑いを持っていたかを検討しただけであった。したがって、参加者の疑いが残像色判断を変化させたのか、あるいは残像色の変化を知覚したことが疑いを増加させたのかは不明である。

繰り返されたスライドの提示

われわれが行った研究では、すべての残像研究が全体的な残像反応の変化を実験の各段階間で分析し、各段階**内**での変化を検討していない事実に注目した（Martin, 1998; Martin, 1995 も参照）。マーティン（1998）は5つの残像実験の検討を行い、すべての段階において残像色判断が有意に段階内で変化していることを見出した（Laurens & Moscovici, 2005 も参照）。しかもこの傾向は、研究を疑っていると報告した参加者でより顕著であった。この結果は、実験の各段階内で試行の進展につれて参加者の残像色判断が緑の補色（すなわち赤）の方向へ変化することを示唆している（Laurens & Moscovici, 2005 も参照）。

なぜ段階内の変化が起こるのかについて、まだ十分にはわかっていない。しかしマーティン（1998）は、残像パラダイムの文脈内で同じ刺激を繰り返し提示することによって起こる知覚的現象によるのかもしれないと述べている。特に、この研究では明るさレベルを変化させる段階が含まれている。スライドを見て次の段階の教示を受けているときに、それより明るさが減少する状況に移る。段階と段階の間で、参加者の目がより暗い環境に順応したと考えることは可能であり、そのために最初に明るいスライドを見た後でかすかな（そしてより明るい）残像を見るが、それが青い刺激の場合であればより青の補色（黄色）に近くなると考えられる。時間とともに目は順応していくため、参加者はより暗い残像を受け取るようになるが、この場合であれば緑の補色（赤－紫）に近づくことになる。このように、明るさの条件変化、およびスライドの繰り返し提示の影響のため、他の何の影響もなかったとしても、残像が緑の補色の方向へと変化したと錯覚させることがありえる。

これらの3つの説明はそれぞれ独立した異なるものではあるが、排他的ではない。実際には、これらは各研究において同時に起こりうることだろう。これらの説明はいずれも、モスコビッチとペルソナズ（1980）のオリジナル研究の結果に多くの疑問を提起するものであり、情報源が多数派か少数派かということに関わりなく、いくつかの方法論的要因のために残像変化が起こりうること

を示している。しかし重要なことに、残像色がいろいろな操作によって緑の補色に変化することを示したとしても、それだけでは、少数派が潜在的かつ無意識的レベルでの変化をもたらすことの反証にはならない。

方法論的問題

ここまでの議論によって、残像研究にはいくつかの方法論的問題があることがわかった。それらのいくつかについて検討する前に、モスコビッチとペルソナズ（1980）自身が気づいていたことについて取り上げる必要があるだろう。彼らはこのパラダイムを使った最初の研究において、このように述べている。「…　われわれが記述した現象は、しっかりと確立されたものというよりは、多分に示唆的なものである」（1980, p.274）。

顕在的反応への影響の欠如

残像研究に対する批判の1つは、顕在的／公的レベル、すなわち参加者のスライド色の知覚への影響に関する証拠が実質的に何1つ見つかっていない点である。ほとんどの研究で、スライドは緑だと言ったサクラに同意した参加者はほとんどいなかった。ただし、もともとこのパラダイムは、基本的に潜在的／私的な影響を検証するためにデザインされたものであったし、多数派が顕在的／公的なレベルにより大きな影響を持つということについては、他の研究からの強い支持がある。

情報源の操作

残像研究では、情報源の地位（多数派 vs. 少数派）はその前の実験参加者の反応という偽りのフィードバックによって操作されている。サクラの反応が極端におかしいと見なされる（青いスライドに対して「緑」と言う）場合に、多数派条件、つまり80％以上の人たちが同じようにスライドを緑だと見ていると信じさせるのは、非常に困難であるように思える。事実、この点が多数派条件で顕在的レベル（スライドの判断）での同調が起こらなかった理由かもしれない。この点に関して、モスコビッチとペルソナズ（1980）の実験では、どの程度の参加者が情報源の規模の操作を意図したように受け取ったのかどうかについての操作チェックを行わなかったし、また規模の情報がどの程度信頼できるかを参加者に尋ねてもいなかったという点は、留意しておくべきだろう。

測定の問題

　ソレンティーノら（1980）は、モスコビッチとペルソナズ（1980）が使用した残像判断の尺度を、その回答ラベルの点から批判している（Sorrentino et al. 2001 も参照）。彼らは変更を加え、参加者が見た色にもっともマッチする色の付いたチップを選ぶように求めた。この方法を用いた場合には、少数派の影響による反応の変化は見出されなかった。スライドおよび残像の色知覚測定法を改良する別の試みに、分光計の使用がある。これは光の波長を測定することができる（Personnaz, 1981）。ただしこのやり方には手続き上の難しさがある。残像は非常に急速に生起、消失するので、参加者に対して凝視点をスライドから白いスクリーンへ（残像形成のため）、そしてすぐに分光計へと即座に移動してもらわなければならない。それにもかかわらず、ペルソナズによる分光計を用いた研究は、潜在的反応を異なる方法で測定し、そのうえでオリジナルの残像研究の結果を再現した数少ない研究の1つである。

顕在的－潜在反応の基準

　多数派と少数派が及ぼす顕在的および潜在的な反応への影響を検討するためには、2つのタイプの反応にまたがる汎化あるいは抑制という問題を克服することが重要である。マーティンとヒューストン（Martin & Hewstone, 2001）は、顕在的反応と潜在的反応とを明確に測定するために満たされるべき、3つの重要な基準を提唱した。

1. 顕在的反応と潜在的反応の両次元にリンクが存在し、顕在的な反応における変化が潜在的反応に対応した変化をもたらす必要がある（**顕在－潜在の対応**）。スライドでの得点（顕在的）と残像での得点（潜在的）の関係を報告した残像研究はこれまでにないが、それはおそらくスライド判断への影響がないからである。

2. 顕在的反応と潜在的反応との関係は、状況要因にかかわらず一貫している必要がある（**顕在－潜在の一貫性**）。先に論じたように、残像知覚は反復提示によって変化し、試行が連続するにつれ（各段階内）緑の補色の方向へ得点が変化した。これらの問題は残像色得点の変化が独立変数（この場合は多数派・少数派という情報源）のためなのか、あるいは状況または手続き的要因のためなのかの判別を難しくしている。

3. 参加者は顕在的反応と潜在的反応との関連に気づいていてはならない。理想的には、異なった反応によって測定されるべきである（**知覚された顕在－潜在独立性**）。研究開始時には参加者は残像効果に気づいていなかったとしても（これは影響前段階に測定されるべきである）、彼らは実験が進むにつれて、スライドと残像との関係に気づくようになるだろう。スライドの提示と残像知覚との間隔は短時間しかないため、前者が後者の原因となっていることは明白である（事実、プロジェクターのスイッチが消されると、残像は起こらない）。

興味深いことに、モスコビッチとペルソナズによるオリジナルの研究も、さらに後続の追試研究のいずれも、これら3つの基準を満たしていない。実際、研究の方法論的欠点がこの研究領域の論争の中心にあり、それが元来の理論的貢献を覆い隠すほどになってしまっている。

結　論

先頃われわれが行った残像研究のレビューにおいて、彼らについてこう記した。「…研究者を驚かせ、混乱させ続けている」（Martin & Hewstone, 2001, p.17）。それはわれわれが知る限り、オリジナルの研究結果が完全に再現された追試結果が存在しないという理由だけで言っているのではない。いくつもの十分に納得できる別の説明が、彼らの（さらには別のものも含めた）知見を説明しようと提出されている。公平に見て、少数派が潜在的レベルでの知覚上の変化を引き起こすことができることを残像研究が示しているという見方を支持する研究は、ほとんどない。しかしながら、転向理論を支持する最適な証拠として残像研究がしばしば引用されるが、それが決して唯一の実証的支持というわけではなく、理論は総体的に見て、別の研究パラダイムにおいて良く支持されていることは記しておくべきだろう（レビューとして、Martin et al., 2008 参照）。

以上の指摘にもかかわらず、残像研究は2つの重要な点で、この分野の研究の展開を担った、重要で象徴的な研究だとわれわれは信じている。第一に、これらの研究は少数派の影響を潜在的かつ無意識的なレベルで検証しようとしたパイオニアであり、さらにその検証のための新しいパラダイムの開発を促した。第二に、これらの研究は転向理論の検証のために行われたため、他の研究者が多数派および少数派の影響における基底的な心理学的プロセスに注目するよ

うに促した。そしてこの点は今なお、この領域のまさに焦点である（Martin & Hewstone, 2008 参照）。

　科学は、常に1つの真実の発見が直接次につながるような直線的な進歩をするわけではない。これらの研究は、その事実を思い出させてくれる。科学の進歩にとっては、パラダイムが完璧であることやデータがきちんとしていること、さらには最初の結果が信頼できることですら、実は常に重要というわけではない。そうではなく、新しいパラダイムや既存の先入観に反するデータへの強い欲求を生み出す強力なアイディア、われわれの仮定に再考を促すような価値ある推量を提供する強力なアイディア、これを元に科学は進歩するのである（Hewstone & Martin, 2010）。モスコビッチとペルソナズ（1980）の研究は、まさにこれに当てはまる。この研究は、彼らが提案したこと、そして見つけられると予測していたものについて、同意不同意は問わず、社会的影響の研究者たちに対してより深く考えさせるものであった。この点において、モスコビッチの業績が遺したものは、少数派の影響、さらにはそれが持つ潜在的かつ永続的な影響の可能性に関する、もっとも強力な証拠であろう。

■さらに学びたい人のために

Moscovici, S. (1980). Towards a theory of conversion behavior. In L. Berkowitz (Ed.), *Advances in experimental social psychology*, (Vol. 13, pp.209-239). London: Academic Press.

この論文でモスコビッチは転向理論の基礎を概観し、多数派、少数派の影響に関わる異なるプロセスについて説明し、残像研究を含めて、それを支持する証拠を呈示している。

Moscovici, S. & Personnaz, B. (1980). Studies in social influence V. Minority influence and conversion behavior in a perceptual task. *Journal of Experimental Social Psychology, 16*, 270-282.

モスコビッチとペルソナズによる、本章に取り上げた2つの研究についての詳細なレビュー。この論文を、*Journal of Experimental Psychology* の同じ号に掲載された2つの再現研究（Doms & Van Avermaet, 1980; Sorrentino et al., 1980）と関連づけて読み、また、モスコビッチとペルソナズ（1980, p.282）による「校正時に加えられた注記」を読むのも面白い。この中で、彼らの実験と他の研究者の実験の間の結果の違いの説明を試みている。

Martin, R. (1998). Majority and minority influence using the afterimage paradigm: A series of attempted replications. *Journal of Experimental Social Psychology, 34*, 1-26.

マーティンは5つの実験を通じて残像パラダイムもっとも包括的な検証をし、残像判断が段階内で変化する証拠を呈示している。

Personnaz, M. & Personnaz, B. (1994). Perception and conversion. In S. Moscovici, A. Mucchi-Faina & A. Maass (Eds.), *Minority influence* (pp.165-183). Chicago: Nelson-Hall.

Martin, R. & Hewstone, M. (2001). Afterthoughts on after-images: A review of the literature using the afterimage paradigm in majority and minority influence. In C. De Dreu & N. De Vries (eds.), *Group innovation: Fundamental and applied perspectives* (pp.15-39). Oxford: Blackwell.

ペルソナズらの論文は未公刊を含めて多くの研究について論じ、残像変化が少数派の影響に関連する多くのメカニズムによって起こると主張している。マーティンらはこのパラダイムにより批判的であるが、レビューにおいて残像研究がこの分野の研究を作り上げるうえで中心的役割を果たしたことを指摘している。

[訳者補遺]

池田謙一（2013）『新版 社会のイメージの心理学』（セレクション社会心理学 5）サイエンス社

亀田達也（1997）『合議の知を求めて──グループの意思決定』共立出版

小坂井敏晶（2013）『社会心理学講義──〈閉ざされた社会〉と〈開かれた社会〉』筑摩書房

書籍ではないが、本文中でも紹介されている1957年に制作されたアメリカの映画「12人の怒れる男」（20世紀フォックス・ホーム・エンターテイメント・ジャパン）は、裁判における陪審員たちの議論における少数派の影響を鮮やかに描いている。

■引用文献

Alvaro, E. M. & Crano, W. D. (1997). Indirect minority influence: Evidence for leniency in source evaluation and counter-argumentation. *Journal of Personality and Social Psychology, 72*, 949-965.

Baron, R. S., Kerr, N. & Miller, N. (1992). *Group process, group decision, group action.* Buckingham: Open University Press.

Brewer, M. B. & Crano, W. (1994). *Social psychology.* St Paul, MN: West Publishing.

Brindley, S. G. (1962). Two new properties of foveal afterimages and a photochemical hypothesis to explain them. *Journal of Physiology, 164*, 168-179.

Doms, M. & Van Avermaet, E. (1980). Majority influence, minority influence and conversion behavior: A replication. *Journal of Experimental Social Psychology, 16,* 283-292.

Hewstone, M. & Martin, R. (2010). Minority influence: From groups to attitudes and back again. In R. Martin & M. Hewstone (Eds.), *Minority influence* (pp.365-394). Hove, E. Sussex: Psychology Press (Taylor & Francis).

Laurens, S. (2001). Logique cachee du paradigme Bleu/vert. *Bulletin de Psychologie, 54,* 383-388.

Laurens, S. & Moscovici, S. (2005). The confederate's and others' self-conversion: A neglected phenomenon. *Journal of Social Psychology, 145,* 191-207.

Martin, R. (1995). Majority and minority influence using the afterimage paradigm: A replication with an unambiguous blue slide. *European Journal of Social Psychology, 25,* 373-381.

Martin, R. (1998). Majority and minority influence using the afterimage paradigm: A series of attempted replications. *Journal of Experimental Social Psychology, 34,* 1-26.

Martin, R. & Hewstone, M. (2001). Afterthoughts on afterimages: A review of the afterimage paradigm in majority and minority influence research. In C. De Dreu & N. De Vries (Eds.), *Group consensus and minority influence: Implications for innovation* (pp.15-39). Oxford: Blackwell.

Martin, R. & Hewstone, M. (2008). Majority versus minority influence, message processing and attitude change: The Source-Context-Elaboration Model. In M. Zanna (Ed.), *Advances in Experimental Social Psychology, 40,* 237-326.

Martin, R., Hewstone, M., Martin, P. Y. & Gardikiotis, A. (2008). Persuasion from majority and minority groups. In W. Crano & R. Prislin (Eds.), *Attitudes and attitude change* (pp.361-384). New York: Psychology Press.

Moscovici, S. (1976). *Social influence and social change.* London: Academic Press.

Moscovici, S. (1980). Towards a theory of conversion behavior. In L. Berkowitz (Ed.), *Advances in experimental social psychology* (Vol. 13, pp.209-239). London: Academic Press.

Moscovici, S., Lage, E. & Naffrechoux, M. (1969). Influence of a consistent minority on the response of a majority in a color perception task. *Sociometry, 32,* 365-380.

Moscovici, S. & Personnaz, B. (1980). Studies in social influence V. Minority influence and conversion behavior in a perceptual task. *Journal of Experimental Social Psychology, 16,* 270-282.

Personnaz, B. (1981). Study in social influence using the spectrometer method: Dynamics of the phenomena of conversion and covertness in perceptual responses. *European Journal of Social Psychology, 11,* 431-438.

Sorrentino, R. M., King, G. & Leo, G. (1980). The influence of the minority on perception: A note on a possible alternative explanation. *Journal of Experimental Social Psychology, 16,* 293-301.

7 服従
ミルグラムの衝撃的な実験・再入門

スティーブン・レイチャー、S・アレクサンダー・ハスラム

背景

1961年、人間の邪悪さに関するわれわれの理解を完璧に転換させる、2つの出来事があった。1つはイェルサレムの地方裁判所で、もう1つはイェール大学の心理学実験室で起きた。この2つの出来事はまったく異なっているが、研究者たちは次第に、これらの出来事を人間の邪悪さに関する1つのモデルにおいて理解するようになり、その考え方は半世紀にわたって科学者世界のみならず、一般社会にも広く普及していった。

アドルフ・アイヒマンとハンナ・アーレント

4月初旬、アドルフ・アイヒマンはイェルサレムの法廷に入ってきた。アイヒマンは第二次世界大戦中にナチス・ドイツの国家保安本部IV局B部4課（ゲシュタポ局宗派部ユダヤ人課）の課長を務めた人物である。この部署はユダヤ人の「排除」を扱っていた。言い換えれば、アイヒマンはユダヤ人をナチス・ドイツの絶滅収容所に移送した人物であり、ホロコーストで指揮的役割を果たした官僚であった（詳細な伝記はCesarani, 2005を参照）。

終戦後、アイヒマンはアルゼンチンに逃亡し、リカルド・クレメントという偽名を名乗って生活していた。しかし1959年、イスラエルの情報機関（諜報特務庁：モサド）が彼の居場所を突き止めた。1960年5月11日、モサドはアイヒマンを誘拐して国営航空のフライトアテンダントの制服を着せ、イスラエルへと密かに移送した。厳しい尋問の後、アイヒマンは「人道に対する罪」「ユ

ダヤ人に対する罪」「戦争犯罪」など15の罪で起訴された。1961年4月11日、裁判が始まったその日に、彼は初めて公衆の面前に姿を現した。

　法廷でアイヒマンを待つ人びとにとって、彼の出現は衝撃であった。彼らは尊大で横柄なナチスの官僚を目にするだろうと想像していた。こんなに恐ろしい行為に関与した人物はきっと化け物のような、まともとはほど遠い、常軌を逸した人物に違いないと想像したのである。しかし、彼らの前に現れたのは、むしろ目立たない感じの人物だった。アイヒマンは背を丸め、頭髪は薄く、弱々しげな風体をしていた。彼は防弾ガラスで仕切られたブースの中に座り、几帳面にメモを取っていた。全世界の人びとにとって、彼はごく普通の官僚のように見えた。

　その日の法廷の傍聴者の中に、著名なドイツ-ユダヤ混血の歴史家であり哲学者であるハンナ・アーレントがいた。彼女はそれまでにも、全体主義についていくつかの重要な論考を著していたが、『ニューヨーカー』誌に連載され、後に『イェルサレムのアイヒマン』（Arendt, 1963/1991）として出版されたこの裁判に関するレポートは、それらを凌ぐものとなった。彼女の報告書の持つインパクトは、出版された本のサブタイトルになった（しかし本の中では、たった1回しか登場しない）、法廷でのアイヒマンから学んだ教訓を捉えたフレーズ、「言葉も思考も絶する**悪の凡庸さ**という教訓」に凝縮されている（Arendt, 1963/1994, p.252, 強調筆者）。

　アーレントが「悪の凡庸さ」に込めた意味は、アイヒマンのようなナチスの行為が凡庸だということではなく、加害者である彼ら自身が凡庸であるということ、そして彼らが凡庸な動機にもとづいて行動していたということである。アイヒマンとその部下は、ユダヤ人に対する強い嫌悪などではなく、ただ自らの課題を首尾良くこなして上司を喜ばせたいという小さな欲望によって突き動かされていたのだと、アーレントは言う。実際、彼らは課題をこなすことに執着するあまり、それがもたらす結果に思いを致すことがなかったのだ。アーレントはこう書いている。アイヒマンは「何の動機も持ち合わせていなかった。俗っぽい言い方をすれば、彼は自分がしていることが何なのかに関する自覚など、決して持ち合わせていなかったのだ」（1963/1994, p.287）。

　このショッキングな考え——ごく普通の人もいささかの思案もなく常軌を逸した悪魔的行為に手を染めることがある——は、大論争を巻き起こした。しかし、この考えを支持する証拠がまったく違うかたちで示され、その真実性が大いに増すことになった。

スタンレー・ミルグラムの服従研究

アイヒマン裁判は、1961年8月14日に閉廷した。スタンレー・ミルグラムがイェール大学でかの有名な服従実験に着手したのは、そのちょうど1週間前にあたる8月7日である。ミルグラムはヒトラーが首相に就任し、権力を手中にしつつあった1933年に、東欧出身のユダヤ人の両親のもとに生まれた（詳しい伝記はBlass, 2004参照）。ホロコーストはミルグラムの少年時代を通して不気味な影を落としており、戦争中、彼の家族は欧州の出来事をつぶさに追っていた。1946年のバル・ミツワー（ユダヤ教における13歳の男子の成人式）で、年若きミルグラムはこう宣言している。「私は自分がイスラエルの民の一員になれる年齢に達したことを幸せに思います。それと同時に、戦争で荒廃した欧州のあちこちでユダヤ人同胞が苦しめられている悲劇を知ることは、これが荘厳な儀式であり、同時に私の同胞の、そして今や私のものともなった遺産に思いを致す機会であることを知らしめてくれます」（Blass, 2004, p.8（訳 p.19）から引用）。

この遺産とそれに由来するさまざまな疑問が、ミルグラムの学問にはっきりと表れている。彼は研究者としてのキャリアを、同調現象の考察から始めた。特に彼が関心を抱いたのは、異なる国家——特に東西ドイツ——の同調の程度が異なるかどうかにあった。しかし彼は、伝統的な同調研究のやり方に満足できなかった。あまりにも取るに足らない同調を扱っていたからである。もっとも顕著な例は、ソロモン・アッシュによる、物理的刺激（線分の長さ）に関する判断を多数派に合わせて変えるかどうかの研究であった（5章参照）。ミルグラムはこう言っている。

> 私は、同調を検証するために**線分の長さ**を判断する課題を使うことに満足できなかった。集団がある人物に圧力をかけて、その人となりがはっきりとわかるような行為、たとえば他人に対する攻撃的な振る舞いをさせるようなことを構想していた。（Blass, 2004, p.62（訳 p.83）から引用）

ミルグラムは、それではもし仮に集団が存在せず、実験者からの教示のみだったならばどうなるだろう、「人は実験者からの命令にどこまで服従するだろうか」と考えた。後に「それは光り輝く瞬間だった」とミルグラムは語っ

いる（Blass, 2004, p.62（訳 p.84））。なぜなら、これこそが、彼が「権威への服従」研究計画を着想した瞬間だったのである。

　後述するが、これらの研究の基本的設定は学習実験であり、その中で参加者は「教師役」に割り当てられた。教師役は「学習者」が問題に誤答するたびに電気ショックを与え、またそのレベルをどんどん上げていかなければならなかった。実際は、学習者は良く訓練され演技をしているサクラで、どんどん強烈な電気ショックを与えているように見える機械も偽物だった。しかし、教師役はそれを知らなかった。つまり彼（初期の研究では、教師役を含めてすべての参加者が男性だった）は、この研究において唯一の、実験のからくりについて知らない真の参加者であり、彼にとって、状況はとても現実味のあるものだったのだ。

　当初、ミルグラムは罰として与える電気ショックのレベルについて、国による違いを検討しようとしていた。アメリカを手始めに、他国でもデータを収集する計画だった。アメリカは基準もしくはベースラインとなる予定だった。まさか、ごく普通のアメリカ人が、ただ実験者にそうしろと言われただけで誰かに過酷な罰を与えたりするなどと、誰が真剣に予測しえただろうか。実際、ミルグラムはこの点を確認するために、精神科医や大学生、中流階級の成人など110名に、このような状況下でどうなるか尋ねている。あなたも自問自答してみてほしい。あなたならどこまでやるだろうか？　135ボルトの「強いショック」を与えるだろうか？　では225ボルトの「強烈なショック」なら？　375ボルトの「危険でひどいショック」は？

　ミルグラムが問うた人びとのほとんどは、痛みや苦痛を伴うレベルに達する前にやめると言った。一連の研究をまとめて1974年に出版された古典『権威への服従（Obedience to Authority）』[訳者注]によれば、最大の450ボルトまでレベルを上げると答えた人は1人もいなかった。

　しかし、イェール大学の学生を使った予備実験ではそうはならなかった。ほとんどの参加者は、最後の最後まで実験者に服従する意志を示したのである。実際、いくつかの条件では、**すべての**学生が450ボルトまでレベルを上げたのだった。スタンレーの妻アレクサンドラの回想によれば、彼は当初このことを、彼らが「エーリー（イェール大学気質の持ち主）」であるがゆえのことだと考えていた（A. Milgram, 2000）。しかし、アメリカ人の一般市民を対象とした追試でも、ほとんどの人が450ボルトまでレベルを上げることをいとわなかっ

〔訳者注〕邦訳『服従の心理』。

た。ミルグラムはこのことに強い関心を持った。彼はずっと夢見てきた「重要な結果を生む現象」を発見したことに気づいたのである（Blass, 2004, p.62）。そして彼は、死にものぐるいにことを進めた。すなわち、このような服従を生み出す（生み出さない）正確な条件の探求に歩を進めたのである。もう服従の国際比較を検討するという遠回りをすることはなかった。彼は、アーレントが法廷で観察したことを実験室で十分に示したのだ。ごく普通の人びとも、自分と同じような人間にひどい危害を与えうるのである。その上アーレントのように（ミルグラムはアーレントから多大な影響を受けていた）、彼はこのような結果が得られた原因を、人びとが「課題のもたらす実際の結果」よりも「教示に従って課題を実行すること」に注意を払うことによるものと結論づけた。言い換えれば、彼らはどこに連れて行かれるのか尋ねることなく、ただ従うことのみを考えていたのである。

アーレントとミルグラムがもたらした影響

　アーレントの歴史研究とミルグラムの心理学研究は、いずれも強烈な影響をもたらした。たとえば、イギリスの新聞『ガーディアン』紙は、「古今のノンフィクション名著100冊」に『イェルサレムのアイヒマン』を選んだ。そしてムザファー・シェリフ（彼の著名な研究は本書4章と9章で紹介されている）は、「ミルグラムの服従実験は、社会心理学、いやおそらく心理学一般でなされた研究の中で、人類の知識にもっとも偉大な貢献をした研究である」とした（Takooshian, 2000 より引用）。研究は『ニューヨークタイムズ』紙で広く紹介され、何ヵ国もでテレビドキュメンタリーとして特集番組が組まれ、ミルグラムを擬した主役をウィリアム・シャトナー（オリジナル版『スタートレック』のカーク船長役）が演じるテレビドラマまでも製作された。
　ただでさえそれぞれの研究の影響力がこれだけ大きいのだから、そのような2つが組み合わさると、本当に強烈であった。アーレントによって記述されたアイヒマンとホロコーストの歴史はミルグラムの研究に社会的妥当性を与え、ミルグラムの研究はアーレントの主張に科学的信頼性を与えた。両者は人間の残忍さに関する比類なき心理モデルを織りなしている。われわれは、それが意図的なものではなく無意図的なものであるがゆえに、誰しもが邪悪な加害者になりうることを示唆している。ペーター・ノヴィックは著書『アメリカ生活におけるホロコースト（*The Holocaust in American Life*）』の分析の中で、このこ

とに次のように言及している。

　1960年代から、アーレントのアイヒマンとミルグラム実験の参加者という2つのシンボルはある種の相乗効果を起こし、ベトナム戦争からたばこ産業に至るまでありとあらゆる議論において、そしてもちろんホロコースト問題の議論の際にも引き合いに出された。(Novick, 2000, p.137)

服従に関する諸研究

　ミルグラムの服従研究は偉大な科学であると同時に、壮大なドラマでもあった (Reicher & Haslam, 2011a)。この研究の記録映画『服従』は有名だが、これを見た人は誰もが、参加者が何をすべきかと煩悶し、実験者に抗議し言い争い、そしてまた自らに課された義務と学習者に自分が何をしているのかという自覚の間で苦しむ姿に心を掴まれてしまうだろう。これは偶然ではない。ミルグラムは素晴らしい心理学者であったばかりではなく、卓越した芸術家でもあった。彼は童話を書いたし、ミュージカルを作曲したし、優れた映画制作者でもあった (Millard, 2011)。その上、ミルグラムは最適な劇的緊張を生むべく予備実験を繰り返し、非常に注意深く服従実験を調整した。たとえば「実験者」や「学習者」を演じるサクラは、前者は厳格で知的な、後者は穏やかで従順かつまったく学者らしくない「完璧な犠牲者」であるべく、慎重に選定されていた (Russell, 2011, p.159 より引用)。この組み合わせがあってこそ、人びとはショックを与えようとするだろう、と彼は信じていた。

　同時に、ミルグラムは服従を直接的すぎるものにしたくなかった。そのため、初期のある予備実験では、参加者は「学習者」を見ることなく、つまり学習者の反応を知ることがないままにショックを与えた。彼らは電気ショック発生装置のスイッチを押すだけで、それによる結果を見聞きすることはなかった。この研究では、参加者のほとんど全員が何の迷いもなく、最大レベルまでショックを与えた (Milgram, 1965a)。しかし、ショックを与えなければならないというプレッシャーに**抗する**いかなる力も働かない状況は研究から緊張感を奪い、それはミルグラムの興味を引かなかった。

　同様に、ミルグラムは研究の**見かけ**にもこだわった。特に電気ショック発生装置のデザインには念を入れた。見た目が堂々と、プロっぽいものであることがとても重要だった。初期バージョンはスイッチが30ボルトごとに12個しか

なかったが、その後15ボルトごとに30個あるモデルに差し替えられた。これは、スイッチを増やした方が連続して進めやすくなるだろうというアイディアによるものだった。さらに、それぞれのショックレベルに関連づけたラベルも修正された。最初は、450ボルトのスイッチには「Lethal（致死的）」というラベルが貼られていた。しかしそれはあまりにあけすけで、悪趣味に感じられたという理由で、まがまがしいがより曖昧な「XXX」というラベルに変更された（Russell, 2011）。

こうした念入りな修正を経て、ミルグラムは高い信頼性と圧倒的な説得力を持つ実験パラダイムを獲得するに至った。これが実験者に従いやすくさせる力と学習者に気づかう力のバランスをとるための、長く注意深いプロセスの所産だったということを認識しておくことは重要だろう。これらの研究が持つドラマチックな輝きは、両要素が存在し、なおかつどちらがどちらにも優越しない状況を精密に作り出したという事実によってもたらされたのである。

方法と結果

すべての予備実験に加えて、『服従の心理』には18の研究が挙げられているが（Milgram, 1974）、これらの研究は、実験者の人数、参加者は単独か他の仲間もいる場面でショックを与えるか、学習者は自らの意思に反してショックを受けるのかショックを受けることを要求するのか、など、さまざまな点で異なっている。実験のバリエーションについてはまた後述するとして、ひとまずもっとも良く知られた「新しいベースライン」条件として知られている研究（Milgram, 1974, 研究5）を辿ることから始めるのが、もっともわかりやすいだろう。その後で、非常に重要なバリエーションをいくつか検討する。

「ベースライン」条件

すべての実験の参加者は、地元紙に広告を出すことで集められた。その広告

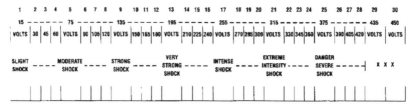

図7.1　電気ショック発生装置のコントロールパネル（Milgram, 1974, p.28 より）

には「記憶と学習に関する科学研究にご参加いただけるニューヘイブン在住の男性500名募集。報酬あり」とあった。集まった人びとはブルーカラーとホワイトカラーがそれぞれ40％、残り20％は専門職で、イェール大学相互作用実験室の立派な建物に来室を求められた（事後のいくつかの条件では、ブリッジポートの工業地帯にほど近い、小汚いオフィスビルで実験が行われた）。実験室に到着すると、そこにはすでに2人の男性がいて、1人は灰色の研究衣を着た「実験者」だった。もう1人は別の実験参加者らしく見えた（実際はサクラである）。実験者は、この研究は罰——電気ショック——が学習に及ぼす効果に関するものだと説明した。そのため、参加者の1人は「教師」、もう1人は「学習者」を務めることになった。どちらがどちらの役をするかを決めるくじ引きが行われたが、必ず参加者が教師、サクラが学習者となるよう操作されていた。次に、教師と学習者は別室に案内され、学習者は椅子にベルトで固定されて、体に電極を装着された。実験者は「電気ショックは痛みを伴うかもしれませんが、身体組織にずっとダメージを残すようなものではありません」と明言した（Milgram, 1974, p.19）。

　学習するのは単語ペア課題であった。まず、教師が一連の単語ペア（たとえば、青-箱）を読み上げる。次の「試験段階」では、ターゲット単語として、ペアのうちどちらか一方（たとえば、青）を、4つの別の単語（たとえば、空、インク、箱、ランプ）と一緒に読み上げる。学習者は最初にターゲット単語とペアになっていた単語が4つのうちどれだったのか（たとえば、箱）を言わなくてはならない。誤答した場合、教師は電気ショック発生装置のスイッチのうち1つを押し下げて、電気ショックを与えなければならない。彼は「学習者が1つ誤答するたび電気ショック発生装置のレベルを1つずつ上げるように」教示された（Milgram, 1974, pp.20-21）。15ボルト刻みで最大450ボルトまでの30個のスイッチがある。もし最大までレベルを上げてしまった場合は、その後の誤答にはずっとそのレベルを維持するように教示され、さらに2試行した後に実験は終了となる。

　この基本的枠組みが、すべてのスタート地点である。学習者と実験者の振る舞いには綿密に練られた台本があった。ベースライン条件では、電気椅子に縛り付けられた学習者の心臓の調子があまりよくないことを知らせた。そして、課題遂行中はショックのレベルに応じて反応を変えた。学習者は別室にいたのだが、これらの反応は教師にもはっきりと聞こえた。75ボルトから痛みを訴えはじめる。150ボルトで学習者がついに「ここから出してくれ。心臓の調子がおかしくなってきた。もう続けたくない、出してくれ」と叫んで実験中止を

訴えはじめる。彼の抵抗は徐々に激しさを増し、195ボルトと330ボルトで再び心臓の調子に言及する。300ボルトで学習者は「もう絶対何も答えない！」と絶叫し、「ここから出してくれ！」と3回繰り返す。330ボルト以降は回答しなくなり、何の音もしなくなる（完全な詳細はMilgram, 1974, pp.56-57を参照）。

実験者の発言は、教師が課題にどう対応するかに依存するので、台本はもう少し柔軟でなくてはならない。もし教師が課題を続けることをためらったり懸念を示したりしたら、実験者は次のような4つの段階を踏んで催促した。催促2は催促1を用いても教師を納得させられなかったときにだけ使われ、催促3は催促1と2の後、催促4は他3つすべての後にだけ用いられた。

催促1：続けてください（進めてください）
催促2：実験のためには、あなたに続けていただく必要があります
催促3：あなたに続けていただくことが絶対に必要なのです
催促4：あなたに選択の余地はありません。続けなくては**なりません**

さらに、教師役からの次のような2つの異議があった場合はどのように催促するかが決められていた。学習者の身体的ダメージについて尋ねられた場合は、「ショックは痛みを伴うかもしれませんが、身体組織にずっとダメージを残すようなものではありませんので、どうぞ進めてください」と答えた、学習者が続けたいと思っていないという異議の場合は、「学習者の好むと好まざるとにかかわらず、あなたは彼がすべての単語ペアを正確に学習するまで続けなければなりません。ですから、進めてください」と答えた。

実験セッション終了後にも、さらにミルグラムが予備実験での経験から改訂に改訂を重ねた実験後の手続きが待ち構えていた。すべての参加者に、電気ショックは見せかけで、学習者はまったく苦痛を受けていなかったことが告げられた。それからなごやかな様子の学習者と会い、学習者役は参加者に、あなたはとても良い人ですと述べた。実験者に反抗した参加者には、そうすることが正しかったのだと説明し、反抗しなかった参加者には、それはまったく正常なことだと説明した。後日、参加者には詳細な研究報告書と、また研究に参加したことについての考えや感情について評価する、フォローアップ調査票が送付された。

ベースライン条件では参加者40名中26名（65%）が一度も実験者に反抗することなく、最大レベルまで電気ショックを与え続けた。学習者が叫び声を上げ、やめてくれと要求し、心臓疾患を訴え、挙げ句の果てに不吉な沈黙が訪れ

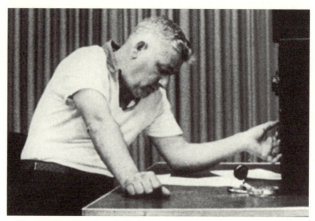

図7.2　ミルグラム服従実験のある参加者（映画『服従』より）（出典：イェール大学アーカイブ）

たにもかかわらず、であった。続行を拒否した14名のうち、150ボルトの時点でそれを申し出た人数がもっとも多く6名で、他に2名以上がやめたレベルはなかった。

主な発展研究

　おそらくもっとも良く知られた発展研究は、教師と学習者や実験者との物理的近接性（距離）に関するものだろう。その第1研究である「遠隔」実験では、学習者は別室におり、教師役には彼の声は聞こえず、300ボルトに達した段階で壁をどんどんと叩く音が聞こえるのが唯一のフィードバックだった。第2研究である「声フィードバック」実験は、前述「ベースライン」実験とほぼ同様の手続きで行われたが、心臓疾患に関する言及がなかった。第3研究の「近接」実験では、第2研究とほぼ同様の手続きで、学習者と実験者が教師と同室にいて、音声と同時に視覚的なフィードバックも得られる状況で行われた。そして最後の第4研究である「接触」実験では、教師は学習者の手を金属製のショックプレートに押しつけなければならなかった。最後まで服従したのは4つの研究順に（いずれも40名中）26名（65％）、25名（62.5％）、16名（40％）、そして12名（30％）であった。「遠隔」実験（この実験では、参加者が最初にショックを与えるのを中止したのは壁を叩く音が聞こえる300ボルトの時点で、しかも大部分がこの時点で中止した）を除いて、どのバリエーションでも、150ボルトで中止する人がもっとも多かった。

　もう1つの発展研究は、実験における役割に関するものである。ある研究で

は、学習者が電気ショックを与えるよう要求する状況が設定された。150 ボルトの時点で実験者が実験中止を指示しても、学習者は続けたいと言うのである。この条件では、学習者の要求を聞き入れた参加者は誰もおらず（0%）、20 名の参加者全員が 150 ボルトで実験を中止した。また別の研究では、研究衣を着用した科学者ではなく、（参加者と同じくボランティアで実験を手伝っているという建前の）ごく普通の人物が実験者を務め、ショックを与えるよう命じた。この状況では、最後まで服従したのは 20 名中 4 名（20%）にすぎなかった。さらに、2 名の科学者風の実験者がショックを与えるべきかどうか議論する場面を設定した実験もあり、この場合は 20 名の参加者の誰も完全には服従せず（0%）、18 名が 150 ボルトで中止した。また、電気ショックを要求するのがごく普通の人物で、それを受ける学習者の方が科学者だ、という状況もあった。ここでも 20 名の参加者の誰も完全には服従せず（0%）、全員が 150 ボルトで中止した。この一連の研究の最後に行われた実験では、ショックを要求するのも受けるのも研究衣を着た科学者であった。この場合の服従率はベースライン実験並みに上昇した（450 ボルトまで到達したのが 20 名中 13 名で 65%）。服従しなかった 7 名のうち 6 名は、150 ボルトで中止した。

　また、ミルグラムが「集団効果」と名付けた要因に関わる 2 つの発展研究もある。1 つ目は、3 名の教師——参加者と 2 名のサクラ——がいる状況である。150 ボルトで 2 名のサクラのうち 1 名が続行を拒否する。210 ボルトでもう 1 人も拒否する。この場合、最後まで実験者の指示に従った参加者は、40 名中わずかに 4 名（10%）であった。服従しなかったうちの多くは、2 人目が異議を唱えた 210 ボルトの時点で中止した。もう 1 つの研究は、実験者を 2 名にして、そのうち 1 名を参加者が務める状況である。実際に電気ショックを与えるのはもう 1 名の実験者（サクラ）で、参加者はそれを補助するのみである。今度は、40 名中 37 名（92.5%）の参加者が、最大レベルまで拒むことなく作業に従事した。

　最後に、数多くある発展研究のうち特筆すべき 3 つを紹介しよう。男性ではなく女性で実施した場合、服従レベルに差はなく、40 名中 26 名（65%）が最後まで服従した。実験をブリッジポート（大学外）で実施した場合、最後まで服従した者の割合は 40 名中 19 名だった（47.5%）。電気ショックを受ける前に「学習者が要求すれば研究は終了する」旨の同意を学習者が実験者から取り付けていた場合は、服従は 40 名中 16 名（40%）にまで低下した。これらいずれの状況においても、もっともよく拒否が見られたのは 150 ボルトの時点であったことは、言及しておく価値があるだろう。

まとめると、次の3点が重要である。まず、いくつかの例で、服従のレベルが90％以上から0％まで非常に幅広かったことである。つまりミルグラムの研究は、服従とともに**不服従**も示している。「人は**なぜ**服従するのか」と同程度に「人は**いつ**服従するのか」を考えなければならないと言える。次に、参加者は誰に対してでも服従するわけではなかったことである。服従の程度は、明確な指示を与える権威者の正統性に応じて変化するようである。最後に、人びとは実験中の他の声にも非常に敏感に反応したことである。中止の多くは、学習者が中止を最初に要求した時点（ほとんどの研究で150ボルト、「遠隔」条件では300ボルト）でなされていた。前述した「集団効果」実験では、他者もそうするという一致がある場合に、多くの参加者が中止した（210ボルト）。

ミルグラムのパラダイムにおいて、参加者は異なることを要求する多様な声に非常に悩まされていた。参加者はこうしたあらゆる声に注意を払っており、そしてどれを優先させるべきかというジレンマを抱いていたのである。

知見の解釈

「服従」研究（上記に見たように、「服従と不服従」研究と名付けた方が良いかもしれない）に関する初期の論文において、ミルグラムは「実験者と犠牲者という2者からの対立する要求」の狭間で引き裂かれる参加者の心的緊張を重視し、それをどちらか一方に引き寄せる幾多の要因について検討している。たとえば、研究の価値や格（表向きには学習と記憶に関する知識を前進させるものであるとされた）の高さは、参加者を実験者の方に引き寄せる要因である（したがって、研究がイェール大学によるものではなく、営利目的だと説明されれば服従率が低下する）。研究者の価値や格の高さ（本物の科学者であること）も同様に重要である（したがって、研究者が「普通の人」であれば服従率は下がり、ゼロにさえなる）。

しかし、服従の程度は実験者が誰であるかだけではなく、参加者と実験者の**関係性**にも依存する。ミルグラムは服従に対する近接性の効果を説明する重要な要素として、「初期の関係形成」という概念を用いている（Milgram, 1965, p.64）。「遠隔」と「声反応」実験では、実験者と教師が彼らだけで同じ部屋におり、これが彼らの間に絆を作る。しかし「近接」「接触」実験では、教師と学習者を隔てる壁がない。彼らは実験者とのみ相対するわけではない。「彼らはそばにいる者同士で同盟を組み、協力して実験者に反抗しようとする」（Milgram, 1965a, p.64）。また別の論文でも、3名の教師を配置した最初の集団

条件での真の参加者とサクラの教師の間の関係について、同様の主張をしている。「服従しないサクラへの同一視と、実験者に反抗する際に彼らの社会的サポートを頼りとする可能性があった」(1965b, p.133)、言い換えれば、これらの研究における社会的関係の形成に対する物理的環境の影響のあり方が、参加者がどの声に耳を傾け、どの声を無視するかを決める際に重要な役割を果たしていたと言える。ミルグラムは次のように述べている。

　いかなる社会的状況においても、潜在的な集団の影響の強さと方向は、そこに存在している条件によってあらかじめ決まっている。われわれは、社会的状況に特徴的な場の構造と、それが潜在的影響のパターンをどのように統制するのかを検証する必要がある。(1965b, p.134)

ミルグラムは、当初こうした要因に注目して結果を説明しており、1974年に出版された書籍でも言及しているが、徐々に別の解釈を優先するようになった。『服従の心理』の序文で、彼はその概要をこう述べている。

　われわれ自身の実験で、何百人もの一般人が権威に服従する様子を目にしてきたことで、私は次のように結論せざるを得ない。アーレントの「悪の凡庸さ」という着想は、多くの人びとが想像するよりもはるかに真実に近い。犠牲者に電気ショックを与えた普通の人びとは、個人の持つ特異な攻撃的傾向によってではなく、義務感──実験参加者として果たすべき役目に関する考え──に基づいてそうしたのだ。(1974, p.6)

　ミルグラムは、このような自分の役割に没頭する状態のことを「代理状態(agentic state)」、自分自身の目的による行為から誰かの代理人としての行為にシフトすることを「代理状態への移行(agentic shift)」と呼んでいる。
　熱烈なミルグラム信奉者さえ、多くがこの「代理状態」解釈には大いに懐疑的である(たとえば Blass, 2004)。なぜなら、どう見ても、種々の研究で観察された服従のレベルの違いが、参加者がこの「代理状態」にどの程度入ったかの違いと関連しているという証拠がないからである(Mantell & Panzarella, 1976)。このことは、この説明の次の2側面を考えると驚くにはあたらない。まず、代理状態は、生じるか生じないかの二択として機械的に定義されている。つまり「完璧に没頭している」か「まったく没頭してない」かのいずれかなのである。こうした硬直した見方では、関与とそれゆえの服従の程度に違いがあることを

想定できない。実際、代理状態説のこの側面に激しい批判が寄せられた。ジョン・ダーリーは次のように書いている。

> 初めてこれを読んだとき、びっくりし、あきれもした…代理状態という概念のあまりにも奇妙で疑似科学的で疑似生理的であることに、人の「正常」と「代理」機能を切り替える「引き金」という概念に、さらにある状態とそうではない状態をあるかないかの二分法的に捉えていることに。今もこの気持ちに変わりはない。
> (Darley, 1992, p.207)

しかし、おそらく代理状態という解釈の第二の側面は、より大きな問題をはらんでいる。それは、研究におけるいくつかの関係の1つ、参加者と実験者との関係の概念化のありかたに関わっている。研究の鍵となる特徴が、参加者が異なる関係と異なる義務の間で引き裂かれる、そのありかたに関わるという事実を見落としているのである。そのため、研究間で関係のバランスが異なることを考慮することや、なぜ参加者が数ある声の中から特定の声に注意を向けたのかという重要な問題に答えることに失敗している。つまり、代理状態という解釈は、多声の現実を単一の声による説明に縮減してしまっている。このことは、説明の説得力を失わせるばかりではなく、一連の研究でミルグラムが提供しているその他のいくつもの豊かな洞察を、覆い隠してしまう。

もう四半世紀近く前のことになるが、ロス（Ross, 1988）は、ミルグラム実験に関する一般的な見方を非常にうまくまとめ、なぜ人びとが服従研究の中であのように振る舞ったのか、われわれは確固とした理解を持っていないと述べた。ミルグラムがわれわれに圧倒的な説得力を持つ現象を提供してくれたことは疑いようがないが、満足できる解釈は未だ得られていない。しかし、人間心理の中に服従を強いる生得的な何かが存在するとするいかなる説も、おしなべて不適切であることは明らかである。説得力のある説明は、死ぬほどこの現象に心を砕く中でミルグラムが発見した服従と不服従の複雑なパターンを十分に説明するような、豊かなものでなければならない。

服従研究を越えて

服従と不服従の基盤を理解するための研究の進展を妨げる要素は主に2つあった。1つは倫理的な問題であり、もう1つは概念的な問題である。

倫理的問題の克服

　ミルグラムの研究は、ごく普通の人びとが極端に危険な行為に関与しうることを実証したことと同じくらい、倫理的な問題を巻き起こしたことでも有名である。研究が初めて報告された瞬間から、それを見聞きした多くの人々は、いかにミルグラムが「あなたのしたことに間違いはなかった」と安心させようと試みていたとしても、実験者に服従した参加者たちは自分がした事実に直面してひどく気が動転していたであろうことに気づいた。批評者たちの多くは、ミルグラムは非人道性の研究を装って、彼自身が非人道的行為に荷担したと批判した。『アメリカン・サイコロジスト』誌に掲載されたダイアナ・バウムリンド（Baumrind, 1964）による解説記事は、特に影響が大きかった。彼女は、ミルグラムは参加者をしかるべき尊敬をもって扱うことをせず、彼らの自尊心と尊厳を傷つけた、と非難した。1963年10月26日に『ニューヨークタイムズ』紙でこの研究が紹介されてまもなく、『セントルイスポスト−ディスパッチ』紙の社説は、ミルグラムの研究を「承知のうえの拷問」（Blass, 2004, p.121より引用）だと述べた。高名な精神分析学者ブルーノ・ベッテルハイムは、自身も強制収容所内における行動についての著作があり、また1963年6月15日付『ニューリパブリック』紙でアーレントの『イェルサレムのアイヒマン』を好意的に評価したが、先の批判の上を行った。彼はミルグラムの研究を「不愉快きわまりない」「ナチスの人体実験の流れをくむものだ」と断言した（Blass, 2004, p.123）。ミルグラムは、架空のキャラクターによる攻撃対象にすらなった。ダニー・アブスの演劇『戦争の犬たち』で、主人公のカートは服従実験を「でたらめ」「詐欺」「いかさま」と呼んだ（Milgram, 1974, p.198を参照）。

　ミルグラムはこうした批判に、「服従研究の参加者に、ダメージに苦しんでいる人は誰もいないし、むしろほとんどの参加者は、実験に参加した経験を有益で価値のあるものだったと思っている」と反駁した（Blass, 2004, p.124）。その主張の根拠となったのは、実験後の調査結果だった。研究に参加した656名のうち、83.7％が実験参加を「良かった」「とても良かった」とし、15.1％が中立、「残念」「とても残念」としたのは1.3％であった。苦痛については、半分以上の参加者が研究中に何らかの不快感を味わったと答えており、ほぼ1/3が狼狽を感じたとし、7％は「かなり」の狼狽を感じたとしていた。こうした数値は、研究の性質について説明した後では、「ほとんどの」参加者が「ポジティブに受け取り」、「有意義な1時間だった」と感じたというミルグラムの主張を

裏付けている（Milgram, 1974, p.198）。しかしその一方で、「誰も」何らのダメージも受けなかったというのは言い過ぎであることも示している。つまり、ミルグラムの研究は、多くの批判者が言うほど極悪非道なものではなかったかもしれないが、問題なしというのともほど遠かったのである。この服従研究に倫理的問題があるのは疑いの余地のないところであり、ミルグラムが当初行った形式での追試は、現在では実施できない。

しかし、研究者たちはこの大きな障害を乗り越えようとして、さまざまな方略を開発してきた。その1つは、より危害の少ない、別の行動を用いて服従を検証する方略であり、たとえば求職者にネガティブ・フィードバックを与えて不安にさせる（Meeus & Raaijmakers, 1986; 1995）、虫を潰す（Martens et al., 2007）、長々しく退屈な作業を延々とさせる（Navarick, 2009）、などがある。こうした解決は巧妙ではあるが、ミルグラム研究を衝撃的なものにさせるある1つの要素に欠けている。それは、彼が実験室内で検証していた行動（他者に深刻な身体的危害を与えること）が、彼が実験室外で関心を持っていた現象と極めて近いという事実である。

2つ目の方略は、新しい観点からミルグラムの研究を再検討、再分析することであった。たとえばスティーブン・ギルバート（Gilbert, 1981）は、電気ショックの強度を徐々に上げることの重要性に注目し、これによって参加者が中断して服従しないことを正当化させる、質的な転換点を奪った可能性を主張した。対照的にドミニク・パッカー（Packer, 2008）は、学習者の反応がそうした正当化の機会を与えていた可能性に注目した。これは、上記したとおり、ほとんどの参加者が継続を中止したのが150ボルトの時点であり、それは学習者が最初に研究からの離脱を要請したときだという事実に関連している。こうした研究には価値があるが、しかし既存データに沿った、したがってミルグラムが重要だと考えた（したがって測定した）ものに限定された議論しかできない。結果として、知見を理解する助けになる、他の代替要因の重要性を検証することはできないのである。

3つ目の方略は、服従と不服従に関する歴史的事例を心理学的観点から研究することである。もっとも注目に値する研究はフランシス・ロシャーとアンドレ・モディリアニ（Rochat & Modigliani, 1995）の、第二次世界大戦中の南仏ル・シャンボンの村民による、マイノリティへの公的な抑圧への抵抗運動の分析である（Rochat & Modigliani, 2000 も参照）。彼らはこの抵抗運動を題材に、ル・シャンボンをかくも輝かしく、他のどこで起こったこととも異なる例外的な出来事にした条件を検証している。こうした諸条件については後述するとし

て、まずはロシャーとモディリアニの研究が服従研究に重要な貢献を果たしただけではなく、心理学者が歴史的事例を用いて問題の立案、仮説の設定、理論の妥当性検証をいかに行うかの優れた実例となったことを特筆しておきたい。これはさまざまな要因の関連性や影響の程度についてシステマティックに解明する実験的研究と、決して対立するものではなく、むしろそれを補完するものと見るべきである。

　けれども最近になって、服従の実験研究に対して、参加者を実験中に傷つけることなく実際に「傷つける」行為を研究できるアプローチが2つ開発された。1つはミルグラムの実験パラダイムをバーチャルリアリティでシミュレーションする方法である。こうした実験から、シミュレーションにおける行動が、オリジナルの実験パラダイムで観察されたものに良く対応することが示された（Slater et al., 2006）。2つ目は、参加者たちが450ボルトまで服従を続けるかどうかは、150ボルトの時点の行動からほぼ正確に予測できる、という観察にもとづくものである。もしそうであれば、実際に450ボルトまで電圧を上げていって「傷つける」行為をさせなくても、150ボルトまでで中止してよいというアイディアである。この方略を使ったミルグラムのパラダイムの追試が、ジェリー・バーガー（Burger, 2009a）によって行われた。『アメリカン・サイコロジスト』誌上でバーガーの研究について白熱した議論が交わされたが、大方の見解は「半世紀後に至り、われわれはようやく服従に関して有意義な研究を行うための扉を再び開くことができるようになった」というものであった。オリジナル研究でミルグラムのアシスタントを務めたアラン・エルムスは、次のように述べている。「バーガーと社会心理学者たちは、服従実験研究禁止という暗黒時代に未着手のまま残されてきた、多くの他の状況変数を検討できるようになったはずである」（Elms, 2009, p.35）。

追試から説明へ

　さて、そろそろ「ミルグラム以来、服従について人びとがどう学ぼうとしたか」から「そこから何を言わねばならないか」を考えることにしよう。しかし、たちまちわれわれは、この現象についての理解を進める際のもう1つの障害に突き当たる。その後の研究の多くが注目したのは、オリジナル研究の参加者たちがしたのと同程度まで、人びとは服従するのかどうかという問いであった（たとえば Blass, 1999; Burger, 2009b; Meeus & Raaijmakers, 1986; Twenge, 2009）。この問いの持つ問題点は、研究間で服従の程度に大きな差があることよりも、

数ある研究のうちのある特定の1つ（一般に「ベースライン」研究と呼ばれるもの）で得られた服従の程度（の高さ）に注目が集まりがちだということである。服従の程度に差があることを考えれば、ベースライン研究の服従レベル云々に関する問いは、もはや無意味である。服従に何らかの基礎水準があると考える必要が無くなるからである。それよりも重要なのは、すでに述べたとおり、服従の程度の違いを説明する要因は何かである。つまり問題は、人びとが服従**するかどうか**、ではなく、人びとは**なぜ**服従したりしなかったりするのか、である。ただ服従のさまを描写するのではなく、服従を説明することにこそ、重きをおかねばならない。

　しかし、確かにこれまでの研究には人びとが服従するかどうかにばかり注目するという**傾向**があったにせよ、それと同じくらい、いつ、そしてなぜ人びとは服従するのかへの重要な洞察も得てきた。まず多くの研究者が指摘するのは、服従と同様に不服従の重要性を認識する必要性である（Bocchario & Zimbardo, 2010; Dimow, 2004; Passini & Morselli, 2009; Rochat & Modigliani, 1995）。第二に、多くの分析が服従のパラダイムに存在するさまざまな関係性の特徴について指摘しており、人びとが権威に服従するかしないかを説明する一助になるかもしれない。たとえばウィム・ミーウスとクィンテン・ライメーカーズ（Meeus & Raaijmakers, 1995）は、服従は科学的権威に反抗できないことから生じたのではなく、特定の社会的システムと一体化しようとする文化的傾向と、同じ市民として同一視するのではなく、特定の役割を持つ人物として捉える傾向とが相まって生じると主張した。これは、ミルグラム実験の参加者たちは同じ市民としてというより、2人がそれぞれ異なる役割に従事するものとして学習者と関わっていたことを指摘する分析である。

　しかしながら、人が破壊的な権威とその犠牲者との関係において、社会的関係の質が自分をどう位置づけるかに及ぼす影響をもっとも豊かに分析したのは、ロシャーとモディリアニ（1995）であろう。彼らはシャンボン村の人びとがフランスで迫害を受けた少数派プロテスタント（ユグノー）の子孫であり、そのことが敵国の占領軍に協力するヴィシー政府を自分たちへの迫害者になぞらえ、ヴィシー政府に迫害を受けた人びとに共通点を見たのであろう、と指摘している。さらに彼らは、村人たちが暴力に抵抗する強固な規範を持っており、少数派への援助に難色を示す人びとさえ沈黙を保つほどだったことも示している。彼らは、分析を次のように結論づけている。迫害者が「彼ら」となり、被迫害者が「われわれ」になったことにより、誰に与するか――権威に従うか拒否するか――の選択が容易になった、と。

検証と影響

　われわれは本章を、背中を丸め禿げ上がったアドルフ・アイヒマンの描写から始め、ハンナ・アーレントの目を通して、彼のその外見からいかにして「悪の凡庸さ」という考えが浮上したかを述べた。そして、アーレントの分析がミルグラム実験の服従する参加者の姿と融合し、いかにして人間の悪に関する圧倒的な説得力を持つ新しい分析を提供したかを見てきた。しかしそれに続いて、ミルグラム自身による研究知見の解釈を再考し、この分析に疑問を呈してきた。それを通して、人は権威に服従するしかない状態へなす術なく陥るのではないという結論に至った。服従を理解するためには、人びとが権威者、犠牲者、そして仲間との間に、どのような関係を形成するのかを考慮する必要があることは明らかである。では、アーレントについてどう考えたらよいのだろうか。心理学的証拠がどうあれ、危害は無思慮によって加えられるという見方を支持する、歴史学的証拠はないのだろうか。

　実際ないのである。事実、時代とともに、アーレントの分析はミルグラムのそれよりもさらに、徹底的に疑問視されてきた。たとえばヴェトレーゼン（Vetlesen, 2005）は、アイヒマンはわざと、判事と陪審員たちに「彼はモンスターではない」と納得させるような振る舞いをしたと主張している。ヴェトレーゼンは「彼を『単なる無思慮な人間』だとして［アーレントは］実際、彼が磨き上げた自己呈示をまさに採用した」と辛辣にコメントしている（2005, p.5）。もしアーレントが最初の数日だけではなくもうしばらく法廷に残り、アイヒマンの犠牲者たちの証言を聞いていたならば、きっとまったく異なるアイヒマンを発見しただろう。それは、チェザラーニによって最近書かれた伝記（Cesarani, 2004）の中で描写されたアイヒマンである。それによると、アイヒマンはナチス信奉者かつ反ユダヤ人主義者であり、ユダヤ人を彼らの家から追放する新しい方法を完成させたのだという。1944年に彼はユダヤ人住民たちを死が待っている強制収容所に送り込むためにハンガリーに行った。単に命令に服従したというのとはほど遠く、彼は、ユダヤ人の命を戦争の取引材料にしようと考えていた上司のヒムラーと対立している。アイヒマンは、ユダヤ人を根絶やしにすべしという固い信念を熱く抱いていた。彼は自らの行為に無頓着だったわけではない。彼は自らの行為を褒め称えていた。終戦後、彼は自らが組織した殺人について満足感を表明しており、後悔を見せたのはそれが大成功

には至らなかったことについてのみであった。チェザラーニがアイヒマンについて述べたことを、ロゾウィック（Lozowick, 2002）は、「ヒトラーの官僚」一般について述べている。彼らは「純粋な信者」であり、人を殺すに際して熱心に働き、相当な知恵を働かせた。彼らはヒトラーとナチスのシステムと完全に同一化していた。彼らにとって、ユダヤ人は敵でしかなかった。

　ゴールドハーゲン（Goldhagen, 1996）は、この最後の点を強烈な画像によって強調した。彼が引用したのは、ナチス将校が幼い少女を射殺するために穴へ追い立てている、悪名高い写真である。その将校は、自分が今から何をしようとしているかを完全に意識していたことは明らかであるとし、何が彼をして、通常であれば幼い子どもに寄せられる同情や保護を示させなかったかと問うた。ゴールドハーゲンの答えは、その将校が目にしていたのは、おそらく幼い子どもではなくユダヤ人だったのであり、「幼い、だがユダヤ人」であったという点にあった。ここでロシャーとモディリアニ（1995）の分析が思い出されるが、しかしその逆である。「われわれ」としての権威との積極的な同一視が、「彼ら」としてのユダヤ人犠牲者への強烈な非同一視と結びついて、直接的な迫害を選択することへとつながったのである。

　まとめると、歴史学的証拠は、心理学的証拠と同じように、「無思慮」仮説と合致しない（Haslam & Reicher, 2007; Overy, 2011）。いずれによる証拠も、別のアプローチを指し示している。われわれは、犠牲者たちからのアピールよりも悪意を持った権力者からのアピールに耳を傾ける限り、他者を傷つける。同時に、このことはわれわれが他の誰かよりもある人物と同一化する程度と関連している，という証拠が集まりつつある（Reicher & Haslam, 2011a）。現在のわれわれの知識は、上で引用したエルムスの言う「服従研究禁止の暗黒時代」から脱したばかりであり、これは確固たる結論というよりも、作業仮説である。しかし、どんな良い仮説もそうであるように、照準はわれわれがすでにたどり着いた場所ではなく、これから向かうべき場所への道しるべに合わせるべきである。

　特に将来検討すべき領域が3つある——もっともいずれにおいても、「代理状態」理論を最重要視する以前のミルグラムの視座に立ち戻ることになるのではあるが。

　第一に、状況設定の違いが服従パラダイム内での参加者と他の関係者との集団形成および同一視に及ぼす影響過程を検討する必要がある（Reicher & Haslam, 2011a, 2011b）。たとえば、直接的に同一視を測定することによって、近接性の違う条件が、参加者が学習者より実験者に（あるいは実験者より学習

者に）同一視する程度に影響し、結果的に服従に影響する、ということを示せるだろうか。さらに、そういう解釈によって研究ごとに異なる服従の程度をうまく説明できることを示せるだろうか（Reicher et al., 2011）。そして最終的に、さらなる社会的な関連変数が関係性における同一視を通して、服従に影響を及ぼすことを示せるだろうか。より具体的には、学習者（あるいは実験者）が外集団、特に、ナチス・ドイツにおけるユダヤ人のように、蔑視対象あるいは忌むべき敵である外集団のメンバーだった場合、何が起きるだろうか。

第二に、われわれは、どういうアピールが人びとを学習者ではなく実験者の側につかせるのか、そして、彼らから離れるための能力に参加者自身のディスコース（訳者注：発せられたコンテクストを含む言説の総体を指す）が与える影響について、理解する必要がある。ミルグラム（1965b）自身は、参加者が服従を続ける理由の1つとして、実験者の要求の正統性に異議を唱えて義務を放棄できるだけの修辞能力を持たないためだという可能性を指摘している（Rochat & Modigliani, 1995 も参照）。つまり、参加者がアイデンティティと義務との折り合いをどうつけるかに注目することが、理論的にも実践的にも重要だということになる。というのも、「服従という罪」を軽減する1つの方法は、「人には礼節をもって接すべき」という共有規範を犯していると感じさせるような権威からの要求に対抗できるように、人びとを訓練することであるかもしれないからである。

最後に第三は、服従研究で用いられた言葉の、特異な1つの側面である。それは、非常に重要であると同時に、この研究が一般にどう知られているかを考えると、ある意味皮肉なことでもある。これらの研究を一言でまとめよと言われたとしたら、誰もがこう言うだろう。「みんな盲目的に命令に従った」と（Reicher & Haslam, 2011a）。しかし、研究の中で実験者が用いた奨励や催促などのセリフをよくよく見ると、単純な要求（例：催促1「続けてください」）もあれば、科学的価値にもとづく正当化（例：催促2「実験のためには、あなたに続けていただく必要があります」）もあるが、直接的な命令は1つ（催促4「あなたに選択の余地はありません。続けなくてはなりません」）しかないことがわかる。その上、すべての証拠は次の事実を示している。この命令が下されたとき、人びとは激しく反応する。ミルグラムの『服従の心理』に1つだけ、これに関する描写がある。旧約聖書の典礼研究者である大学教授の参加者にこの4つ目の催促をしたとき、彼は「ここがロシアならそうかもしれませんが、アメリカでは違いますよ。**実験はここで終了した**）」と答えた（Milgram, 1974, p.48）。より体系的に、バーガー（Burger, 2009b）は最近の研究で、この最後の催促を実験者

が与えるたび、参加者が継続を拒否したことを見出している。

　これは、ミルグラムの研究の参加者たちが単純に命令に従っていたという考えを真っ向から否定する強力な証拠である。それよりも、人びとは自分たちが信頼し同一視している人びとから、他のどのような行為でもなく「このように」行為することの根拠を探しているということを示唆している。実際、命令にまつわる問題はまさに、たいていわれわれが同一視していない、また、命令の内容の正当化もできない人びとによって与えられるというところにある (Haslam et al., 2011 参照)。実際、英国の歴史家イアン・カーショウ (Kershaw, 1993) が指摘しているように、ナチス政府をあれほどまでに効率化させたのは、まさしく、リーダーが部下に命令を出す必要がなかったという事実にあった。部下たちは自分の行為を、そうすることが正しいと考えたからしたのである。同じことが、ミルグラムの研究で服従した参加者にも言えるのではないだろうか。しかしこの点は、他者を傷つけることへの誘いや要求、命令のさまざまなあり方がもたらす影響を検証する将来の研究によって、さらに確かめられなければならない。

結　論

　さて、この長旅の行き着く先はいったいどこだろうか。まず何よりも、ミルグラムが社会心理学者にとって圧倒的な説得力を持つ現象に、実証的な論拠を提供したことは明らかである。実際、この研究が最初に報告されたのはもう半世紀も前だというのに、社会心理学者にとってこれほど研究を求められている領域はないと言ってよいほど重要であり、かつ未だに（悲しいかな）今日的な意義を持っている。

　しかし、それにもかかわらず、ミルグラムが慎重に描写した現象は、未だに説得力のある解釈がなされているとは言えない。とはいえ、近年の方法論の進歩と、犯罪科学的な観点からの歴史分析によって、検証を再開できる手法が開発されている。さらに、どう進めていくか、いくつか明確な指針もある。胸躍るような展望が目の前に開けていると言えるだろう。

■さらに学びたい人のために

Milgram, S.（1974）*Obedience to authority: An experimental view.* New York. NY: Harper & Row.［ミルグラム／山形浩生（訳）(2008)『服従の心理』河出書房新社］

ミルグラムの研究の古典的な解説で、大部分の研究について十分な解説がなされている。本書で知見の「代理状態」理論が導入され、大いに議論を巻き起こした。巻末にたいへん情報豊かな2つの付録がある。1つは研究の倫理的問題についてであり、他は服従の個人差についてである。

Blass, T.（2004）*The man who shocked the world: The life and legacy of Stanley Milgram.* New York: Basic Books.［ブラス／野島久雄・藍澤美紀（訳）(2008)『服従実験とは何だったのか──スタンレー・ミルグラムの生涯と遺産』誠信書房］

ミルグラムの人と業績について広い視野から述べられている権威ある伝記で、たいへん面白く、また情報に富んでいる。

Russell, N. J. C.（2011）. Milgram's obedience to authority experiments: Origins and early evolution. *British Journal of Social Psychology, 50*, 140-62.

最近出版された、服従研究の背景についての魅力的な説明。

最後に、ウェブサイト www.stanleymilgram.com〔訳注〕に、幅広い資料が挙げられている。

[訳者補遺]
三浦麻子「ミルグラムの伝記, 映画化される」日本社会心理学会会報 第213号
https://www.socialpsychology.jp/wp-content/uploads/kaiho213.pdf
2017年に日本で公開されたミルグラムの伝記映画を紹介するエッセイ。
WIRED（2017. 5. 26）「権威者の指示なら、『9割』の人々が電気ショックのボタンを押し続ける──現代版『ミルグラムの実験』で明らかに」
http://wired.jp/2017/05/26/milgram-experiment/

■引用文献

Arendt, H.（1963/1994）*Eichmann in Jerusalem: A report on the banality of evil.* New York: Penguin.［アーレント／大久保和郎（訳）(1969)『イェルサレムのアイヒマン

〔訳注〕2024年12月現在ではこのサイトは現存しない。

――悪の陳腐さについての報告』（新装版）みすず書房］

Asch, S. (1956). Studies of independence and conformity: A minority of one against a unanimous majority. *Psychological Monographs: General and Applied, 70*, 1-70.

Baumrind, D. (1964). Some thoughts on ethics of research: After reading Milgram's "Behavioral study of obedience". *American Psychologist, 19*, 421-423.

Blass, T. (1999). The Milgram paradigm after 35 years: Some things we now know about obedience to authority. *Journal of Applied Social Psychology, 29*, 955-978.

Blass, T. (2004). *The man who shocked the world: The life and legacy of Stanley Milgram*. New York: Basic Books.［ブラス／野島久雄ほか（訳）（2008）『服従実験とは何だったのか――スタンレー・ミルグラムの生涯と遺産』誠信書房］

Bocchiaro, P. & Zimbardo, P. G. (2010). Defying unjust authority: An exploratory study. *Current Psychology, 29*, 155-170.

Burger, J. (2009a) In their own words: Explaining obedience through an examination of participants' comment. *Paper presented at the Meeting of the Society of Experimental Social Psychology, Portland, ME*, 15-17 October.

Burger, J. (2009b) 'Replicating Milgram: Would people still obey today?. *American Psychologist, 64*, 1-11.

Cesarani, D. (2004). *Eichmann: His life and crimes*. London: Heinemann.

Cesarani, D. (2005). *After Eichmann: Collective memory and the Holocaust since 1960*. London: Routledge.

Darley, J. (1992). Social organization for the production of evil. *Psychological Inquiry, 3*, 199-218.

Dimow, J. (2004). Resisting authority: A personal account of the Milgram obedience experiments. *Jewish Currents*, January.

Elms, A. C. (2009). Obedience lite. *American Psychologist, 64*, 32-36.

Gilbert, S. J. (1981). Another look at the Milgram obedience studies: The role of a graduated series of shocks. *Personality and Social Psychology Bulletin, 7*, 690-695.

Goldhagen, D. (1996). *Hitler's willing executioners: Ordinary germans and the Holocaust*. London: Little, Brown.［ゴールドハーゲン／望田幸男（監訳），北村浩ほか（訳）（2007）『普通のドイツ人とホロコースト――ヒトラーの自発的死刑執行人たち』ミネルヴァ書房］

Haslam, S. A. & Reicher, S. D. (2007). Beyond the banality of evil: Three dynamics of an interactionist social psychology of tyranny. *Personality and Social Psychology Bulletin, 33*, 615-622.

Haslam, S. A., Reicher, S. D. & Platow, M. J. (2011). *The new psychology of leadership: Identity, influence and power*. New York: Psychology Press.

Kershaw, I. (1993). Working towards the Fuhrer. *Contemporary European History, 2*, 103-108.

Lozowick, Y. (2002). *Hitler's bureaucrats: The Nazi security police and the banality of evil* (trans., H. Watzman). London: Continuum.

Mantell, D. M. & Panzarella, R. (1976). Obedience and responsibility. *British Journal of*

Social and Clinical Psychology, 15, 239-245.
Martens, A., Kosloff, S., Greenberg, J., Landau, M. J. & Schmader, T. (2007). Killing begets killing: Evidence from a bug-killing paradigm that initial killing fuels subsequent killing. *Personality and Social Psychology Bulletin, 33*, 1251-1264.
Meeus, W. H. J. & Raaijmakers, Q. A. (1986). Administrative obedience: Carrying out orders to use psychological-administrative violence. *European Journal of Social Psychology, 16*, 311-324.
Meeus, W. H. J. & Raaijmakers, Q. A. (1995). Obedience in modern society: The Utrecht studies. *Journal of Social Issues, 51*, 155-175.
Milgram, A. (2000). My personal view of Stanley Milgram. In T. Blass (Ed.), *Obedience to authority: Current perspectives on the Milgram paradigm* (pp.1-7). Mahwah, NJ: Erlbaum.
Milgram, S. (1963). Behavioral study of obedience. *Journal of Abnormal and Social Psychology, 67*, 371-378.
Milgram, S. (1965a)'Liberating effects of group pressure. *Journal of Personality and Social Psychology, 1*, 127-134.
Milgram, S. (1965b)'Some conditions of obedience and disobedience to authority. *Human Relations, 18*, 57-76.
Milgram, S. (1974). *Obedience to authority: An experimental View.* New York. NY: Harper & Row. [ミルグラム／山形浩生（訳）(2012)『服従の心理』河出書房新社（河出文庫）]
Millard, K. (2011). The window in the laboratory: Stanley Milgram as filmmaker. *The Psychologist, 24*, 658-661.
Navarick, D. J. (2009). Reviving the Milgram obedience paradigm in the era of informed consent. *The Psychological Record, 59*, 155-170.
Novick, P. (2000). *The Holocaust in American life.* Boston, MA and New York, NY: Houghton Mifflin.
Overy, R. (2011). Milgram and the historians. *The Psychologist, 24*, 662-663.
Packer, D. J. (2008). Identifying systematic disobedience in Milgram's obedience experiments: A meta-analytic review. *Perspectives on Psychological Science, 3*, 301-304.
Passini, S. & Morselli, D. (2009). Authority relationships between obedience and disobedience. *New Ideas in Psychology, 27*, 96-106.
Reicher, S. & Haslam, S. A. (2011a) 'After shock? Towards a social identity explanation of the Milgram "obedience" studies. *British Journal of Social Psychology, 50*, 163-169.
Reicher, S. D. & Haslam, S. A. (2011b)'Culture of shock: Milgram's obedience studies fifty years on. *Scientific American Mind, 22*, 30-35.
Reicher, S. D., Haslam, S. A., & Smith, J. R. (2011). *Reconceptualizing obedience within the Milgram paradigm as identification-based followership.* Unpublished manuscript, University of Exeter.
Rochat, F. & Modigliani, A. (1995). The ordinary quality of resistance: From Milgram's laboratory to the village of Le Chambon. *Journal of Social Issues, 51*, 195-210.

Rochat, F. & Modigliani, A. (2000). Captain Paul Grueninger: The Chief of Police who saved Jewish refugees by refusing to do his duty. In T. Blass (Ed.), *Obedience to authority: Current perspectives on the Milgram paradigm* (pp.91-110). Mahwah, NJ: Lawrence Erlbaum.

Ross, L. D. (1988). Situationist perspectives on the obedience experiments. *Contemporary Psychology, 33,* 101-104.

Russell, N. J. C. (2011). Milgram's obedience to authority experiments: Origins and early evolution. *British Journal of Social Psychology, 50,* 140-162.

Slater, M., Antley, A., Davison, A., Swapp, D., Guger, C., Barker, C., et al. (2006). A virtual reprise of the Stanley Milgram obedience experiments. *PLoS ONE, 1,* e39.

Takooshian, H. (2000). How Stanley Milgram taught about obedience and social influence. In T. Blass (Ed.), *Obedience to authority: Current perspectives on the Milgram paradigm* (pp.9-24). Mahwah, NJ: Erlbaum.

Twenge, J. M. (2009). Change over time in obedience: The jury's still out, but it might be decreasing. *American Psychologist, 64,* 28-31.

Vetlesen, A. J. (2005). *Evil and Human Agency.* Cambridge: Cambridge University Press.

8 暴　政
ジンバルドーのスタンフォード監獄実験・再入門

アレクサンダー・ハスラム、スティーブン・レイチャー

背　景

　1971年8月21日、極左活動家のジョージ・ジャクソン（30歳）がカリフォルニア州サン・クエンティン州立刑務所で看守に射殺された。ジャクソンはブラックパンサー党[訳注]のメンバーで、ジョン・V・ミルズという看守を殺した罪で収監されていた。彼がミルズを殺したのは、ミルズが同じくカリフォルニア州のモントレーにあるソルダッド刑務所で、見張り塔から黒人の囚人3名を撃ったことに対する報復であった。ジャクソンの死をめぐる諸事情は大きな物議をかもし、3週間後には、ニューヨーク州のアッティカ刑務所で1000名ほどの囚人が加わった、5日間にわたる暴動に発展した。このとき、さらに33名の囚人と10名の看守が死亡した。

　アッティカ刑務所の服役者の供述によれば、囚人蜂起は、彼らが忍耐を強いられ続けていた刑務所内でのすさまじい状況に反発した結果であった。その状況には、物資の欠乏をはじめとして、看守からの日常的なののしり、頻繁にあったという暴力や拷問などが含まれていた。その上、『タイム』誌によれば、暴動の後「報復防止策は何ら取られなかった。囚人たちは『人間性の麻痺した』怒り狂った看守が並ぶ列の間を裸で走らされ、警棒で殴打された。」という（Time, 1972, p.22）。

　こうした「暴力の連鎖」のエピソードはアメリカ人を震撼させ、世界中に報

〔訳注〕1960年代後半から1970年代にかけて、アメリカで黒人民族主義運動・黒人解放闘争を展開していた急進的な政治組織。

道された。というのも、当時アメリカ本土では、アッティカ蜂起ほど多くの死者を出した衝突は南北戦争以来だったのである。これをきっかけに、アメリカの刑務所システムに一連の調査が入り、暴動に関わった人びとの心理の解明が求められるようになった。特に、権威と法によるルールを体現するのが仕事であるはずの看守たちの心理に注目が集まった。何が彼らを、節度や礼儀を完全に逸脱した行為に走らせてしまったのだろうか。何が彼らを、本来守るべき道徳や価値に背かせ、残忍かつ暴力的な残虐行為に至らせたのだろうか。

こうした疑問は、当時も重要であったが、33年の後、アメリカ人だけでなく全世界の人びとが、これらとまったく同じ疑問をいっそう強く問うこととなった。今回、人びとは、バグダッドの20マイル西にあるアブグレイブ刑務所内で、アメリカ人兵士がイラク人捕虜にぞっとするような虐待を加えていた証拠画像に反応した。『60ミニッツⅡ』で放映された恐ろしいドキュメンタリーと世界中でニュースになった写真の中で、兵士たちは捕虜たちに数々の屈辱を加えながら誇らしげに笑っていた。頭巾を被らされて裸にされた囚人たちは、床にうつぶせにさせられて積み上げられたり、手をワイヤで結わえられたまま不安定な状態で箱の上に立たされたり、威嚇する犬に脅されたりしていた。いったいどうして、「イラクに民主主義と自由をもたらすという輝かしい使命の下に海外派遣された素晴らしい若い男女たち」（Zimbardo, 2007, p.324）が、こんなことをしようと考えたり、実際にしてしまったりできたのだろうか。道理をわきまえた人間に、なぜこんなことができたのだろうか。

1971年にも2004年にも、この逼迫した問題への答えを追い求めて、ジャーナリスト、政治家、研究者、法律家、そして一般市民が、1人のある心理学者と1つのある古典的社会心理学研究——フィリップ・ジンバルドーとスタンフォード監獄実験（Stanford Prison Experiment：SPE）——に殺到した。

ジンバルドーは、スタンフォード大学の教授で、ニューヨーク、ブロンクスにあるジェームス・モンロー高校を卒業し、9年後の1959年にイェール大学で博士学位を取得した。高校ではスタンレー・ミルグラムと同級だった。ミルグラムと同様に（7章参照）、ジンバルドーは、極端な行動がどのような社会的影響によってもたらされるのかに関心を抱いていた。しかし、ミルグラムが厳しくコントロールされた実験状況下での個人の行動の検討に関心を抱いたのに対し、ジンバルドーは、集団が刑務所環境の中で相互作用する際に発生する、流動的なダイナミックスを探求しようとした。

もちろんジンバルドーも、彼以前の多くの犯罪学者と同じように、アメリカ全土に広がる何百もの刑罰施設のうちどこか1つの内部で研究を実施すること

図8.1 （左）スタンフォード大学のジョーダンホールにある心理学部。ここでスタンフォード監獄実験が行われ、1971年8月20日に終了した。（右）サン・クエンティン州立刑務所。ここでジョージ・ジャクソンが殺されたのはその翌日である。（転載許可：Penni Gladstone Photography）

によって、これらの疑問を追究することはできた。しかし、そうすることでサン・クエンティンやアッティカと同様の蛮行の証拠を発見したとしても、それがどこまで刑務所システム自体の反映であるのかを知るのは難しいだろう。特に、そこで働く人びとや収監されている人びとの性格や特徴が極端な行動をもたらす可能性を排除することは、困難であろう。そのため、ジンバルドーは2つの大胆かつ独創的な試みをした。まず、アメリカ海軍研究所（ONR）から得た研究費を使って、スタンフォード大学心理学部の建物の地下に、刑務所を作った（図8.1参照）。そして、囚人役と看守役となる24名の男子大学生を集めたのである。

スタンフォード監獄実験

運命的な符合かもしれないが、ジョージ・ジャクソンがサン・クエンティンで死亡した前日、そこからたった52マイルしか離れていないところで、ジンバルドーの刑務所研究が終了しようとしていた。実験実施は2週間が予定されていたが、わずか6日後には終了せざるを得ない状況に陥った。ジンバルドーが2ヵ月後に議会公聴会で証言したとおり、早期終了したのは、彼が作り上げた模擬監獄が生き地獄になってしまったからである。

「結局わずか6日後には、模擬監獄を閉鎖せざるを得ませんでした。あまりにも恐ろしい光景を見てしまい…1週間も経たないうちに、拘禁経験は、（一時的にで

はあれ）人間が生涯にわたり学習してきたさまざまなことを台無しにしました。人間としての価値が停止され、自己概念は挑戦を受け、人間の本質のうちもっとも醜悪で、もっとも卑しい、病的な側面が露わになったのです。われわれは、何人かの若者（「看守」）が他の若者たちを、まるで彼らが卑しむべき動物であるかのように扱い、残酷にいたぶって喜び、別の若者たち（「囚人」）が奴隷のように、人間性を奪われたロボットのようになってしまったのを見て、ぞっとしました。」(Zimbardo, 1971, p.154)

事実、この刑務所での虐待は強烈で、囚人役を割り当てられた参加者のうち5名は、精神病理的不調の兆候を示したために先に解放する必要があった。ここでも重要な疑問は、現実の刑務所で目撃される虐待と同様、どのようにしてこうした状況に至ったのか、である。

この研究以前は、心理学者はこの質問に、残虐と弾圧は暴政者となる人の持つ病理的傾向を反映したものである、と答えることが一般的だった。この**特性仮説**は、病理的システムは異常傾向の人によって生み出されるとする。たとえば、研究者たちは、独裁政権に共感を示す人は権威主義傾向が強い性格で、そのことが彼らを、強いリーダーを敬う一方で弱い集団を軽蔑するようにさせる、と論じてきた。しかしながら、スタンフォード監獄実験の参加者は「正常で健康な男子大学生」(Haney et al., 1973, p.5) であり、看守と囚人いずれかの役割をランダムに割り当てられていた。そのため、この研究で目撃された極端な行動は参加者の偏った性格の表れだと単純に解釈できなかった。
　こうした特性とは別の説明として、ジンバルドーは熱心に**状況仮説**を唱えた。状況仮説は、人間の行動はまず自らがおかれた社会的文脈によって決まると考える。彼は公聴会で、次のように述べている。

「個人の行動は、その大部分が、「個人特性」「性格」「意志の力」あるいはそれに類した妥当性が確かめられていない経験的な構成概念よりも、むしろ社会的な強制力と環境の随伴性のコントロール下にあります。多くの人びとは、おそらくほとんどだと思いますが、心理的に強制される状況におかれたとき、どんなことでもできてしまうのです――自分のモラル、倫理、価値、態度、信念、あるいは個人的な思いにかかわらず…「囚人」とか「看守」とかいうラベルを貼り、そのラベルが妥当性や意味を獲得するような状況に彼らをおくという単純な行為だけで、異常行動を誘発させるのには十分なのです…刑務所システム…は、看守と囚人の両方

に、人間性を堕落させるようなひどく病的な反応を生み出すことを保証しているのです。」(Zimbardo, 1971, p.155)

ジンバルドーにとって、スタンフォード監獄実験は「個人特性 対 状況の結び目をほどく」機会を与えてくれたのであり、「ネガティブな状況的強制がポジティブな個人特性を凌駕する」傾向に関する、劇的かつ有無を言わさぬ証拠となった（Zimbardo, 2004, pp.39-40）。

方　法

　こうしたジンバルドーの主張は、スタンフォード監獄実験の4つの特徴に支えられた確信にもとづくものであった（Zimbardo, 2004, pp.38-39）。前述のとおり、第一に、**参加者**はごく健常な性格の人びとで、精神病理的な既往症を持っていなかった。研究は、新聞に「『刑務所生活に関する心理学的研究』に参加する大学生募集」という求人広告を出すことから始まった。75名の大学生がこの広告に応じたが、ジンバルドーの学生アシスタント（クレイグ・ハーニーとカーティス・バンクス）が1人1人にインタビューして、もっとも「成熟した、情緒的に安定した、正常で知的な」24名が選ばれた（Zimbardo, 1971, p.153)。ジンバルドーが議会公聴会で述べたとおり、シェリフのキャンプ研究（9章参照）に参加した少年たちと同様に、「この世代の最高の人びと」の代表として研究に参加したのである (1971, p.153)。
　この見立ては、とりわけ実験参加者の権威主義傾向を測定することによって確かめられた。参加者の得点は概して正常の範囲に収まったのである。さらに、研究開始時の囚人役と看守役の権威主義傾向の平均値には差がなかった。これが2つ目の重要な特徴、つまり参加者は看守グループと囚人グループに**ランダムに割り当てられた**ということである。実際の刑務所とは違い、どちらのグループに入るかを参加者が事前に選択する機会はなかった（実は、希望を問われた際に、ほとんどの参加者は囚人を希望した）。実験者がコイントスで割り当てを決めたので、各参加者が看守になる確率と囚人になる確率は等しかった。
　重要な特徴の3つ目は、ジンバルドーが「できる限り投獄の心理を機能的にシミュレーションできる実験状況」(Zimbardo, 2004, p.39) を作ろうとしたことである。いくつか例を挙げて説明しよう。まず、彼自らが刑務所の長官役、先ほどとは別の学生アシスタント（デビット・ジャッフェ）が所長役となり、それを確実に遂行しようとした[1]。また彼は、サン・クエンティンで17年間にわ

たり服役していた経験を持つカルロ・プレスコット元受刑者のアドバイスを得て、当時の刑務所の特徴を捉えた**刑務所的な環境**を作り上げた。もっとも重視されたのは「囚人が下、看守が上」という地位の差を強制する環境にすることだった。そして、研究は囚人たちが自宅でパロアルト警察署員に「逮捕」されることで始まり、囚人たちは指紋を採取され留置場に収容された。その後、目隠しされて「刑務所」に収監され、身ぐるみ剥がれて全裸にされてシラミとり薬品だというスプレーを噴霧された。そして他2名の囚人とともに非常に狭い（180×270cm）3つの部屋のうち1つの「監房」に入れられた。彼らは足首に鎖をつけられ、頭からすっぽりかぶるタイプの囚人服を下着なしで着用させられ、ゴムのサンダルを履き、ナイロンストッキング製のキャップをかぶらされた。刑務所らしいリアリティを維持するため、囚人たちが刑務所のメインエリアから移動するときは、常に頭に袋をかぶせられ、外が見えないようにされた。対照的に、看守たちはカーキ色のシャツとズボンを着用し、ホイッスルと警棒を携帯し、反射タイプの（外から目が見えない）サングラスをしていた。そして、囚人は24時間ぶっ通しで刑務所にとどめられたが、看守は8時間の3交替制勤務で、勤務時間以外は帰宅が許された。

スタンフォード監獄実験の重要な特徴の4つ目は、参加者に割り当てられた役割が**その人にとって初めてのもの**だったことである。参加者は「刑務所生活に関する心理学的研究」に参加契約をし、「1〜2週間にわたり」1日15ドルを得ることを知っていた。契約には最低限の権利として適度な飲食、衣服、医療などが保証されていたし、それだけではなく、プライバシーの保証など、基本的な市民権のうちいくつかは一時停止されるが「ただし身体的虐待はない」とされていた（Haney et al., 1973, p.7）。しかしこの範囲を超えて何が起きるかは知らなかった。これは、次のことを意味していた。

> 参加者はランダムに割り当てられた役割をどう演じるかについて、事前訓練を一切受けなかった。彼らにとって何か目安となるものがあったとすれば、それはそれぞれが刑務所という施設の意味や囚人と看守という対照的な役割に関連する行動スクリプトについて、これまでの人生で見知ってきたことくらいであった。

---

[1] ジャッフェが所長役に選ばれたのは、ジンバルドーの授業課題の一部として、以前彼と他の学生たちが、週末に大学寄宿舎内に刑務所を作ったことがあったからである。彼の得た結果——監獄実験を予兆させるものであった——を見て、ジンバルドーはもっと本格的で統制された再現実験を思い立った。

（Zimbardo, 2004, p.39）

　看守たちは正式なトレーニングを受けることなく、ただ、「刑務所を効果的に機能させるために所内の秩序をほどよい程度に維持する」ことが仕事だと告げられた（Haney et al., 1973, p.7）。この目的のため、研究開始前日に、看守と刑務所長は共同して刑務所運営のための17のルールを考案した。不気味なことに、ルール第17条には「上記ルールのいずれかに服従しなかった場合には罰を与える」とあるが、看守たちは囚人を虐待するような方法でシステムを運用せよと指示されていたわけではない。これは、彼らが自分たち自身で考え出したことなのだ。

結　果

　前述したとおり、スタンフォード監獄実験の最終結果は良く知られているところであり、かつわかりやすい。看守から囚人への残虐行為により、ジンバルドーは6日目の朝に研究の早期終了を告げることとなった。しかし、この決断に至るプロセスは複雑であり、かつ、公的に記述することは困難である。その理由の1つは、この研究はピアレビューの心理学専門誌に公式に掲載されたことが一度もなく、したがって、起こった出来事に関して完全で正確な説明をした「オーソライズされた」出版物が1つもないのである。その代わり、研究で見出されたことのうちいくつかの重要な点については、さまざまな場所で、さまざまな読者を対象に、さまざまな形で、さまざまな時点で、提供されている。
　これらの多様な情報源を総合して考えると、スタンフォード監獄実験がその終了に至るまでに、少なくとも3つの段階を経たことが明らかである。第1段階は、参加者が刑務所に入って、自らがおかれた状況に適応する**開始**段階である。この時点では、囚人も看守も「完全に自分の役割に没入」してはおらず、どちらのグループも「明らかにためらいがちで、ぎこちない様子であった」（Zimbardo, 2007, p.54）。たとえば、点呼のとき、囚人たちは自らが劣位であることを特に深刻には捉えておらず、また看守も自らの権威をどう主張するか、はっきりわかっていなかった。特に看守たちは、自分の役割についてさまざまな感情を表明していた。やましさや不安を感じる人もあれば、囚人に礼儀正しく振る舞いすぎているから、もっとしつけるべしと考える人もいた。「ジョン・ウェイン」というあだ名をつけられるようになった看守役ヘルマンに率いられた夜間勤務の看守たちは、自分たちの役割をもっとも楽しんでいるようだった。

ヘルマンは、好んで点呼の際に囚人たちに自分の囚人番号を暗唱させ、間違った囚人に腕立て伏せをさせていた。そして、ある囚人がそれに異議を唱えると、夜間勤務の看守たちは、彼を実験者が独房監禁のために使えるように作ってあった「穴ぐら」——小さな（60×210cm）の窓のない小部屋——に入るよう命じたのだった。この出来事やその他のいくつかの小さな「事件」が、徐々に囚人たちをいらつかせはじめ、「積もり積もって、彼らを、自分自身の生き残りを目指す個人の集合という以上に、新たな集合的アイデンティティを与えるに至った」（Zimbardo, 2007, p.51）のである。

囚人たちの中で不当な扱いに対する不平が共有されるようになり、研究は第2段階である**反乱**のフェーズに入った。看守たちによる処遇に怒り、欲求不満をためた囚人たちの一部が、反乱計画を立てはじめた。彼らは不服従のサインを出すことから始めた——自らの状況について不満を述べ、看守を罵り、彼らの命令に従うことを拒否した。これは、2つの監房の住人がキャップと囚人番号を外し、監房にバリケードを築いて中に立て籠もるに至って最高潮に達した。1人は仲間の囚人たちを結集させるべく、大声で叫んだ。「今こそ暴力革命の時来る！」（Zimbardo, 2007, p.61）。

この反乱は囚人たちを勇気づけ、力づける効果を持つ一方で、看守たちを報復行為へと向かわせ、研究を長い長い第3段階**暴政**へと至らしめた。看守たちは増援を呼び、一緒になって暴をもって暴に報いはじめた。監房のバリケードを壊して監房に押し入り、囚人たちを全裸にして、反乱の首謀者を監禁用の独房に押し込んだ。囚人たちをより強く苦しめ威圧しはじめたのと同時に、「分割して統治せよ」という戦略で囚人たちの連帯を弱体化させようとした。暴動に参加しなかった囚人を選び出して特権を与え、反乱を起こした囚人とそうでない囚人が1つの監房で混ざるように、監房を再構成したのである。

これらの行為をけしかけたのか、大目に見たのか、ジンバルドーの果たした役割ははっきりしない。それでも明らかなのは、彼は関与しない観察者という立場ではまったくなかったということである。たとえば、刑務所長官としての立場で、ある反乱者（囚人番号#8612）を「密告者」としてリクルートし、彼に囚人仲間のことを教えれば特別に優遇してやろう、と提案している。そればかりか、#8612はジンバルドーとの面会から、刑務所から出ることは不可能だという確信に至り、囚人仲間のところに戻って「**俺たちはここから出られっこない！**」と叫んだ。ジンバルドーが述べているとおり、これは「囚人たちを激変させるインパクト」を持っていた（2007, p.71）。囚人たちの集合的意思は今やたたきつぶされ、看守たちのそれは強化され、刑務所の光景は、次第に看守

たちが囚人たちを支配し、圧迫し、残忍に扱いはじめるものになっていった。

　重要なことだが、必ずしもすべての看守がこの道を辿ったわけではない。ジンバルドーの観察によれば「だいたい 1/3 が権力の恣意的な行使に走り、暴政者となった。… 囚人たちを弱らせ、自分たちは無価値だという感覚を与えることに極めて独創的［になった］」(1971, p.154)。残りの看守は、「厳しいが公平」であるように努力する者と、囚人に友好的に接して小さな望みならかなえてやるような「善良な看守」になろうとしていた。しかし、この研究を有名にさせたのは「ジョン・ウェイン」を典型とする、もっとも残虐な看守たちの行動である。その後 4 日間にわたり、彼らは囚人たちを貶める迫害を強めていった。点呼を数時間にわたって続け、これに従わない（特に、扱いに抗議して新たにハンガーストライキを始めた）囚人は前に出されて罵られ、屈辱を受けた。他の囚人は、背中に看守の足を置かれた状態で腕立て伏せをさせられたり、便器を素手で掃除するなどの卑しい仕事を何度もさせられたり、馬跳びのような同性愛を揶揄するゲームをさせられたりした。

　実験者たちは、こうしたダイナミックスに「巻き込まれ」すぎてしまった。研究 3 日目、囚人たちが脱走を計画しているといううわさが広まった。ジンバルドーはその陰謀の真相をあばき、失敗させるためのスパイとして新たな囚人を入れた。この戦略が失敗しそうになると、彼は第 2 プランを立て、看守に「囚人の足を鎖で結びつけあい、頭に袋をかぶせ」て、建物の別の部屋へ移動させるよう指示した (Zimbardo, 2007, p.97)。実験者たちは、刑務所のシステムは無害であると訪問者（特に囚人の親族）を納得させるのにも非常に長い時間を割き、「仮釈放監察委員会」を作って、そこで囚人たちをけなしたり罵ったりした。研究が結末に向かうにつれ、看守と囚人たちだけではなく、実験者たちも自らの役割の持つ力に屈してしまった。実際、ジンバルドーはこれを自覚したこと（「**自分自身**がもっとも残忍な看守とたやすく立場を替えうることに気づいたことの恐怖」; 1971, p.113）を、研究を終わらせた主な理由の 1 つとして述べているが、同時に、スタンフォード監獄実験のもっとも重要なメッセージの 1 つでもあると考えていた。

　　私は、心理学者として私が配慮すべき若者たちの要求ではなく、「私の刑務所」の警備を気にして、いかめしい長官のごとく、話し、歩き、振る舞いはじめた。ある意味、私自身の変わりようが、状況の力のもっとも重大な測度であると考える。(Zimbardo, 2004, p.40)

スタンフォード監獄実験の影響 ── 特性主義への挑戦

　スタンフォード監獄実験は、ジンバルドーの状況主義的な主張をさらに進めるうえで甚大な影響を与えた。というのも、この実験は社会心理学の核心的な問題に関わると同時に、倫理的問題に関する激しい議論を巻き起こしたからである（たとえば, Savin, 1973; Zimbardo, 1973）。実際、これをきっかけとしてアメリカ心理学会は、スタンフォードで生じた虐待が二度と繰り返されないよう、心理学研究への参加ガイドラインを厳格化させた。

　ハーニーらの新聞記事が600回以上も引用されてきたことや、スタンフォード監獄実験のWebサイトに一日平均7,000件以上のアクセスがあること、この研究にインスパイアされた映画が何本も制作されたこと（特に有名なのは『*Das Experiment*（邦題『es』）』（2001）と『*The Experiment*（邦題『エクスペリメント』）』（2010））は、この研究がいかに大きな影響を持ったかを示している。ジンバルドーによる理論的解釈に則せば、この研究の強力さは、極端な行動 ── この事例であれば、暴政システムを継続するために進んで極端に残忍な行為に参加すること ── が、単にそれに関与した人びとのパーソナリティのせいにすることでは理解しえないことを示したところにある。このように大きな影響をもたらした理由の大半は、ジンバルドーが論じたように、スタンフォード監獄実験が、人間の性格は彼らがおかれた文脈によって**変化させられる**余地があることの証拠を、赤裸々かつ鮮やかに示したことにある。

　多くの評論家たちが、それなりに文明化した人びとがなぜ残虐かつ野蛮な行為に嬉々として関わるのかを何とか説明しようと試みて、この論点を受け入れてきた。歴史学者のクリストファー・ブラウニング（Browning, 1992）は、スタンフォード監獄実験における看守と、第101警察予備大隊 ── ドイツ占領下のポーランドを蹂躙し、1942年7月から1943年11月にかけて少なくとも38,000人のユダヤ人を殺戮したナチの移動殺人部隊 ── の行動に類似点があると論じている。ブラウニングによれば、この部隊のメンバーはナチズムの狂信者でも、特にそれに賛同していたわけでもなく、そしてこの部隊がしたことをせよと強制されていたわけでもなかった。彼の本のタイトルにあるように、ブラウニングにとって、彼らは「普通の人びと」だったのであり、ジンバルドーにとっての看守のように、システムに屈服したのだった。システム「だけで、常軌を逸した反社会的な行動を生じさせるのに**十分であった**」（1992, p.168. 強

調は原著)。

　さらに最近になって、2003年初頭のアブグレイブ刑務所での恐ろしい出来事の映像の意味を何とか知ろうとする人びとによって、スタンフォード監獄実験は再び大きな関心の的となった。実際、2つの刑務所は非常に似ており、ジンバルドー自身も、イラク人捕虜たちが虐待されている模様を放映したテレビ番組『60ミニッツⅡ』を見て、衝撃的な思い出がよみがえったという。「これらの映像は、私にとってスタンフォード監獄実験の最悪の光景をまざまざと思い起こさせるものだった。頭に袋をかぶせられた囚人たち、裸体、性的な屈辱を味合わせるゲーム」(2004, p.328)。

　軍と政治指導者たちの当初の反応は、これらの虐待はあくまでも個別的な事件であり、数名の「狂暴な兵士」による変質的な行為として片付けようとするものであった。しかし、ジンバルドーはこの説明に疑問を呈し、アブグレイブでの捕虜拷問の罪で起訴されたアイヴァン・「チップ」・フレデリック二等軍曹の裁判で、弁護側鑑定人として出廷までしている。スタンフォード監獄実験で得られた証拠にもとづき、ジンバルドーは、フレデリックが「腐ったリンゴ」だからそんなことをしたのだ、という考えに異議を唱えた。そうではない。ジンバルドーは彼のことを、スタンフォード監獄実験の看守と同じように、「最良の木の一片(チップ)」なのだと述べた。それが知らず知らずのうちに「邪悪な樽」の中に置かれ、悪に落ち込んでしまったのである(2004, p.344)。

スタンフォード監獄実験を越えて
——状況主義への挑戦と相互作用主義の進歩

　上記の分析を示したことで、ジンバルドーは多くの支持者を獲得した。なかでももっとも目立ったのは、「腐ったリンゴ」という特性的なストーリーを、アブクレイブ刑務所での出来事から距離をおき、一切の責任を負おうとしないアメリカの権力者たちによる企て、と見なす人びとであった。それでも、彼はまた批判にもさらされた。たとえば『ジ・オブザーバー』(アメリカ心理科学協会APSの機関誌)への書簡で、ウラジミール・コネニは次のように書いている。

　ジンバルドーによって整理された実証的知見が十分に当てはまると完全に納得した人でさえ…「過ち」を犯さなかった看守が存在するのだから純粋な状況的解釈は争点とはなりえず、むしろ状況要因とパーソナリティや態度、そして期待との

相互作用を考慮せざるを得ないだろう。(Konečni, 2007, p.9)

　同じ 2007 年の後半に、同様の**相互作用論者**の議論が『ジ・オブザーバー』誌への書簡で明確に述べられた。49 名の心理学者グループが、「アブグレイブ刑務所で犯された反社会的な一連の行為について純粋に状況主義的な説明を提供しようとして、ジンバルドーは科学的証拠を曲解した」と主張したのである（Donnellan et al., 2007）。「反社会的行動傾向は人により異なり、環境はパーソナリティと相互作用するというのが科学的合意である」と彼らは述べている。フレデリックの裁判でジンバルドーが示した証拠に、陸軍検察官のクリストファー・グレイブリンが同様の疑義を呈したこともまた注目に値する。

　状況の力に抵抗することはできない？ … 確かに、直面する状況は人の行為に重要な役割を果たすだろうが、邪悪な行為は不可避であると言うならば、それは個人の責任や自由意志、良心や性格を否定することになる。(Graveline & Clemens, 2010, p.179)

スタンフォード監獄実験への疑問
　──何が「自然」「新奇」「正常」だったのか

　ジンバルドーの状況主義的立場の学術的困難という以上に、評論家や研究者がアブグレイブ刑務所の看守たちによる虐待には「ある程度の必然性」があるという指摘から退却した理由として、彼らがこの結論を支持する根拠として用いられたスタンフォード監獄実験の手続きを詳しく再吟味したことがあった。このような詳細な吟味が最初に行われたのは『アメリカン・サイコロジスト』誌に掲載されたアリ・バヌアツィッツィとシアマク・モヴァヘディ（Banuazizi & Movahedi, 1975）の論文で、ジンバルドーの主張を疑問視するいくつかの根拠を掲げている。

　まず、看守による攻撃が「『看守』の制服を着用してその役割固有の権力を行使したことによる『自然な』帰結にすぎない」(Haney et al., 1973, p.12) という主張は、ジンバルドーがスタンフォード監獄実験を開始する前に看守たちに指示した内容と一貫していないように思われる。このとき彼は次のように教示している。

あなた方は囚人たちの中に倦怠感、つまり一種の恐怖感をある程度作り出すことができます。あなた方は、囚人たちの生活がわれわれ、つまりシステム、看守、実験者によって完全にコントロールされ、彼らには一切のプライバシーがない、という恣意性の感覚を囚人たちが抱くように仕向けることができます。…絶えず監視されています。囚人たちのやることなすことすべて観察されています。彼らに行動の自由はなく、われわれが許可しないことは何も一切できません。われわれは彼らの個性をいろいろな方法で奪っていきます。概して、こうしたことは無力感につながります。(Zimbardo, 1989)

　フィリップ・バンヤードが指摘するように、「看守たちはジンバルドーが示唆したように、スタンフォード監獄実験の黒いキャンバスに自分たち自身の台本を書いたわけではない。ジンバルドーこそが、恐怖の脚本を作ったのだ」(2007, p.494)。さらに、実験者の教示が特定の結果をもたらす際に決定的な役割を果たすという考えは、1970年代後半にニューサウスウェールズ大学でシド・ロヴィボンドらによって行われた研究 (Lovibond et al., 1979) によっても支持されている。この研究はめったに引用されることがないが、看守たちがまったく違うやり方で刑務所を運営するように教示される3つの条件が設定された。看守の蛮行が自然あるいは必然的なものだったという示唆に異議を唱えたこの研究では、もし看守たちが「参加型」実践（たとえば、囚人たちに個人として敬意を払う、意思決定に参加させる、など）を勧奨された場合には、結果として生じる制度は節度のある穏和なものになった（これが、この研究があまり衆目を集めなかった理由の1つである）。
　さらに、ジンバルドーはスタンフォード監獄実験で囚人に与えられたさまざまな虐待を思いついたのは看守であるとしているが、彼らは単に、実験者から提供された小道具や手続き（たとえば、チェーンや頭からかぶせる袋、裸になることを強制するなど）を利用しただけのように思える。いくつかのケースでは、看守は明らかに、これらの道具を使うように教示されてもいた。しかし、そう教示されていなかったとしても、ジンバルドーとジャッフェが刑務所の長官と所長という役割にあったのに囚人の虐待を止めるような介入をしなかったという事実は、参加者に彼らのしていることは「適切」だという、何らかの感触を伝えていたはずである。このようにして看守の行動は、スタンフォード監獄実験に埋め込まれていたさまざまな手がかりや要求への反応であったと理解しうる（Banuazizi & Movahedi, 1975 参照）。実際、この研究でジンバルドーのチーフアドバイザーだったカルロ・プレスコット元受刑者は、2005年に『スタン

フォード・デイリー』紙に寄せた書簡で、この懸念をより強く表明している。

　私の観察にもとづく意見では、ジンバルドーはあらかじめ「衝撃的な結論」を思い描いて、それを「証明する」ために実験を計画したのではないかと思います。…いったいどうしてジンバルドーは…「看守たち」の行動に恐怖を感じられるでしょう。彼らは単に、ジンバルドーと私自身も含んで関係者が彼らにするように促し、基本的な行動原則としてずばり確立していたことを、したにすぎないのです。（Prescott, 2005, p.8）

　最近になって登場したスタンフォード監獄実験に対する3つ目の異論は、この研究の参加者がごく普通の大学生だったというジンバルドーの主張に焦点を当てている。この点を指摘したのは、ウェスタンケンタッキー大学のトーマス・カーナハンとサム・マクファーランド（Carnahan & McFarland, 2007）である。彼らは、こうした研究に自発的に参加する人びとには、個人のタイプとして通常ではないところがあるのではないかと考え、それを査定しようと試みた。彼らは地域紙に2つの広告を載せた。1つはスタンフォード監獄実験で用いられた広告とまったく同じ言葉遣いのもので、「刑務所生活に関する心理学研究のために大学生が必要です」と書かれていた。もう1つは、言葉遣いはまったく同じだが「刑務所生活に関する」という文言を除いたものであった。カーナハンとマクファーランドは2組の参加者の性格プロフィールを比較し、両者が非常に異なることを見出した。特に、「刑務所生活」の文言ありの広告を見て応募した参加者の回答は（単に「研究」とした広告に応募した参加者よりも）権威主義的で、マキャベリアン的傾向［目的のために手段を選ばない傾向］が強く、また自己愛傾向と社会的支配傾向も高かった。一方で、共感性と利他性は低かった。

　カーナハンとマクファーランドは、これらの知見にもとづいてスタンフォード監獄実験に参加した学生たちに関する推論を行うことは困難であると認めている。なんと言っても、囚人たちと看守たちの行動の違いを説明することができないし、スタンフォード監獄実験の参加者たちの権威主義性は通常レベルであったという知見（Haney & Zimbardo, 2009）とも一致していない。それでも、カーナハンとマクファーランドの知見は、次の2つの可能性を提起している。1つは、スタンフォード監獄実験のような研究に参加したいと考える人びとは、巷間言われるようなまったくの「普通の人びと」というわけではない可能性である。もう1つは、一般に刑務所のようなところでは、一定タイプの人びと

が「特定の状況」に自らをおくことを選択したがる可能性である。さらに、こうした示唆は、(a) 極端な暴政行動をしたのは看守のうち 1/3 にすぎなかった（偶然にもナチスドイツの第 101 警察予備大隊における残虐な隊員の比率と一致している。Browning, 1992）というジンバルドー自身の研究による証拠と、(b) 虐待は、個人と彼らのおかれた環境との**相互作用**の産物であり、これらのうちいずれかの要素が単独で生み出したものではないという考え、の両方に当てはまる。

スタンフォード監獄実験を拡張する
——社会的アイデンティティとリーダーシップの役割

　ジンバルドーの状況主義的説明に対するこれらの異議は、われわれが最近実施した『BBC 監獄研究（The BBC Prison Study：BPS）』によって多くの点で具体的に検討された（Reicher & Haslam, 2006; Haslam & Reicher, 2005, 2009 も参照）。スタンフォード監獄実験に端を発するこの問題を再考するために、基本的なパラダイムはジンバルドーの研究と同じものを用いて、看守か囚人いずれかの役割にランダムに割り当てられた 15 名の男性の行動を、特別に作られた刑務所に似た環境で 2 週間にわたって観察することを試みた。

　重要なのは、BBC 監獄研究とスタンフォード監獄実験には、大きな相違点が 2 つあったことである。まず、われわれは、ジンバルドーと違って、刑務所内では何の役割も果たさなかった。そうすることによって、参加者たちの集団力学を直接に管理することなく研究することができた。また、研究には**社会的アイデンティティ理論**（social identity theory：SIT）を基盤として考案した、さまざまな操作が含まれていた。この理論は 1970 年代にブリストル大学のヘンリー・タジフェルとジョン・ターナーによって開発されたもので、特に、人は集団のメンバーシップと関連する役割を自動的に果たすわけではなく、当該集団と**同一視**するようになって初めてそうすることを示唆している（Tajfel & Turner, 1979; 9 章と 10 章参照）。このことは、役割とはそれが個人の自己感覚の表出（すなわち「われわれ」という社会的アイデンティティ）だと見なされたときにのみ受容されることを示唆している。その上、この理論は低地位集団（たとえば囚人）メンバーが社会的アイデンティティの共有感覚を持つようになると、ただ圧迫に屈服するのではなく、集団でそれに抵抗する基盤となることを示唆している（Haslam & Reicher, 2012 参照）。

　社会的アイデンティティ理論にもとづく分析を用いて、スタンフォード監獄

実験の鍵となるいくつもの出来事を再解釈することができる。まず一例として、この理論から、ジンバルドーによる看守らに対する説明（「われわれは彼らの個性を奪っていきます…」）によって暴政者的な社会的アイデンティティを持つよう積極的に促されたために、看守のみが自らの役割と同一視し、その役割を粗暴なものとして定義するようになったと考えることができる。同じく、囚人たちだけが、看守たちと実験者たちの行為によって自らの社会的アイデンティティを組織的に打ち砕かれたために（その後）受動的になったということも示唆する。社会的アイデンティティ理論は、看守たちの攻撃と囚人たちの服従が、それらの役割の「ごく自然な」表現だというよりも、むしろ、スタンフォード監獄実験の中でジンバルドーのリーダーシップが創り上げた**特殊な**構造に対する特定的な反応の所産だと見なす基盤を与えてくれる。

　BBC監獄実験で得られたいくつかの重要な知見は、この結論をさらに支持している。第一に、この研究では看守たちが盲目的に役割に服従したという証拠は得られなかった。実験者がリーダーシップをとらなかったことで、看守たちは彼らの役割をどう解釈するかで意見が一致せず、結果として、彼らは共有のアイデンティティ感覚を持つに至らなかった。このことは、彼らが刑務所を暴政的なやり方で運営することができなかったというだけでなく、運営することそのものがまったく困難であったことを意味している。第二に、囚人たちが、彼らがおかれた状況に圧倒されて、役割による要求に無批判に服従したという証拠も得られなかった。実際はその逆で（社会的アイデンティティ理論による予測どおりである）、彼らの共有されたアイデンティティ感覚が次第に高まると、彼らは看守に対する抵抗を強めていった。この抵抗は、ある囚人グループが決起して看守たちの支配を終わらせた研究6日目に最高潮に達した。この決起により、囚人と看守がいがみ合うのではなく、一致協力して刑務所を運営する、新しい「コミューン（共同体）」ができた。

　しかし、いくつかの理由で、研究7日目にコミューンの運営は困難に陥った。興味深いことに、暴政が頭を**もたげはじめた**。具体的には、元囚人と元看守から成るあるグループが、看守と囚人の分断を元通りにし、彼らが「新しい看守」になるというクーデターを企てたのだった。彼らは黒いベレー帽と黒いサングラスをこの新しい独裁システムのシンボルとすることを要求し、力をもって囚人たちを「規則に従わせる」方法について語った。スタンフォードと同様、実験者が8日目に研究を打ち切ったために、この新しい支配が実現することはなかった。

　BBC監獄実験（BPS）で得られた結果は、表面的にはスタンフォード監獄実

験のそれと似ているが、こうした結果に至った経緯は、ジンバルドーが提起したものとはかなり異なる観点から暴政を分析しうることを示唆している。第一に、BBC 監獄実験の参加者たちが暴政に関与するようになった際、彼らは実験者の割り当てた役割を演じたのではなく、それを**拒否**して新しい役割を採用した。暴政グループが彼らの掲げた目標を推進しようと試みたのは、彼らが自らのグループとそのミッションに高度に同一化したことによる**積極的な選択**であった。この点に関連して、こうした暴政的な解決に対する参加者たちの熱心さの度合いには**温度差**があり、もっとも熱狂的だったのは、実験開始時点でもっとも権威主義だった参加者たちであった。スタンフォード監獄実験、およびナチスドイツの第 101 警察予備大隊で得られたデータと同様に、暴政の発展には個人差も関連していると考えられる。しかしながら重要なことは、BBC 監獄実験で個々人が出来事に安定的な影響を及ぼしたわけではないことは明白だという点である。それは一部で、集団力学の出現によって個人心理が変容し、それに**意味が与えられた**ことによる。何よりもこのことは、権威主義的な参加者たちが、共有されたアイデンティティ感覚によって刺激され、先鋭化され、より穏健な個人をも彼らの主張に引きずり込んで、彼らの野望を表明し、推進する位置にいたにすぎない、ということを意味している。

　これらすべては、暴政は特性と状況のいずれか単独でも、両者の機械的な相互作用によってであっても、生じないことを示唆している。そうではなく、(部分的には以前の集団経験の結果として) 暴政に傾斜した個人が、共有された社会的アイデンティティを代表するようになり、またそれにもとづく**リーダーシップ**を発揮できるときに限って、他者 (そしてその結果として出来事) に影響を及ぼすようになる、**力動的な相互作用**から生じるのである (Haslam & Reicher, 2007)。BBC 監獄実験で特定のリーダーを暴政に近づけたのはこうしたプロセスであり、また、ジンバルドーと彼の実験の看守たちのうち何人かがスタンフォード監獄実験で暴政を作り上げたのも、同じプロセスである。そして、スタンフォード監獄実験が、何がリーダーを、ジンバルドーが彼らに説明したようなやり方での暴政を推進するよう促したのかという疑問に答えていない一方で、BBS 監獄実験の強みは、集団とそのリーダーたちにこうした道を辿らせた社会的、歴史的な力学への、いくつかの洞察を与えたところにある。

結 論

　スタンフォード監獄実験は、まさしく社会心理学における古典として認められている。その理由は基本的に、正常できちんとした文明的な人物だと見なしてよさそうな人びとも、異常で不当で野蛮な行為を犯す可能性を持っていることの強力な証拠を示したからである。定説とされる知識の根本からの再考を要求する際に単一事例が持つ力を重く見る反証主義者の伝統からすると、スタンフォード監獄実験は、暴政はそれを強く志向する人びとによってのみ犯される、あるいは、粗暴な振る舞いは野蛮人のみにおいて見られる、という議論に対抗する切り札であり続ける。特性主義的な議論が残忍な行為を解釈するのに用いられていたのは1970年代だが、今でもなお好まれているし、まだしばらく先まで、人びとに訴える力を持ち続けるだろう。こうした理由から、スタンフォード監獄実験の核心的なメッセージは、さらに何年にもわたって魅力も妥当性も失うことはないだろう。

　スタンフォード監獄実験は特性主義に対する疑問符に強力な根拠を与えたが、実施されてから40年以上が経過した事例でもある。その間、研究者たちはジンバルドーの強硬な状況主義に対して大いに反論を展開してきた。第一に、詳細な分析によって、スタンフォード監獄実験で観察された暴政は、ジンバルドー自身が見落としたり軽視したりした方法論的な特徴と関連づけて解釈可能であることが指摘されている。第二に、スタンフォード監獄実験のパラダイムを再検討した諸研究は、人びとを特定の文脈に引き入れ、それによって彼らを特定の集団活動の実行へと仕向ける際に、特性が一定の役割を果たしていることを示唆するデータを得てきた。第三に、多くの証拠が、実験にせよ世界一般にせよ、暴政の説明を試みるにあたって、それが人びとの特性の産物なのか**あるいは**彼らがおかれた状況の産物なのかという問いを超えて、その2つの要素がどのように結びついているのかを理解する必要があることを示唆している。しかもどの証拠も、それが特定の人びとが特定の場におかれたら暴政が発生するのか、といった単純な問題ではないことを示している。暴政（そしてそれへの反抗）をもたらす個人と文脈の相互作用は、一方では集団の文脈が個人を変え、しかし他方では、集団を代表し、統率し、動員する個人の能力を通して、個人が文脈を変えるという**力動的**なものであるように見える。

　スタンフォード監獄実験の大いなる強みは、こうしたさまざまな問題を深く

熟慮することへとわれわれを大胆に誘い込み、それによって――暴政を引き起こすものばかりではなく、それに対する抵抗を引き起こすものについても――幅広い重要な社会的過程に関する理解を前進させたところにある。しかし多くの点で、このことはこの研究の大きな弱みともなった。研究者たちがジンバルドーの方法を追試しようとしなかったのは、何も倫理的な問題があったからばかりではない。スタンフォード監獄実験のあまりの名声が、ジンバルドーによる過度に単純化した物語を超えてこの実験に迫ろうとする研究者の意欲をしばしば削いだのである。しかしそれに挑戦するとき、まだまだ確かめるべきことが多くあるだけでなく、説明すべきこともたくさん残されていることが明らかとなる。

■さらに学びたい人のために

Haney, C., Banks, C. & Zimbardo, P. (1973). A study of prisoners and guards in a simulated prison. *Naval Research Reviews*, September: 1-17. Washington, DC: Office of Naval Research.	スタンフォード監獄実験の簡潔な説明。
Zimbardo, P. (2007). *The lucifer effect: How good people turn evil*. London: Random House.［ジンバルドー／鬼澤忍・中山宥（訳）(2015)『ルシファー・エフェクト』海と月社.］	551ページに及ぶこの大著でジンバルドーが詳細な説明をするまで、34年間待たねばならなかったが、この本は世界的なベストセラーとなり、世界中に宣伝される土台となった。それは主として、本書がスタンフォード監獄実験を詳細かつ非常に読みやすく解説するとともに、アブグレイブ刑務所における残虐行為の分析と結びつけたからである。人びとは、アイヴァン・フレデリックの裁判における弁護側鑑定人としてのジンバルドーの役割に引きつけられた。
Graveline, C. & Clemens, M. (2010). *The secrets of Abu Ghraib revealed: American soldiers on trial*. Dulles, VA: Potomac Books.	グレイブリンとクレメンスは上記裁判の陸軍検事であった。本書は、刑務所でなされていたことの憂慮すべき説明と、ジンバルドーの分析の妥当性について彼らが提起した疑問の基礎が述べられている。

Banuazizi, A. & Movahedi, S. (1975). Interpersonal dynamics in a simulated prison: A methodological analysis. *American Psychologist, 30*, 152-160.

Carnahan, T. & McFarland, S. (2007). Revisiting the Stanford Prison Experiment: Could participant self-selection have led to the cruelty?. *Personality and Social Psychology Bulletin, 33*, 603-614.

関連して、この2論文は要求特性と参加者の選択バイアスがスタンフォード監獄実験の知見に影響したであろうことを示唆する証拠を与えている。

Reicher, S. D. & Haslam, S. A. (2006). Rethinking the psychology of tyranny: The BBC Prison Experiment. *British Journal of Social Psychology, 45*, 1-40.

2002年のBBC監獄実験からの知見を詳細に説明しつつ、他の幅広い根拠からジンバルドーの研究に反論した論文。

[訳者補遺]

「BBC監獄実験 日本語字幕版DVD The Experiment」(全4巻、丸善出版事業部映像メディア部、2008)。本章著者たちが行った監獄実験の「追試」について、BBCが記録した監獄実験のドキュメンタリー。

日本社会心理学会広報委員会「NHK『フランケンシュタインの誘惑──人が悪魔に変わる時 史上最悪の心理学実験』関連情報」。2016年にNHK BSプレミアムで放送された「フランケンシュタインの誘惑──人が悪魔に変わる時 史上最悪の心理学実験」(2016.7.28)に関連する情報をまとめたページ。
https://www.socialpsychology.jp/pr/jssppr/topics/nhk_stanfordprisonexp/

ジンバルドー氏のTEDトーク動画「普通の人がどうやって怪物や英雄に変貌するか」(2008年2月収録、設定で日本語字幕を付けられる)
https://www.ted.com/talks/philip_zimbardo_the_psychology_of_evil?

ジンバルドー氏のWebサイト「The Stanford prison experiment: A simulation study on the psychology of imprisonment」 https://www.prisonexp.org/

スタンフォード大学によるデジタルアーカイブ(実際の実験時の音声、写真、映像など)「Stanford Prison Experiment」 https://exhibits.stanford.edu/spe

スタンフォード監獄実験を実施し、生涯にわたりこの実験に関わる情報提供・主張・議論を精力的に行ったジンバルドー氏は、2024年10月14日に死去した。

■引用文献

Banuazizi, A. & Movahedi, S. (1975). Interpersonal dynamics in a simulated prison: A methodological analysis. *American Psychologist, 30*, 152-160.

Banyard, P. (2007). Tyranny and the tyrant. *The Psychologist, 20*, 494-495.

Browning, C. (1992). *Ordinary men: Reserve police battalion 101 and the final solution in Poland*. London: Penguin Books.［ブラウニング／谷喬夫（訳）（1997）『普通の人びと――ホロコーストと第101警察予備大隊』筑摩書房］

Carnahan, T. & McFarland, S. (2007). Revisiting the Stanford Prison Experiment: Could participant self-selection have led to the cruelty?. *Personality and Social Psychology Bulletin, 33*, 603-614.

Donnellan, M. B., Fraley, R. C. & Krueger, R. F. (2007). Not so situational. *APS Observer, 20* (6), 5.

Graveline, C. & Clemens, M. (2010). *The secrets of Abu Ghraib revealed: American soldiers on trial*. Dulles, VA: Potomac Books.

Haney, C., Banks, C. & Zimbardo, P. (1973). A study of prisoners and guards in a simulated prison. *Naval Research Reviews*, September, 1-17. Washington, DC: Office of Naval Research.

Haney, C. & Zimbardo, P. G. (2009). Persistent dispositionalism in interactionist clothing: Fundamental attribution error in explaining prison abuse. *Personality and Social Psychology Bulletin, 35*, 807-814.

Haslam, S. A. & Reicher, S. D. (2005). The psychology of tyranny. *Scientific American Mind, 16*, 44-51.

Haslam, S. A. & Reicher, S. D. (2007). Beyond the banality of evil: Three dynamics of an interactionist social psychology of tyranny. *Personality and Social Psychology Bulletin, 33*, 615-622.

Haslam, S. A. & Reicher, S. D. (2009). *The BBC Prison Study website*. Available at: www.bbcprisonstudy.org.

Haslam, S. A. & Reicher, S. D. (2012). When prisoners take over the prison: A social psychology of resistance. *Personality and Social Psychology Review. 16*, 154-179.

Konečni, V. J. (2007). Bad apples and bad barrels: Bad metaphors and blind spots regarding evil?. *APS Observer, 20* (5), 9-10.

Lovibond, S. H., Mithiran, X. & Adams, W. G. (1979). The effects of three experimental prison environments on the behaviour of non-convict volunteer subjects. *Australian Psychologist, 14*, 273-287.

Prescott, C. (2005). *The lie of the Stanford Prison Experiment*. The Stanford Daily, 28 April: 8. Available at: www.stanforddaily.com/2005/04/28/the-lie-of-the-standfordprison-experiment/.

Reicher, S. D. & Haslam, S. A. (2006). Rethinking the psychology of tyranny: The BBC Prison Study. *British Journal of Social Psychology, 45*, 1-40.

Savin, H. B. (1973). Professors and psychological researchers: Conflicting values in conflicting roles. *Cognition, 2*, 147-149.

Tajfel, H. & Turner, J. C. (1979). An integrative theory of intergroup conflict. In W. G. Austin & S. Worchel (Eds.), *The social psychology of intergroup relations* (pp.33-48). Monterey, CA: Brooks/Cole.

Time (1972). A year ago at Attica. *100* (13), 25 Sept: 22.

Zimbardo, P. G. (1971). *The psychological power and pathology of imprisonment*.

Hearings before Subcommittee No.3 of the Committee on the Judiciary House of Representatives Ninety-Second Congress, First sessions on corrections. Part II, Prisons, prison reform, and prisoners' rights: California (Serial No.15, 25 October). Washington, DC: US Government Printing Office.

Zimbardo, P. G. (1973). On the ethics of intervention in human psychological research: With special reference to the Stanford Prison Experiment. *Cognition, 2*, 243-256.

Zimbardo, P. (1989). *Quiet Rage* [video]. Stanford, CA: Stanford University.

Zimbardo, P. G. (2004). A situationist perspective on the psychology of evil: Understanding how good people are transformed into perpetrators. In A. Miller (Ed.), *The social psychology of good and evil* (pp.21-50). New York: Guilford.

Zimbardo, P. (2007). *The Lucifer effect: How good people turn evil*. London: Random House.［ジンバルドー／鬼澤忍ほか（訳）（2015）『ルシファー・エフェクト――ふつうの人が悪魔に変わるとき』海と月社］

9 集団間関係と葛藤
シェリフのサマーキャンプ実験・再入門

マイケル・J・プラトウ、ジョン・A・ハンター

背　景

　1949年から1954年まで、トルコ生まれの社会心理学者ムザファー・シェリフらは、米国各所で行われているサマーキャンプに参加した男子生徒を対象に、3つのフィールド実験を実施した。この研究は後に、まとめて「サマーキャンプ実験」[訳注]として知られるようになった。おそらく社会心理学領域でもっとも有名で、影響力のあったフィールド研究である。

　この研究は、第二次世界大戦終結と冷戦開始とのちょうど狭間に実施された。このタイミングによって、サマーキャンプ実験はナチスドイツの集団間の残虐行為の理由を探る一群の心理学研究の中にうまく位置づけられるものとなった。それらの残虐行為は、ファシズムの隆盛を目撃し、ナチスを批判したためにトルコで投獄され、ギリシャ兵によって殺されるところをあやうく逃れたシェリフ自身の経験と重なって、シェリフの思考の中で大きな存在となった。さらに、サマーキャンプ研究が行われた時代は、植民地の独立が進み、植民地化された人びととの民族主義的心情が高まっていた時代であった。これらもまた、シェリフの思考を形作ったダイナミックな集団間関係を表していた。さらには、第3研究が（シェリフが生活し、働いていた）米国における市民権運動が起こる直前に実施されたという事実も、人種関係が政治と社会運動の焦点となりつつあったことを意味している。

〔訳注〕原文では the Boys' Camp studies で、直訳すると「少年キャンプ実験」となる。しかし、日本では「サマーキャンプ実験」として名が通っているので、そのように訳した。

これらすべての展開がシェリフの関心事であった。しかし、彼が社会心理学者としてそれらを理解しようとしたとき、多くのモデルが集団間関係を生物学的過程や、個人過程（たとえば、パーソナリティや個人の欲求不満）や純粋に集団**内**過程として説明していることに、彼は気づいた。シェリフは、他の偉大な科学者（たとえばアルバート・アインシュタイン）を手本として、問われているリサーチクエスチョンと同じ水準で諸過程を扱える理論的概念を開発しなければならないことを理解した。それゆえ、集団間の現象（すなわち、集団のお互いに対する振る舞いかた）を理解するためには、集団間アプローチをとることが決定的に重要であると彼は信じた。確かに、**心理学者**として、彼は、個人の「社会世界の知覚」を、個人の「社会世界の学習」とその査定・評価とともに分析の鍵となる焦点として見ている（Sherif & Sherif, 1969, p.8）。しかしながら、シェリフ（そして共同研究者であり、配偶者である、キャロライン）の考えの中では、個人は周囲の世界から孤立していると考えるべきではなく、周囲と相互依存するものとして考えるべきであった。それゆえ、個人は「単なる社会文化的影響の受け手ではなく … 社会的影響の反応における能動的な参加者」であった（Sherif & Sherif, 1969, p.9）。「対人関係はより大きな組織的文脈の中で生じるので、他者を個別に分離した社会的刺激と見なすのは非常に困難である」（Sherif & Sherif, 1969, p.15）。個人の行動は、個人の心を通じてのみ可能となる一方で、社会的文脈から切り離して個人の心を個別に分析しても、理解することは**できない**。彼は、人間は単独で生きておらず、「宗教、政治、信条などと同一視し、それらに関与しており」（Sherif & Sherif, 1969, p.xiii）、社会組織を作り上げ、それが今度は人を「作り変える」のである（1969, p.19）。

　この、個人と文脈との間の循環的相互作用こそが、シェリフによる理論的考察の核心にある。彼にとって、集団間行動の進展とパターンは、**通常**の社会心理学的機能を表しているのであって、「不合理」でもなければ（Sherif & Sherif, 1969, p.269）、「**逸脱行動の問題**」でもないのである（Sherif et al., 1961, p.198）。

　しかしながら、実際においては、シェリフがあたかも集団間関係に対して非常に一面的なアプローチをとっているように見えることがある。後述するように、彼とその共同研究者はサマーキャンプ実験で、生物学的概念やパーソナリティに関わる構成概念が彼らの知見を説明しえないことを示そうと、あらゆる努力を払った。その結果、これらの研究は、究極的に社会的文脈の強さを示す証拠となり、おそらく彼の業績のもっとも重要な遺産となった。これを達成するため、彼は、集団内、集団間両方の態度と行動を形成する社会的文脈の力を示そうと精力的に研究した。しかし、彼の目標は、他の潜在的要因を完全に排

除することではなかった。なぜなら、

> （リーダーシップ、国民性、個人の欲求不満といった）単一要因を集団間葛藤や調和の至上の決定因として仮定する集団間関係の理論は、良くて、一部の選ばれた事例を説明するのみである。(Sherif et al., 1961, p.199)

そこで結局、シェリフは小集団相互作用にもとづく集団間関係のモデルを自覚的に採用した（Sherif, 1951）。しかしシェリフは同時に、実験室から外に出て徹底的なフィールド実験を行うことにし、ついには彼の画期的な業績以前、以後のほぼすべての社会心理学実験の視野を大幅に拡張する、仮説検証と推論を実現したのである。実際、ハーバードを中心に活躍した心理学者ロジャー・ブラウンは、3つのサマーキャンプ研究の中でもっとも著名な第3研究（研究が実施されたオクラホマの公園から名付けられた、泥棒洞窟（Robbers Cave）研究）を「集団間葛藤に関して実施されたフィールド実験でもっとも成功したもの」と述べている。そして、1988年10月に心筋梗塞でシェリフが亡くなった後、彼の死亡記事で『ニューヨークタイムズ』紙が掲載したのもこの引用であった。

サマーキャンプ実験

対象とデザイン

サマーキャンプ実験の主な目的は、偏見や差別といった集団間態度と行動が集団間関係の特徴にどのように影響されるかを、実験的に検証することであった。すべての研究者がそうであるように、シェリフらが直面した最初の問題は、彼らの集団や集団間関係についての広い概念を実験上の特定の活動へと翻訳することであった。シェリフは、「集団の最低限の本質的特性」を明確に定義する試みから、実証作業を開始した（Sherif et al., 1955, p.371）。集団が「特性」を持つという主張そのものが、集団が具体的な現実性を有するというシェリフの信念を明らかにしている点に注意してほしい。もちろん、彼は、集団メンバーによる、たとえば集団規範の心理学的内在化の重要性、集団メンバーが集団に関与するときの「同一視と自己概念」の重要性を自覚していた（Sherif et al., 1961, p.8）。しかし、シェリフの研究の中で、集団は心理学的表象以上のものであった。それは、

ある時点で、多少とも明確な相互依存的地位と役割関係を互いに果たす多くの個人からなる社会的単位であり、少なくとも集団に影響し、行動を制御しうる一連の価値と規範を明示的もしくは暗黙に有する。(Sherif et al., 1955, p.372)

　しかし、シェリフらはまた、概念をもう1つ明確にする必要があった。集団間関係である。彼らにとって、集団間関係は「2つ以上の集団間 … そして各メンバー間の機能的関係」として概念化された（Sherif & Sherif, 1969, p.223)。再び、ここに埋め込まれているのは、これらの関係が実際の具体的な相互作用を必要とする、という基本的な前提である。さらには、これらの関係は、集団の個々のメンバー間と、実体としての集団間の**両方**で生じる。そこでこれらの関係を研究するため、シェリフは、実際に相互作用が含まれる方法を採用する必要があった。1つは、少なくとも2つの各集団**内**の個人間相互作用、それから、これらの集団の**間**の相互作用である。

　サマーキャンプ実験でこれらの目標を達成するために、シェリフらは、(1) **内集団形成**、(2) **集団間葛藤**、(3) **集団間葛藤低減**の3つの実験段階からなる方法を考案した。各段階はおよそ1週間続いた。表9.1からわかるように、各研究はこれらの段階をわずかに改変したものからなり、実験2は第3段階を含んでいなかった。各研究で、参加者は実験手続きについて何も知らない少年たちであり、実のところ、自分たちが実験に参加しているという事実すらも知らなかった。代わりに彼らは普通のサマーキャンプに参加していると信じていた（彼らの親はもちろん、研究者の目的について承知していた）。

実験参加者

　参加者を選定するにあたって、シェリフらは積極的に「社会文化的、個人的背景に関して対象者の均質性」を保つようにした（Sherif et al., 1961, p.59)。全員が白人の（すなわち、ヨーロッパ系の）12歳前後の少年で、プロテスタント系であり、標準的な心身の発達をしていた。学校での記録を確認し、保護者との面談や、心理テスト（たとえば、知能やパーソナリティ）を実施した。その目的は、可能な限り、研究知見を汚染しかねない心理的、家庭的、社会文化的（たとえば、差別経験など）属性を**極力持たない**参加者サンプルを得ることであった。端的に言えば、これらの少年は十分に普通であった。そしてこれは、もし彼らが最終的に互いに暴力的に振る舞うようなったならば、それを彼らの特徴

表9.1 サマーキャンプ研究の3つの段階の概要（Sherif & Sherif, 1969にもとづく）

	実　験		
実施年	1949	1953	1954
引　用	Sheriff, 1951	Sherif et al., 1955	Sherif et al., 1961
集　団	「ブルドッグス」と「赤い悪魔」	「パンサー」と「パイソン」	「イーグルス」と「ラトラーズ」
場　所	コネティカット	ニューヨーク「北部」	オクラホマ、泥棒洞窟
第一段階：内集団形成			
自発的対人選択	○	○	
特定基準に基づく2つの適合セットへの恣意的分割	○	○	○
第二段階：集団間葛藤			
勝敗のある競争	○	○	○
内集団の計画的な欲求不満	○	○	
第三段階：葛藤低減			
共通の敵、個人活動、大人の介入	○		
相互依存なしの接触	○		○
上位目標の提供			○

や背景の固有な欠陥によるとすることができないことを意味していた。

方法と結果

第1段階——内集団形成

　3つの研究すべてで、第1段階は、その後のあらゆる集団間相互作用に先立つ内集団の形成であった。実験1、実験2の最初の2日間で、すべての少年は自発的な友情形成の機会を与えられた。しかしながら、この期間の後に、実験者たちは体系的に少年たちを2つの異なるカテゴリーに振り分けた。これらは少年たちが最初に形成した友情を分断するものであり、今や友人たちは隔てられてしまった。これによって研究者たちは、既存の絆なしに集団過程が発現するさまを観察することができた。実験3は、あらかじめ少年たちを2つに分けたうえで、調査が行われるキャンプサイトにつれてきて、第1段階から別々にした。

第1段階の残り期間に、シェリフらはこれらのカテゴリーを最終的に社会集団に変化させる操作を行った。少年たちは、相互依存的な相互作用を必要とし、目標を共有する一連の活動を行った。サマーキャンプであるという建前を保つために、これらの活動には、(集団への報酬がある) 宝探しや、ダムや小屋をみんなで作るなどが含まれていた (Sherif et al., 1955)。ときには少年たちは単純にハイキングに行ったり、泳いだり、カヌーをしたりした。実験者はこれらの集団形成の中で、競争をできるだけ制限するようにした。競争的ゲーム (たとえば野球) は、明白な集団間競争が導入される第2段階まで差し控えられた。

　第1段階が進むにつれて、シェリフが前もって同定していた集団の本質的特性が現れてきた。少年たちはリーダーとフォロワーの役割に分かれ、行動規範が現れてきた。たとえば、少年たちはテントを張るときや食事を作るときに異なる役割をとりはじめた (図9.1参照)。何人かの少年はリーダー的役割をとり、このリーダーシップは最終的に他の少年たちや実験者自身の両方に認められることとなった。加えて、非常に強い規範が形成され、各集団内の行動を導いていった。これには、弱音をはかずに頑張ることを奨励し、ホームシックを表明するのを抑制する規範も含まれていた (Sherif et al., 1961)。これらの規範に背いた少年は、さまざまな方法で罰せられた。たとえば、「無視」されたり、川の泳ぎ場所から石を取り除く作業をしなければならなかったりした (Sherif & Sherif, 1969)。

第2段階──集団間葛藤

　2つの異なる集団が形成されてから、次にシェリフは、ネガティブな集団間態度と行動の出現を研究したいと考えた。この研究の集団**内**段階で公平に振る舞った集団は、この行動形態を集団間段階でもとるだろうか。あるいは、集団間態度や行動が、偏見や差別のように、特定の具体的な集団間関係によって形作られるだろうか。そしてもしそうなら、これらの関係の性質はどのようなものだろうか。

　最初に、1954年の研究で、少年たちは最初、他の集団の存在を知らなかったことを思い出してほしい。これは非常に重要な点である。シェリフは、機能する具体的な集団間関係がネガティブな (そして、最終的にはポジティブな) 集団間態度と行動の原因であると信じていたが、彼らはネガティブな態度が、実際の集団間接触をする**前**から表れることを見出した。たとえば、近くに他の集団がいることを発見して、ある少年が「俺たちの泳ぎ場に入ってこない方がいいぜ」と叫んだ (Sherif et al., 1961, p.94)。他の少年はこの集団を「ニガーの

図9.1　少年たちはキャンプ設営と食事の準備活動で協働する（Sherif et al., 1961より）

キャンパー」と呼んだ（1961, p.95）。このように、少年たちは、「何が自分たちで、彼らではないのか」という、ある種のネガティブな相互依存関係を競争前からすでに知覚していた。そしてこれに関連して、非常に偏見に満ちた態度を表出してもいた。

　2つの集団がついに引き合わされたとき、シェリフは、**価値ある資源が限られていることに対する集団間競争**の役割を検証するという、特定の目的を持っていた。この種の集団間競争は、集団間敵意と、ネガティブな集団間ステレオタイプ、集団**内**結束の強化をもたらすと彼は予測した。この仮説を検証するため、少年たちは、野球、綱引き、テント張り競争、だし物競争など、一連の典型的なサマーキャンプ活動からなるトーナメントで数日間競争した。これらすべての競争において、第1段階で形成された最初の集団が継続された。さらに、実験者は、主観的に評価される競争（たとえば、だし物競争）を意図的に選び、判定者（すなわち、実験者自身）が全体的な勝敗パターンをコントロールできるようにした。重要なことに、この競争は、次第に少年たちにとって強く自我関与するものとなり、シェリフ（1951, p.416. 強調は原文）は「**集団の努力と目標**が各メンバー個人にとって極度に**個人的なものに**なった」と述べている。

　シェリフの予測は実証された。競争が進むにつれて、次第にネガティブな集団間態度が表出されるようになった。この敵意は互いを蔑み、ヤジ（たとえば、「お前らイーグルスじゃない、ハトだな、ハト。」Sherif et al., 1961, p.102; 図 9.2 参照）を飛ばしあうことから始まった。時が経つにつれ、これらの対立的な言葉は対立的な行動にエスカレートしていった。たとえば一方が負けると、負けた集団のある少年は、次に会ったときには勝った集団のメンバーの誰とでもケンカしてやると誓った。彼らの侮辱的態度はだんだんエスカレートして、あると

9　集団間関係と葛藤

き、負けた集団が勝った集団の旗を見つけるとその旗を実際に燃やしてしまった。そしてある昼食のとき、敵意は最高潮に達し、部屋の間で互いに叫びあった後、少年たちは相手方の集団にカップやナイフを投げつけはじめ、ついには互いの小屋を襲撃しあうまでに至った。

しかし、シェリフらの関心は、これらの集団間偏見と敵意の自発的表出に止まらなかった。彼らは、少年たちの集団間態度について系統だった測定をしたいと考えた。この目的のため、彼らは、両グループの少年たちに、一連のポジティブな特性(「勇敢」「タフ」「友好的」)とネガティブな特性(「卑怯」「生意気」「鼻持ちならない」)について、自分たちの集団ともう一方の集団のメンバーを評定するよう求めた。表9.2に示すように、ネガティブな集団間態度は、競争がヒートアップする中で作られた言動によって表出されただけでなく、より冷静な省察による評定でも表出された。

最終的に、集団間競争は集団内関係の変化ももたらした。先に言及したとおり、第1段階において特定の役割構造が各集団内で形成されており、一部の少年はリーダー的役割をとり、他はフォロワー的役割を占めた。しかしながら、

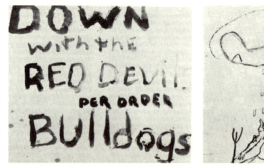

図9.2 泥棒洞窟研究の集団間競争がもたらしたネガティブ集団間態度の表現(Sherif et al., 1961 より)

表9.2 泥棒洞窟研究の第2段階終了時の内集団と外集団の好意度評定(Sherif et al., 1961 をもとに作成)

	評定対象の集団	
	ラトラーズ	イーグルス
評定した集団		
ラトラーズ	4.86	2.76
イーグルス	2.08	4.70

第2段階で社会的文脈が大きく変化した後、役割構造の変化ももたらされたのであった。たとえば、集団形成時には相対的に地位の低いいじめっ子だったある少年が、集団間競争段階ではリーダーの地位に上昇した (Sherif & Sherif, 1969)。同様に、第1段階のリーダーは、外集団との競争に消極的な態度を示したことで、第2段階では権力を失うこととなった。このように、シェリフの研究は、うまくリーダーシップをとることが（たとえば、リーダーシップのパーソナリティ理論が主張するような）特定のリーダーシップ特徴を有することによるのではないことを示した。そうではなく、リーダーに求められる資質は、社会的文脈の変化によって劇的に変化するのである。

第3段階――集団間葛藤の低減

1949年のフィールド実験では、2つの集団が一緒になって外部の野球チームと試合することで、集団同士の反目が減少することが観察された。そこで研究者たちは、第三者（「共通の敵」）に対する集団間協働が、**もともとあった2つの敵同士の中に集団間調和をもたらす手段**となることに気づいた。

その後数年をかけて、シェリフらはこの仮説を探求する多くの方法を検討した。しかしながら、彼らが葛藤低減を体系的に検証したのは、1954年の泥棒洞窟研究になってからであった。最初、研究者たちは、**集団間競争がないかたちでの集団間接触**が、集団間の敵意を低減するかどうかを知ろうとした。（食事、映画鑑賞、花火大会を含む）7つの接触機会が2日間にわたり催された。しかし、ポジティブな性質の接触課題が繰り返されたにもかかわらず、このアプローチには効果がなかった。実際、2つの集団の接触は、敵意を低減するのではなく、むしろ単に「明白に敵意を示す行動や、あからさまな悪口の言い合い」(Sherif et al., 1961, p.209) の新たな機会を与えただけであった。

次に、新しい仮説が検証された。2つの集団が共に価値をおく**上位の目標**を達成するために**協働する**ことが必要な状況下では、ネガティブな集団間態度と行動は消失しないまでも低減する、という仮説である。シェリフにとって重要なのは、この目標の達成が「一方の集団のみの努力によってはなしえない」ことであった (Sherif et al., 1961, p.52)。

この仮説を検証するために、一方の集団だけでは到達しえない目標を達成するには2つの集団の少年が協働しなければならない状況をいくつか巧妙に設定した。具体的には、少年たちは、(a) キャンプの水道設備を修理するために、(b) 映画を見るための資金を調達するために、(c) 食料運搬車を丘の上に引き上げるために、(d) キャンプを設営するために、協働しなければならなかった。

後続の4、5日間にわたってこれらの協働課題が実行され、中傷、蔑むような言葉遣い、敵意表出、外集団メンバーの回避が徐々に低減していった。そして、これらの知見は、集団間評定によって再度確証された。しかしながら、これをさらに物語っていたのは、全員が同じバスで帰宅することを知って歓声をあげ、キャンプ最終日にはお互いに寸劇や歌をだしあい、最後のお手玉投げゲームの勝者が賞金を、敗者の飲み物を買うために使ったことであった。

サマーキャンプ実験の影響

　すでに述べたとおり、シェリフのサマーキャンプ実験は、これまで実施された集団と集団間関係に関する社会心理学的調査研究でもっとも影響力のあるものの1つとなった。なかでもシェリフらは、(たとえば、歴史や規範や内的地位関係を伴った)心理学的に意味のある集団を作り、集団内、集団外の関係性の違いが心理と行動に大きな影響を及ぼすことを体系立てて示すことに成功した。そうすることで、彼らは「通常は長期的で複雑な社会歴史的進展に関わる…多くの現象を再現することに成功した」(Tajfel, 1978, p.435)。しかしながら、この中核をなす知的貢献のほかに、サマーキャンプ実験からさらに3つの、より具体的な結論を導くことができる。それらを表9.3にまとめた。

　第一にこの研究は、**集団が具体的な現実性を有し**、それには相互依存や役割地位関係が含まれるが、これらは集団内および集団間の関係性によって動的に変化しうることを示した。これは当たり前に思えるかもしれない。しかし、サマーキャンプ実験におけるシェリフの重要な成功の1つは、(少なくとも科学的実体としては)集団など実は存在せず、唯一の具体的な現実は個人レベルに存在するという主張(たとえば Allport, 1924)に反論したことにあった。実際、サマーキャンプ実験は、概念的レベルで**のみ**存在する集団の社会心理学的変数が、実際に現存することとその重要性を明白に示した。たとえば、あるリーダーが有能かどうかを、そのリーダーが導く集団を参照することなしに理解しようとすることは、概念的に不毛であり、実証的に誤りなのである(Haslam et al., 2011 参照)。

　第二に、サマーキャンプ実験は、**集団がメンバーに対して本質的な心理学的意味と重要性を持つ**ことを示した。シェリフが記しているように、彼の研究の少年たちは、自分たちの集団に強く同一視していた。これらの集団は、心理学的に現実であり、魅力的で、自己を規定するものだった。これは、集団の成功

表9.3 シェリフらのサマーキャンプ実験からの3つの社会心理学的レッスンと、そこからの結論

レッスン1	集団は相互依存と役割と地位関係を含む実体的現実を有する。
レッスン1の帰結	相互依存、そして集団内の役割と地位は集団内および集団間関係の様子で劇的に変わる。
レッスン2	集団は、集団メンバーが集団に同一視し、集団目標を個人目標に当てはめることで、心理的妥当性を有する。
レッスン3	集団間印象（例、ステレオタイプ）、態度（例、偏見）と行動（例、差別、敵意）は、集団間関係の特徴による心理学的に意味のある結果である。
レッスン3の帰結1	限られた資源の集団間競争は否定的な集団間印象、態度、行動を引き起こす。
レッスン3の帰結2	強制的な上位目標の達成に必然的な集団間の持続的協働は、集団間敵意を低減する蓄積的な効果を有する。
レッスン3の帰結3	集団間接触のみでは集団間敵意を低減するのに十分ではない。

が少年たち自身の成功であり、集団の失敗が自分たち自身の失敗であることを意味した。さらに、具体的に集団間関係が生じる前にすら、ある集団の少年たちはネガティブな集団間態度を示し、物理的な対象物や場所に集団を基盤とする意味を与えた。それは**ただ**の泳ぎ場ではなく、**自分たちの**泳ぎ場だったのである。これらの知見は、その後の集団と集団間関係に関する社会心理学的論考に、必然的に大きな影響を及ぼすこととなった（たとえば10章参照）。サマーキャンプ実験が出版される以前は、心理学者はステレオタイプや偏見や差別を、典型的に、生物学的要因や、（脱文脈化された）**個人**の心理学的要因、**集団内**の特質によって説明していた（レビューとして、Sherif & Sherif, 1969 参照）。さらに、このような追求は、これらの研究が出版された後でさえ続いた（たとえば、Hamilton & Gifford, 1976; Sibley & Duckitt, 2008; 11 章参照）。しかし、これらの研究の少年たちは、心的欠点と思われるものにもとづく別の説明を排除するよう、特別に選ばれていたのであった。

第三に、この研究はまた、**集団間の印象、態度、行動**が、(a) **集団間関係の結果である**（原因ではない）と同時に、(b) **集団メンバーにとって心理学的に意味がある**ことを示した。具体的には、この研究では、集団間印象（すなわち、**ステレオタイプ**）は、2つの集団の競争的、協力的関係が変化するのを反映して、その内容も程度も大きく変化させた。しかし、この観察は、社会一般においてネガティブな集団ステレオタイプが保持されていたり表出されたりするこ

とを容認したり、正当化したりするものではない。むしろ、より広範な社会的変化を追求するときに辿るべき、明確な経路を示している。ネガティブなステレオタイプを低減し、ポジティブな集団間態度を促進するためには、それらが生起する現実の集団間の現実の関係を変化させる必要がある。この点で、単に2つの集団メンバーを引き合わせて、「彼らが皆、普通のまともな人間である」ことを見せることで集団間の調和を促進しようとすることは、致命的なほど素朴だと言える。シェリフが、2つの集団の少年を引き合わせ、双方に楽しいが、**協働的ではない**活動をさせることによって集団間の調和を生み出そうとして失敗したことを思い出してほしい。これらは、集団間接触のみでは集団間の敵意を低減するのに十分でないことを示した。

サマーキャンプ実験への批判

　生物学者や批判的な社会心理学者（たとえば, Brannigan, 2006; Grandberg & Sarup, 1992）の両方から突きつけられた、シェリフの研究に対する共通した批判は、シェリフらは研究過程のむしろ後になって、仮説検証を行ったということにあった。すなわち、与えられた問題に取り組んだ後、研究者は問題の性質についての洞察を得て、それを実証的に確証しようとしたのである。結果として、シェリフらは、仮説を（検証するのではなく）**確証する**ように実験を工夫しようとしたと批判されることになった（たとえば, Sherif, 1948, p.357 参照）。認識論的理由から、このようなアプローチは高い外的妥当性を得がちだが、新たな洞察を得るのには向いていない（Cherry, 1995）。にもかかわらず、指摘したように、サマーキャンプ実験は、事実として、当時受け入れられていた常識の多くに反論を加え、今日もその機能を果たしている。

　サマーキャンプ実験はしばしば、その革新性と方法論的厳密さが賞賛される（たとえば, Billig, 1976; Fine, 2004; Pettigrew, 1992）。リアルタイムで展開し蓄積されていく集団間関係の効果を検証するためにさまざまな方略を組み合わせて用いたことは、疑うことなく卓越している。しかし、研究の実行に問題がないわけではない。たとえば、1953 年の研究は、少年たちがキャンプ運営者によって操作されていることに気づいた時点で中止された。そのため、この研究はほとんど忘れ去られている。同様に、泥棒洞窟研究では、イーグルスの年長の2少年がホームシックとなり、帰宅させねばならなかった。これは少なくとも、2つの重要な影響を及ぼした。第一に、少年たちからタフだと思われていたラ

トラーズが、数的にも多数派となった。第二に、実験者は、他のホームシックになったイーグルスのメンバーが「負けた場合には…秩序を壊してしまう危険があるために」トーナメントの結果を操作する必要があると感じた (Sherif et al., 1961, p.100)。シェリフらが認めるように (たとえば，1961, p.128)、これらの実験者によるさまざまな介入は、集団間関係、ひいては研究知見に影響した可能性が十分にある。しかしながら、シェリフが行った理論的分析に、これらのことは含まれていない。

マイケル・ビリグ (Billig, 1976) はまた、各フィールド実験が実際には3つの集団を含んでいたことを指摘している。2つは少年たちの集団であり、1つは実験者の集団である。このことから、研究からの主たるメッセージは、競争と協同がどのように集団間態度と行動に影響するかではなく、むしろ、権力を持つ集団（すなわち、実験者たち）が2つの劣位集団（たとえば，ラトラーズとイーグルス）をどのように操りうるのか、であるかもしれない。実際、相手集団の小屋を襲撃するある集団の少年の写真を見ると、いつも、むしろ奇妙な印象を受ける。少年たちは、キャンプ相談員とされる人物が彼らの襲撃を写真に撮るのをどのように解釈しただろうか。少年たちは写真撮影（そして、後で何の罰もなかったという事実）を、彼らの行動が容認されたというサインとして理解したのではないかと、われわれは疑っている。

理論に関しては、何人かの研究者（たとえば，Brewer & Brown, 1998; Turner, 1975）はまた、シェリフらが現実の具体的な競争にもとづく競争と、より象徴的な競争（たとえば、価値、名声、社会的地位をめぐる競争）との区別に失敗していると主張している。しかし、競争のこの大きな2つのタイプは、さまざまな集団内、集団間行動にまったく異なる結果をもたらすと考えられる（たとえば，Stephan & Stephan, 2000; Tajfel & Turner, 1979）。さらに、両方の種類の競争を検討した最近の研究では、それぞれが集団間差別の理解に**特有**の寄与をすることが明らかにされている (Aberson & Gaffney, 2008)。

サマーキャンプ実験からの知見は、競争が集団間差別の増加につながり、上位目標への協働が集団間差別の低減につながることを明確に示している。にもかかわらず、シェリフらは、(a) 公的に競争が導入される前から内集団ひいきの態度を少年たちが示し (Sherif, 1966, p.80; Sherif & Sherif, 1969, p.239)、(b) 上位目標への協働が内集団ひいきを低減したけれども、完全に消滅させるほどではなかったという逸話的な証拠を多く報告している。これは、シェリフらが直接的に扱えなかった、他の社会心理学的過程が明らかに関与していることを意味している。

社会心理学的過程に関して、（実験室とは違って）フィールドで行ったシェリフの研究の強みは、同時に最大の弱点でもある。フィールド実験ではあまりにも多くの変数が関与しているために（たとえば、相互の欲求不満、内集団でのいじめ、集団間帰属、競争の予期、勝敗の影響）、その状況において観察された効果を導いたものが結局のところ何であったのかを識別することはほとんど不可能なままである（Dion, 1979; Rabbie, 1982; Platow & Hunter, 2001）。

　最後に、この研究プログラムに関して、倫理的批判の可能性がある。実験操作の結果として、少年たちは高い水準の集団間敵意を示し、外集団のメンバーは——「ダメな」内集団メンバーも共に——、言語的、身体的な暴力を受けた。「黄色人種」と呼ばれた者もいれば、身体的な暴力で傷ついた者もおり、実際に攻撃された者もいた。社会的排除やからかいの事例もあった（Sherif, 1967, p.92; Sherif et al., 1961, p.93）。確かに、これらのことは、サマーキャンプで多くの少年たちが経験することの一部かもしれないが、だからといって害が少ないというわけではない。実験者たちがこれらを助長する役割を果たしたことには疑問があるだろう。そしてこれらの経験は、後続の研究（7章、8章参照）に関連するものほど有害ではないにしても、ここでの参加者が子どもであり、成人ではなかったことも認識しておく必要がある。

サマーキャンプ実験を超えて

　上述した各批判は妥当なものである。しかし、サマーキャンプ実験が集団と集団間関係の最終到達点ではなく、むしろその後50年にわたる社会心理学研究の礎であったことを認識することが重要である。第一に、サマーキャンプ実験の知見は他のフィールド、実験状況や、異なる文化、多様な社会カテゴリーにおいて再現されている（たとえば、Brown, 2010; Platow & Hunter, 2001; Sherif & Sherif, 1969）。実際、多くの批判それ自体が、後続研究の基礎となり、その結果社会心理学者は現在、多くの研究で統制されていなかった多くの変数が、実際に集団間関係に影響するしかたについて、多くの知識を得たのである。

　しかし、批判が妥当である一方で、学んだ教訓も妥当であった。実際、シェリフが彼の理論的分析を展開してから、研究者は、集団間差別の始まりと消失の急速な変化や、内集団への愛が外集団蔑視に進展する過程を説明しうるかを明らかにしようとしている（Brewer, 1999; Brown et al., 1986; Struch & Schwartz, 1989）。

社会的アイデンティティ

　もっとも直接的にシェリフらの恩恵を受けた理論的観点は、彼同様、集団間関係への個人的アプローチを避けるという観点であり、特に**社会的アイデンティティ理論**（Tajfel & Turner, 1979）と**自己カテゴリー化理論**である（Turner et al., 1987; 合わせて、**社会的アイデンティティ・アプローチ**と呼ばれる。Haslam, 2004 参照）。シェリフの洞察にもとづき、このアプローチは、集団間関係を含む広範な社会的文脈が集団生活の形成に重要であることを認識し、強調する。このアプローチはまた、特にステレオタイプ化と偏見といった集団行動の基盤として、集団同一視を重要とするシェリフの観察を発展させている（たとえば、Oakes et al., 1994; Tajfel, 1978; Turner, 1982; 10 章 参照）。

　同時に、シェリフの分析と社会的アイデンティティ・アプローチとの間には、根本的な相違があることも事実である。たとえば、シェリフは「集団相互作用とその形成の構造的特徴、集団の産物 … そして集団と個人メンバーとの相互的な機能的関係」の分析に焦点を当てた（Sherif & Cantril, 1947, p.282）。これらの関係性の分析は、しかしながら、集団間行動に関する社会的アイデンティティの分析ではそれほど重要ではない。それは、部分的に、ヘンリー・タジフェル自身の最小条件集団研究が、集団にもとづく行動が集団**内**相互依存や構造や役割の存在なしに生じることを示したためである（10 章参照）。興味深いことに、この行動は、泥棒洞窟研究ですでに見たように、実際に観察された**集団間の競争なしに**、内集団ひいきのかたちをとるのである。この意味で、社会的アイデンティティの理論化（および、それに関わる実証研究）は、シェリフ自身の理論がなしえなかったかたちで、彼の研究の重要性を解明することに資する。その結果、ジョン・ターナーが述べるように、「タジフェルとターナーはシェリフの延長線上にあり、シェリフを社会的アイデンティティの理論家であると感じていた。そして確かに、彼らも原理的にシェリフ主義者であった」(Turner & Reynolds, 2010, p.16)。

共通の内集団アイデンティティ

　このような進展と関連して、シェリフの研究はまた、サミュエル・ガートナーとジョン・ドヴィディオによって進められた偏見低減に対する**共通内集団アイデンティティ・アプローチ**（common ingroup identity approach）（たとえ

ば、Gaertner et al., 1993, 2000) の基盤となった。このアプローチでは、「われわれ」と「奴ら」から「われわれすべて」への認知的再カテゴリー化が、偏見低減の基盤であると主張する。これは実際、シェリフが彼の研究の第3段階で上位目標への集団間協働の文脈で生じたと信じた過程そのものである (たとえば、Sherif, 1951, p.421 参照)。

しかしながら、再び、シェリフの分析と共通内集団アイデンティティ・モデルとの間には決定的な違いがある。たとえば、上位目標への協働の成功だけでなく、むしろさまざまな要因がこの認知的再カテゴリー化を生むと仮定されている。共通内集団アイデンティティ・モデルはまた、認知的再カテゴリー化過程が少数派メンバー、多数派メンバーで異なることを認めている (たとえば、Dovidio et al., 2007)。これは、シェリフらが考慮しなかった要因である。

リーダーシップ

シェリフのサマーキャンプ実験はまた、**リーダーシップ**に関する近年の研究に示唆を与えた (たとえば、Platow et al., 2003; Haslam et al., 2010 も参照)。特に、サマーキャンプ実験の第2段階で観察されたリーダーの地位変化は、公平性も、権力を通じて他者を統制する試みも、あらゆる状況下でのリーダーシップの成功を保証しないことを示している。そうではなく、リーダーシップは内集団の関心を実現するリーダーに付随するのであり、集団の関心は文脈とともに変わるのである。さらに、この側面に関しても、シェリフはまた、「リーダーシップはリーダー単独の資質ではなく、むしろリーダーとフォロワーとの**関係性による**」(Haslam et al., 2011) とする自己カテゴリー化理論家の主張を先取りしていた。これは、リーダーシップの自己カテゴリー化による分析がサマーキャンプ研究を超えて発展していないということではない。実際に発展している。しかし、再び、シェリフはこれらの発展の重要な基盤を築き、概念的骨子を用意し、集団レベルでの社会心理学過程の重要性を明確にしたのである。

結論

サマーキャンプ実験の単純で、多くの議論が焦点を当てがちな結論は、集団間競争が偏見をもたらし、集団間協働がそれを低減するというものである。確かに洞察ではあるが、シェリフの研究の遺産はこれよりずっと広く、深い。彼

の研究は、集団と集団間関係に関する社会心理学的理解の基礎をなす広範な基盤を提供したのである。その研究に欠点が無いとは言えないことは確かだが、その弱点が、シェリフとその共同研究者、彼の足跡を追った多くの研究者たちが研究から導いた教訓や知的貢献を、いかなる意味でも破壊するわけではない。実際、この点に関して、シェリフの研究が集団間関係の研究に関する現在の理論的アプローチ、特に社会的アイデンティティ・アプローチに与え続けている影響ははかりしれない。確かに、サマーキャンプ実験が行われていなければ、ステレオタイプ化、偏見、差別の土台をなす社会心理学的理解は、非常に貧しいものであったろうことは否定できない。

　半世紀以上前に、ムザファー・シェリフと共同研究者たちは、当時もっとも差し迫った疑問のいくつかに社会心理学的回答を与えようと試みた。不幸なことに、シェリフの研究の遺産にもかかわらず、サマーキャンプ実験を着想させた疑問や社会問題は、今も差し迫ったままである。なぜ彼らの教訓が社会変化のためにもっと熱心に取り上げられなかったのかは憶測するしかない。先述した批判に理由があるのかもしれない。しかし、問題が生じたのは、彼の研究知見に注意を向けて、研究者や評論家たちがシェリフのより深い知的貢献に注目できず、集団間の敵対を個人差や認知的誤謬の分析を通して説明しようとすることに固執したためではないかと、われわれは考えてもいる。

　ここでも、実践的な進歩に失敗したさらにもう1つの理由は、研究者がそのような敵対を生じさせる具体的な現実をしばしば捉え損ねたことである。これは、ムザファーとキャロライン・シェリフ（1969, p.284）の2人が共に、観察において認識していた問題であった。

　　もし2つの集団が互いに相容れない目的に変更不能なまでに入れ込んでいるならば、その葛藤を低減させる条件を議論する余地はほとんどない。彼らは、互いに事の成り行きに対して非難し続けるのみである。…端的に言えば、上位目標の出現を不可能にするような、非常に実際的な決定的関心の葛藤が存在する。

　ゆえに、上位目標のために協働を促進させるという目標を持って葛藤に陥った集団を一緒にする過程は、それ自体が挑戦的なことであり、しっかりとした心理学的理解だけではなく、強い**政治的**意思を必要とするのである。

　しかし、このことに怯むべきではない。というのも、ムザファーとキャロラインが主張したように、「争いによって引き裂かれた現代社会にあって、あらゆる分野の社会科学者が平和で生産的な生活の追求を効果的に促進する条件と

方向を分析することは、ますます喫緊のこととなっている」(1969, p.284) からである。確かに、この課題の大きさに、シェリフが怯むことはなかった。彼を、共同研究者であるO・J・ハーベイはこう形容している。「アイディアと社会問題の領域において」、「その情熱はほとんど並ぶ者のない思考の領域とその広がりへと、彼を連れて行った」(1989, p.1326)。

■さらに学びたい人のために

　シェリフのサマーキャンプ実験には多くのレビュー、批判、解説が刊行されている。興味のある読者は、下の引用文献からそれらのいくつかを探せるだろう。しかし、レビューだけを読むなら、シェリフの著作の洗練も洞察も、深さも幅広さも捉え損ねてしまうおそれがある。そこで、ここに取り上げた6つの参考文献のうち5つは、シェリフと共同研究者自身によるものにした。シェリフを直接読まないならば、話が単純化され、彼のより重要な寄与の多くが失われてしまうだろう。

Sherif, M., Harvey, O. J., White, B. J., Hood, W. R. & Sherif, C. W. (1961). *Intergroup conflict and cooperation: The Robbers Cave experiment.* Norman, OK: Institute of Group Relations, University of Oklahoma.	泥棒洞窟実験の全容を示した詳細な本。
Sherif, M. (1951). A preliminary experimental study of inter-group relations. In J. H. Rohrer & M. Sherif (Eds.), *Social psychology at the crossroads* (pp.388-424). New York: Harper & Row..	これらの文献は、残り2つのサマーキャンプ実験の一部を紹介している。
Sherif, M., White, B. J., & Harvey, O. J. (1955). Status in experimentally produced groups. *American Journal of Sociology, 60*, 370-379.	
Sherif, M. (1956). Experiments in group conflict. *Scientific American, 195*, 54-58.	この短い論文は、3研究すべてについて、簡潔に読みやすく概括している。

Sherif, M. & Sherif, C. W. (1969). *Social Psychology*. New York: Harper & Row.	これは社会心理学の古典的教科書であり、以来類書を見ない本である。この本を読むことで、読者はサマーキャンプ実験についてさらに理解が得られるだけでなく、シェリフの強烈な学識に触れることができるだろう。
Oakes, P. J., Haslam, S. A., & Turner, J. C. (1994). *Stereotyping and social reality*. Oxford: Blackwell.	最後に、この本はステレオタイプの自己カテゴリー化による解釈である。いくつかの点で、この本はシェリフらに大まかにしか言及していないが、大いにシェリフの知的恩恵にあずかっており、そのことはこの本の8章にもっとも明確に示されている。

[訳者補遺]
ブラウン, R./黒川正流(訳)(1993)『グループ・プロセス——集団内行動と集団間行動』北大路書房
ホッグ, M. A./廣田君美・藤澤等(訳)(1994)『集団凝集性の社会心理学——魅力から社会的アイデンティティへ』北大路書房

■引用文献

Aberson, C. L. & Gaffney, A. M. (2008). An integrated threat model of explicit and implicit attitudes. *European Journal of Social Psychology, 39*, 808-830.
Allport, F. H. (1924). The group fallacy in relation to social science. *The Journal of Abnormal Psychology and Social Psychology, 19*, 60-73.
Billig, M. (1976). *Social psychology and intergroup relations*. London: Academic Press.
Brannigan, A. (2006). *Introduction to the Aldine translation edition of M. Sherif: Social interaction: processes and products*. New Jersey: Transaction Publishers.
Brewer, M. B. (1999). The psychology of prejudice: Ingroup love or outgroup hate?. *Journal of Social Issues, 55*, 429-444.
Brewer, M. B. & Brown, R. J. (1998). Intergroup relations. In D. T. Gilbert, S. T. Fiske, & G. Lindzey (Eds.), *The handbook of social psychology* (4th ed., pp.554-594). New York: McGraw-Hill.
Brown, R. J. (2010). *Prejudice: Its social psychology* (2nd ed.). Malden, MA: Wiley.
Brown, R. J., Condor, S., Mathews, A., Wade, G. & Williams, J. A. (1986). Explaining intergroup differentiation in an industrial organization. *Journal of Occupational Psychology, 59*, 273-286.
Cherry, F. (1995). *The 'stubborn particulars' of social psychology: Essays on the research process*. London: Routledge.

Dion, K. L. (1979). Intergroup conflict and intragroup cohesiveness. In S. Worchel & W. G. Austin (Eds.), *The social psychology of intergroup relations* (pp.33-47). Monterey, CA: Brooks/Cole.

Dovidio, J. F., Gaertner, S. L. & Saguy, T. (2007). Another view of 'we': Majority and minority group perspectives on a common ingroup identity. *European Review of Social Psychology, 18*, 296-330.

Fine, G. A. (2004). Forgotten classic: The Robbers Cave experiment. *Sociological Forum, 19*, 663-666.

Gaertner, S. L., Dovidio, J. F., Anastasio, P. A., Bachman, B. A. & Rust, M. C. (1993). The common ingroup identity model: Recategorisation and the reduction of intergroup bias. *European Review of Social Psychology, 4*, 1-26.

Gaertner, S. L., Dovidio, J. F., Banker, B. S., Houlette, M., Johnson, K. M. & McGlynn, E. A. (2000). Reducing intergroup conflict: From superordinate goals to decategorization, recategorization, and mutual differentiation. *Group Dynamics: Theory, Research and Practice, 4*, 98-114.

Grandberg, D. & Sarup, G. (1992). Muzafer Sherif: Portrait of a passionate intellectual. In D. Grandberg & G. Sarup (Eds.), *Social judgment and intergroup relations: Essays in honour of Muzafer Sherif* (pp.3-54). New York. Springer-Verlag.

Hamilton, D. L. & Gifford, R. K. (1976). Illusory correlation in interpersonal perception: A cognitive basis of stereotypic judgments. *Journal of Experimental Social Psychology, 12*, 392-407.

Harvey, O. J. (1989). Obituary: Muzafer Sherif (1906-1988). *American Psychologist, 44*, 1325-1326.

Haslam, S. A. (2004). *Psychology in organizations: The social identity approach* (2nd ed.). London: Sage.

Haslam, S. A., Reicher, S. D. & Platow, M. J. (2011). *The new psychology of leadership: Identity, influence and power.* New York: Psychology Press.

New York Times (1988). *Obituary: Muzafer Sherif, 82, psychologist who studied hostility of groups.* 27 October. Retrieved from: http://www.nytimes.com/1988/10/27/obituaries/ muzafer-sherif-82-psychologist-who-studied-hostility-of-groups.html.

Oakes, P. J., Haslam, S. A. & Turner, J. C. (1994). *Stereotyping and social reality.* Oxford: Blackwell.

Pettigrew, T. F. (1992). The importance of cumulative effects: A neglected emphasis of Sherif's work. In D. Grandberg & G. Sarup (Eds.), *Social judgement and intergroup relations: Essays in honor of Muzafer Sherif* (pp.89-104). New York. Springer-Verlag.

Platow, M. J. & Hunter, J. A. (2001). Realistic intergroup conflict: Prejudice, power, and protest. In M. Augoustinos & K. J. Reynolds (Eds.), *Understanding prejudice, racism, and social conflict* (pp.195-212). London: Sage.

Platow, M. J., Haslam, S. A., Foddy, M. & Grace, D. M. (2003). Leadership as the outcome of self-categorization processes. In D. van Knippenberg & M. A. Hogg (Eds.), *Leadership and power: Identity processes in groups and organizations* (pp.34-47).

London: Sage.

Rabbie, J. M. (1982). The effects of intergroup competition on intragroup and intergroup relationships. In V. J. Derlega & J. Grzelak (Eds.), *Cooperation and helping behaviour: Theories and research* (pp.123-149). New York: Academic Press.

Sherif, M. (1948). *An outline of social psychology*. New York: Harper.

Sherif, M. (1951). A preliminary experimental study of inter-group relations. In J. H. Rohrer & M. Sherif (Eds.), *Social psychology at the crossroads* (pp.388-424). New York: Harper & Row.

Sherif, M. (1966). *In common predicament: Social psychology of intergroup conflict and cooperation*. Boston: Houghton-Mifflin.

Sherif, M. (1967). *Group conflict and co-operation: Their social psychology*. London: Routledge and Kegan-Paul.

Sherif, M. & Cantril, H. (1947). *The psychology of ego-involvements*. New York: Wiley.

Sherif, M. & Sherif, C. W. (1969). *Social psychology*. New York: Harper & Row.

Sherif, M., Harvey, O. J., White, B. J., Hood, W. R. & Sherif, C. W. (1961). *Intergroup conflict and cooperation: The Robbers Cave experiment*. Norman, OK: Institute of Group Relations, University of Oklahoma.

Sherif, M., White, B. J. & Harvey, O. J. (1955). Status in experimentally produced groups. *American Journal of Sociology, 60*, 370-379.

Sibley, C. G. & Duckitt, J. (2008). Personality and prejudice: A meta-analysis and theoretical review. *Personality and Social Psychology Review, 12*, 248-279.

Stephan, W. & Stephan, C. W. (2000). An integrated threat theory of prejudice. In S. Oskamp (Ed.), *Reducing prejudice and discrimination* (pp.23-46). Mahwah, NJ: Erlbaum.

Struch, N. & Schwartz, S. H. (1989). Intergroup aggression: Its predictors and distinctness from in-group bias. *Journal of Personality and Social Psychology, 56*, 364-373.

Tajfel, H. (Ed.) (1978). *Differentiation between social groups: Studies in the social psychology of intergroup relations*. London: Academic Press.

Tajfel, H. & Turner, J. C. (1979). An integrative theory of intergroup conflict. In W. G. Austin & S. Worchel (Eds.), *The social psychology of intergroup relations* (pp.33-48). Monterey, CA: Brooks/Cole.

Turner, J. C. (1975). Social comparison and social identity: Some prospects for intergroup behaviour. *European Journal of Social Psychology, 5*, 1-34.

Turner, J. C. (1982). Toward a cognitive redefinition of the social group. In H. Tajfel (Ed.), *Social identity and intergroup behavior* (pp.15-40). Cambridge, UK: Cambridge University Press.

Turner, J. C. & Reynolds, K. J. (2010). The story of social identity. In T. Postmes & N. Branscombe (Eds.), *Rediscovering social identity: Core sources*. Hove: Psychology Press.

Turner, J. C., Hogg, M. A., Oakes, P. J., Reicher, S. D. & Wetherell, M. S. (1987).

Rediscovering the social group: A self-categorization theory. Oxford: Basil Blackwell. ［ターナー／蘭千壽ほか（訳）(1995)『社会集団の再発見——自己カテゴリー化理論』誠信書房］

10 差 別
タジフェルによる最小条件集団実験・再入門

ラッセル・スピアーズ、サビーヌ・オッテン

背 景

　この章がシェリフのサマーキャンプ研究に関する章（9章参照）に続いているのは当を得ている。というのも、それらの研究の後、また別の少年たちに関する研究が、同じように有名になったからである。その研究は、ポーランド生まれのユダヤ人である英国の心理学者、ヘンリー・タジフェルによって行われた。ナチズムの直接的経験が刺激となって、彼は生涯にわたって偏見、葛藤、集団間関係の問題に関心を持ち続けた。シェリフの研究を受けて拡張させたタジフェルの**最小条件集団研究**は、集団もしくはカテゴリーを最小の要素にまで還元し、どの時点で集団間の葛藤と差別が頭をもたげるのか検討しようとしたものであった。この研究が明らかにしたように、縄張りと資源のために闘争する非行少年といった良くある現象から生じる集団間差別は、このような葛藤を生み出しうる明白な特徴（たとえば、対立の歴史、資源の不足）が取り除かれた場合でも生じた。実際、この方法によって、少年（後に成人）が、目に見えるかたちで集団が存在しない場合でも自らの集団に好ましく差別するという、**最小内集団バイアス**と呼ばれる典型的な現象の強力な証拠を、この研究は提供したのである。

　本章では最初に、最小条件集団パラダイムと最小内集団バイアスの現象を、タジフェルによる古典となったオリジナルの研究（Tajfel et al., 1971）の記述に沿って、それらを着想させた動機づけと共に概観する。次に、この研究知見を説明しようとした初期の試みを検証する。この試みは、（誤ったスタートの後）社会行動の重要な新理論である**社会的アイデンティティ理論**（social identity theory）の発展を生むことになった。オリジナル研究が大きな影響を与えたの

には、このデータと理論の共生関係が大きく寄与している。後述するように、これには、部分的にタジフェルの研究結果を取り巻く論争が反映されている。これらの研究が明らかにした現象が議論になったのではなく、これらの研究は多くの異なる説明をもたらした。その多くは、社会的アイデンティティによる説明への批判を含んでいる。結果として、最小内集団バイアスに対する最良の説明を見つける過程には、あたかもアガサ・クリスティの「ミステリー」を解くような、多くのねじれや思わぬ転回があった。

最小条件集団研究についてわれわれが抱く興味深い疑問の1つは、それまで研究者がないと仮定していたものをどのようにして探し出すのか、である。アガサ・クリスティのたとえを続けるなら、これは死体のない殺人事件である。集団間葛藤の現実的な基盤に関する証拠は、すでにシェリフの古典的なサマーキャンプ実験において示されている。9章で議論されたように、これらの研究は、希少な資源をめぐって競合しなければならないときに集団間で緊張が生じることを示した。しかし、タジフェルらが最初の最小条件集団研究の知見を発表した1971年の重要研究に示されているように、2つの関連するテーマが、シェリフの考えを超えていくような探求にタジフェルを動機づけたようである。第一に、彼は、行動が埋め込まれ意味を獲得する社会的文脈の重要性を強調した。彼は次のように述べている。

集団間カテゴリー化のネットワークは、社会環境に偏在している。初等教育、中等教育の「チーム」や「チーム・スピリット」から、あらゆる種類の未成年集団、社会、国家、人種、民族、年齢集団まで、われわれの社会化や教育に入り込んでいる。(Tajfel et al., 1971, p.153)

第二の推進力は、偏見の認知的側面に関するタジフェルの初期の研究である(1969)。その中で彼は、重要な意味形成の役割を社会的カテゴリー化に求めた。上記の引用は、以下のように続いている。

集団における社会的世界のカテゴリー化という、個人による分節化が、集団間を区別する何らかの基準を意味あるかたちで適用できる状況において、彼(もしくは彼女)の行為の指針となる(有意味は、「理性的」とは限らない)。差異化されていない環境はほとんど意味をなさず、行為の指針にもならない…いかなるときも…何らかの集団間カテゴリー化を用いうるとき、社会的状況に秩序と一貫性が与えられるだろう。これは集団間行為の側面であり…あらゆる集団間状況に現れ

る。本研究は、それ自体が異なる集団行動を決定しうることを示すべく計画された。(Tajfel et al., 1971, p.153)

これらのアイディアを少し詳しく再現しよう。というのも、後述するように、特に2つ目の主題(すなわち、集団間の差異化が社会状況に意味を付与しうるという考え)が非常に予言的あることがわかったからである。これらの考えは、実際にはなぜタジフェルが集団間葛藤の最小条件を探ろうとしたのかという疑問に十分な回答を与えるものではないが、にもかかわらず、われわれは彼がしたことに感謝すべきである。というのも、その後の研究が与えた影響は、決して最小などではなかったからである。

最小条件集団研究

最小内集団バイアス ── 説明を求める現象

それでは、集団間で葛藤が生じる最小条件とはどのようなものであろうか。タジフェルらは、研究の対象とし、その影響を排除しようとした6つの要因を概観している(1971, pp.153-154)。彼らは次のような特徴を持つ研究を立案することで、それを実現した。

1. 対面の相互作用なし(集団内外問わず)
2. 完全な匿名
3. 集団カテゴリー化の基準と参加者から求められる反応の性質とに関連がない
4. (自己利益を排除するため)反応者はその反応からいかなる(功利主義的な)価値も得てはならない
5. 集団間を差異化する方略は、全体利益を最大化させる合理的/功利主義的原理と競合すべきである。特に、参加者自身の集団(内集団)に対する利益は、内集団が他の集団(外集団)より多く利益を得るという方略と対比されるべきである
6. 反応は可能な限り、重要で現実に即したものであるべきである(すなわち、ある種の評価よりもむしろ具体的な報酬が関わる)

方 法

社会的カテゴリー化の手続き

社会的カテゴリー化は2つの研究（実験1、実験2）で2つの異なる方法を用いて行われ、この領域で古典的な手続きとなっている。けれども、いずれの手続きも、重要な点は参加者をまったくランダムに集団に割り振ることである。

実験1では、男子生徒がドット評定手続きによってカテゴリー化された。彼らは1秒間だけスクリーンに投影されたドットの数を評定するよう求められた。40試行の結果にもとづいて少年たちは、過小評価者集団（すなわち、ドットの数を実際より少なく答えた人たち）か、過大評価者集団のいずれかに属すると告げられた。実際には、ランダムにこれらのカテゴリーに割り振られた。

実験2では、今では有名になった、クレーとカンディンスキーの絵に対する好みが用いられた。ここで実験参加者は、（両画家の6作品からなる）12の絵に対して、それぞれの組み合わせ（実際にはいくつかの組には同じ画家の2作が含まれていたのだが！）にAもしくはBで回答し、美的好みを報告した。ここでも、カテゴリーへの実際の割り振りはランダムに行われた。

このように集団に割り振られた後、参加者は実際に金銭報酬を他者に与える（同時に実験1では罰もあった）課題をすると告げられた。参加者はこの他者が誰だか知らなかったし、参加者自身は報酬も罰も与えられないことが強調された。参加者はその後、この課題を1人で行うため、小部屋に通された。

「タジフェル」マトリクス

次の段階では、実験参加者は（1ページに1つ印刷された）報酬マトリクスに記入した。これは、参加者が2つの集団（内集団と外集団）の報酬を与えるメンバーをどのように選択するかを検証するように作られていた[1]。マトリクスは、他者との対立場面で特定の報酬方略に引きつけられたかどうかを測定するよう作られていた（マトリクスと評定方法の優れた概観として、Bourhis et al., 1994参照）。実験2の、2つのマトリクス例を示す（図10.1）。

オリジナル研究では、2名の内集団と2名の外集団に報酬を与えるというマ

---

[1] これらのマトリクスは、実際にはクロード・フラメントによりデザインされた。彼は公的にはこの論文の第二著者であった。しかしながら、著者を大学所属によってまとめた方が便利だろうと考えた編集者の考えで、論文自体では4番目に記載されている。

マトリクス1											
内集団メンバー no.42	23	22	21	20	⑲	18	17	16	15	14	13	12	11
外集団メンバー no.31	5	7	9	11	⑬	15	17	19	21	23	25	27	29
マトリクス2											
内集団メンバー no.42	7	8	9	10	⑪	12	13	14	15	16	17	18	19
外集団メンバー no.31	1	3	5	7	⑨	11	13	15	17	19	21	23	25

図10.1 タジフェルの差異化マトリクスの例（Tajfel et al., 1971 をもとに作成）

[注] 参加者はマトリクスごとに、反応選択肢を1つ選ばなければならない。マトリクスの縦1列の数字を○で囲む。ここでの例では、いずれも外集団メンバー（OG）よりも内集団メンバー（IG）に多くの得点を与えており、差異最大化（MD）戦略を示している。

トリクスも含まれていたが、理論的にもっとも興味深い事例は、（例に示したような）外集団メンバーと内集団メンバーに点数を割り振る「差異化」マトリクスの場合である。

前提条件どおり、指定された集団メンバーには自己は含まれず、表面上、自己利益を排除していた。方略を明らかにするために得点の差分を計算するには、1つ以上のマトリクスへの反応を見ることになるが、図10.1に示した2つのマトリクスにおける反応選択肢を考えることで、可能性のある異なる方略を例示することができる。まず、マトリクス1の左への反応は2つの方略の組み合わせとなる。内集団に最大の点数を与える内集団利益最大化（Maximum Ingroup Profit: MIP）と、内集団メンバーが外集団メンバーよりもより多くの点数を得るようにする、内集団を選好する差異最大化（Maximum Difference: MD）である。他方で、マトリクス1の右側の端への反応は内集団メンバー、外集団メンバーの両方の利得を最大化する共同利益最大化（Maximum Joint Profit: MJP）戦略に関わる。次に、マトリクス2では、左側の端への反応はMDを示すが、その結果、MIPとMJPを犠牲にすることになる。MIPとMJPはもっと右への選好となる。両方の例において、尺度の真ん中への反応は公正（Fairness: F）方略を示す。これらの異なる方略をきちんと理解しておくことが有用なので、表10.1に要約した。

表10.1　タジフェル・マトリクスを用いて検証されたさまざまな報酬戦略

方略	省略形	マトリクス例でその方略を最も示す選択		説明
		マトリクス1	マトリクス2	
公正／等価	F	17	13	内外集団の得点がもっとも類似
		17	13	
差異最大化	MD	23	7	内集団に好ましく内外集団間の得点の差を最大化する
		5	1	
結合利益最大化	MJP	11	19	内外集団合計が最も大きい
		29	25	
内集団利益最大化	MIP	23	19	内集団の得点が最大になる
		5	25	

結　果

　実験1の結果は、内集団メンバー2名もしくは外集団メンバー2名を含む配分のときには、実験参加者が圧倒的に公正方略を好むことを示した。しかし、内集団メンバーと外集団メンバーのどちらに報酬を与えるかという差異化マトリクスの場合、(もっとも多い反応はそれでも公正であったけれども) 実験参加者はより内集団をひいきし、差別的になった。言い換えると、これらのマトリクスでは、有意な**内集団バイアス**の証拠が示されたのである。さらに、この方略に対する実験参加者の支持は、カテゴリー化手続きが差別を正当化するかもしれない価値的含意が与えられても (すなわち、内集団が外集団よりも**正確もしくは不正確**だと言われた場合でも) 変わらなかった。

　実験2は、参加者が用いる異なる報酬方略をさらに弁別するために計画された。特に、MJPがMIP、MDもしくはその両方と対比された (MIPとMDは**内集団ひいき**と呼びうる点で一致する一方で、MDをMIPやMJPと対比したときには、これは差異最大化方略を示す)。ここでの明確な結果は、他の方略と比べたとき、MDへの有意な選好が見られたことだった。MIPは常にMJPもしくはMDと組み合わされたけれども (マトリクス1からわかるように、一貫して見られた問題である)、MIPはMJPよりも好まれ、MDよりも好まれなかった。端的に言えば、差異化マトリクスは内集団ひいきと差異最大化方略の一貫した証拠を示した (そして、これらの知見は、付加的な予備研究によって再現された)。言い換えれば、これらの研究における少年は、問題となる集団にタジフェルが作

り出した最小限の文脈を超える意味がほとんどない場合でも、外集団を犠牲にして内集団をひいきしたいと思ったようである。

最小条件集団研究を解釈する
——社会的アイデンティティ理論の出現

最初の解釈——規範、要求、期待

タジフェルらの最初の実験には公正方略に関する強い証拠があったが、この最小条件集団研究（そして後続の研究）の結果に関する後続の報告ではしばしば忘れられた。また一方で、（MJPやMIPに対比して）MD方略への一貫した支持は、差別の証拠を示していた。最初、タジフェルらはこれを、差別への一般的な社会的規範を支持するものと考えた。

タジフェルらがMDを（たとえ差別を含んでいたとしても）差異化方略と呼び、後の多くの説明がこれを（内集団に恩恵を与える一方で外集団に害を与えることから）外集団**卑下**の例と解釈した点に注意すべきである。確かに、後の説明は、差別そして外集団卑下までもが、単に人を集団へとカテゴリー化した際に不可避の最小内集団バイアス（特にMD）がもたらした結果である、と論理を飛躍させる傾向があった。これは明らかに過大解釈（そして過度の一般化）である。このパラダイム、特にこのマトリクスにつきまとう問題の1つは、MD方略において積極的な差異化と卑下とが混在していることであるが、この問題はその後、適切に取り上げられなかった（考察されたとしても、非常に希であった）。

彼らの知見をさらに検討する中で、タジフェルら（1971）は、3つの異なる説明について検討した。(a) 要求特性（実験参加者は実験者の仮説を示す手がかりに反応していたという考え）、(b) 互酬性の期待、(c) 将来の相互作用の予期の3つである。要求特性はこの実験のような人工的な状況では考慮すべき重要な問題であり、後の研究で検討された。たとえば、リンゼイ・セントクレアとジョン・ターナー（St. Claire & Turner, 1982）は、もし参加者が（自分自身がカテゴリー化されるのではなく）集団メンバーとして役割演技するよう求められたうえでマトリクスを完成させた場合には、同程度の内集団バイアス（MDとMIP）を示さず、公正を予測しがちであることを見出した。さらに、これはまた、規範による説明とも反するように思われた。最小内集団バイアス効果が再現された回数の多さはまた、（公正への要求もまた同様にもっともと思われることを考えると）この現象が事実であり、単なる要求特性効果ではないことを示唆している。

互酬性期待について、タジフェルらは、語るだけのデータを持っておらず、この説明を簡単に排除できないことを認めた。これから見るように、このような自己利益を排除しようという試みにもかかわらず、実際には排除できていない。また、(少年たちは同じ学校に戻ることから)さらに相互作用するという予期も問題としてあったかもしれない。タジフェルは、「自分たちの」集団に誰がいるのかわからないのであるから、もっとも合理的な方略はMJPを選択することであると主張した。しかし、見てきたように、この方略は少年たちにあまり訴えるところがなかったようである。

社会的アイデンティティによる説明
―― 最小条件集団の知見が理論を刺激する

　最初タジフェルに好まれたにもかかわらず、一般規範による説明はあっという間に見限られた。問題の1つは、規範による説明が堂々巡りとなりやすいことだった。もし(たとえば、西洋の実験参加者にあるような)競争規範があったとして、それはどこから生じて、何がそれを説明するのだろうか。さらには、最初の実験からすでに明らかだった公正性への(より)強い志向もまた、公正規範に関する同様にもっともと思われる説明を支持しえる(St. Claire & Turner, 1982 参照)。そこで挑むべきことは、どの規範がいつ働くかを説明することである。そして規範による説明ではこれができないので、真相は藪の中に押し戻されることとなった。こう言ってはみたものの、規範過程を棄却するのは時期尚早であったかもしれない。たとえば、マーガレット・ウェザレル (Wetherell, 1979) は、後に規範による説明を用いて、マオリの子どもがより西洋化されたパケハ(白人の)ニュージーランド人よりも内集団ひいきを示さなかったという知見を説明している。

　以上にもかかわらず、1971年の論文が刊行されて程なく、タジフェルのストーリーは移行しはじめた (Tajfel, 1972; Diehl, 1990 参照)。特に、付加的な説明を排除する過程において、**社会的アイデンティティ**による新しい説明が現れはじめた (Tajfel, 1974; Turner, 1975)。ターナー(1975)は最小条件集団間の「社会的競合」について議論し、それをシェリフ(1967)の「現実的」競合の概念と対比させた。最小条件集団における差異化の社会的アイデンティティによる説明が具現化しはじめた。

　新しい説明の中心的考えは、集団への社会的カテゴリー化とこれら集団の1つへの所属は、自己を内集団に位置づける基盤となるというものであった。こ

の時点で、タジフェルは社会的アイデンティティについて「集団のメンバーであることに対応した自己概念の一部」とする有名な定義を行っている（1978, p.63）。しかし、あるアイデンティティを持つことは、明らかに、何らかの**同一視**を意味している。タジフェルによる社会的アイデンティティの定義は、それゆえこのように続く。「…その集団メンバーシップに付与された価値や情動的重要性とともに」（1978, p.63）。

さらなる要素は**社会的比較**（social comparison）過程であった。われわれ集団の意味の理解には、（社会的カテゴリー化過程によって促進された）メンバーではない、他の関連集団との比較が含まれている。内集団を「われわれ」と見なすことは「彼ら」との対比を意味する。ここでタジフェルとターナーはまた、集団が「ポジティブな集団弁別性」を目指す動機づけられた過程を主張した。その過程は、価値をおく次元において内集団を関連する比較集団から積極的に差異化し、その結果、ポジティブな社会的アイデンティティを獲得することを可能にする。これは現在、ポジティブな差異化と、特に最小条件集団パラダイムにおける MD 方略の説明に用いられる、鍵となる過程である。さらに現在、この過程は、より一般的に社会的アイデンティティ理論の中心要素となり、これは地位ヒエラルキーにおける社会変化過程を説明するよう精緻化されている（Tajfel & Turner, 1979）。

最小内集団バイアスに関するこの説明でおそらく不明瞭な点は、この動機づけられた差異化過程が、ある社会的アイデンティティへの投資から始まるのか、それとも、（弁別的な）アイデンティティ感覚を**創出する**、もしくは強固にするために用いられるのかであった。本章の最後にこの問題に立ち返るが、社会的カテゴリー化（と後の同一化）過程（先述）と結びついた、意味と一貫性を生み出す探求へのタジフェル自身の言及に立ち返ることが有用だった。しかし、この考えは、一般規範による説明によって、むしろ軽視されることとなった。新しい社会的アイデンティティの説明でも、（意味と一貫性の生成に焦点化した）この同じ発想は**ポジティブ**な社会アイデンティティの創出の探求に焦点化され、軽視されることになった。結果として、ポジティブな差異化は、（集団）弁別性それ自体を生成するよりも、内集団高揚と（自己高揚を通じた）自尊心の上昇に関連づけられるようになった。これは「自尊心仮説」として知られており、すぐに最小条件集団研究の知見の説明として、社会的アイデンティティの議論で重要なものとなった。

自尊心仮説

　自尊心への着目は社会的アイデンティティ研究の創始者であるヘンリー・タジフェルとジョン・ターナー、および彼らによる、個人はポジティブな社会的アイデンティティを形成、維持しようと努めるという命題（Tajfel & Turner, 1979）にさかのぼることができる。オークスとターナー（Oakes & Turner, 1980）は、初めてこの考えを明確に検証した。彼らは、タジフェルのマトリクスにおける差別の機会が実際に実験参加者の自尊心得点を高めることを示した。しかし、後のレビュー論文がこれらを初めとする研究で個人レベルの全体的自尊心測定を用いていることを批判したことは指摘するに値する（Hewstone et al., 2002; Long & Spears, 1997; Rubin & Hewstone, 1998 参照）。というのも、これらの測定は、より集団レベルに重きをおく社会的アイデンティティ理論の精神に反するように思えるからである。

　さらに、（最小条件集団や現実条件集団を扱った）研究の多くが自尊心仮説に取り組んだが、支持的結果、不支持的結果の両方が存在した（Rubin & Hewstone, 1998）。しかし、自尊心を集団レベルの特性ではなく状態（つまり、固定されたものではなく文脈特定的な何か）とし、さらに内集団バイアスが生じる領域に特化したものとして概念化した研究では、支持的証拠が得られた。たとえば、ジャッキー・ハンターによる研究では、最小条件集団状況で内集団ひいきが生じた後、内集団に重要な領域での集団自尊心が高揚したという知見を得ている（Hunter et al., 1996）。文献レビューもまた、このような基準が満たされるとき、自尊心仮説が十分支持されることを示唆している（レビューとして、Hewstone et al., 2002; Rubin & Hewstone, 1998 参照）。にもかかわらず、この証拠の多くが最小条件集団ではなく、自然状況での集団研究から得られている。結果的に、集団アイデンティティや自尊心の高揚が、最小条件集団研究における内集団バイアス（特にMD方略）をもたらす唯一もしくはもっとも重要なメカニズムであるのかどうかは明らかでない。

最小条件集団研究の影響

　最小条件集団研究の影響を過大評価するのは難しい。少なく見積もっても、1971年のオリジナル論文は900回以上引用されている（ある時期まで、タジ

フェルのもっとも引用された研究であった)。最小条件集団研究が社会心理学や心理学概論の教科書における偏見、差別、集団間関係の箇所で取り上げられないことはまずない。ただ、この研究が正しく紹介されているかどうかは別問題である。先述したように、問題となるのは、差別が普遍的で不可避であるという結論の根拠として、この研究がしばしば引用されることである。

社会心理学内での他理論に対する最小条件集団研究(そしてより一般的には社会的アイデンティティ理論)の影響もまた、(その記述が正確かどうかという疑問が再び当てはまるが)かなりのものである。たとえば、社会優勢理論は、集団間差別が多くの集団間関係の一般的特徴であると主張するために最小内集団ひいきの知見を用いている(Sidanius & Pratto, 1999)。同様に、システム正当化理論(Jost & Banaji, 1994)は、集団(特に高地位集団)がしばしば他集団に対するバイアスを示すことを通じて自分たちの地位を正当化することを示すのに、最小内集団ひいきの知見を用いている。

人類学、進化心理学、行動経済学など、社会心理学以外にも、おそらく同じような影響を与えてきた。特に、下記のように、内集団を好み、外集団を信用しないというヒトの進化的傾向を主張するのに、最小条件集団パラダイムとその知見は用いられてきた(Dunbar et al., 2005)。これは、規範、社会的意味、ポジティブな集団弁別性の探索におけるタジフェルの最小条件集団研究の本来の立場(とバイアスの証拠)を超えた領域にわれわれを導くものである。にもかかわらず、このことは、このパラダイム(そしてそれが生み出す知見)の影響力が非常に強く、本来の射程をはるかに超えて生き続けてきたことを示している。

最小条件集団研究を超えて —— 批判と別の説明

類似性の役割

最小内集団バイアスの別の解釈として提案された初期アイディアの1つは、カテゴリー化が差別を駆動するのではなく、単に他の内集団メンバーが自分自身に似ているという知覚によって生じるというものであった。これは、信念一貫性理論(belief-congruence theory; Rokeach, 1969)と魅力の類似性原理を合わせたものであり、自分と観点や価値が異なる他者(そしてその延長線上の他集団)を嫌いやすいことを示唆している。では、内集団ひいきは仮定された内集

団メンバーとの類似性（そして、外集団メンバーとの相違）によって説明しうるのだろうか。（タジフェル自身の研究で、カテゴリー化が実際にカテゴリー内の類似性とカテゴリー間の差異を強調することを示したように）この説明は、必ずしも、社会カテゴリー化の効果を否定するものではない。しかし、異なるメカニズムを指摘している。

類似性と社会的カテゴリー化を独立に操作したビリグとタジフェル（1973）のその後の研究は、この考えを棄却するようである。この研究は、社会カテゴリー化が類似性よりも強い内集団バイアスを生み出すことを示した。さらに、集団レベルでの類似性も操作したディール（Diehl, 1989）による研究では、**類似した外集団により強い差別**が見出された。これは信念一貫原理と矛盾し、外集団類似性が実際は集団弁別性を脅かし、より強力な積極的差異化を動機づけるという考えを支持している（Tajfel, 1982. 下記参照）。

相互依存と互酬性の役割

自己利益の問題を眠りにつかせようとしたオリジナル研究の試みにもかかわらず、この問題はゾンビのように休むことなく復活し続けた。実際、最小条件集団における自己利益の役割の排除は、（より一般的に心理学領域で盛んに行われている議論である）利他性から自己利益を排除するのと同じくらい、たやすくないことが明らかにされてきた。最小条件集団パラダイムで実験参加者が他の内外集団メンバーに資源を分配し、決して自分自身には分配しなかったことを思い出してほしい。それゆえ、表面上、自己利益的である機会はない。しかし、それでも内集団メンバーが自分自身の集団を好むであろうという**期待**があり、それゆえ他の内集団メンバーをひいきすることは意味がある（そして合理的である）と、研究者たちは主張してきた。言い換えると、内集団内には相互依存、もしくは**互酬性**の仮定があり、そのことが内集団ひいきを説明しうるのである。

ヤープ・ラビーらはこの説の初期の支持者であり（たとえば，Rabbie et al., 1989）、「行動相互作用モデル（Behavioral Interaction Model）」を提案して、この相互依存と互酬性の主張を公式化した。これを検証するために、実験参加者が内集団（ID）、外集団（OD）、もしくはその両方（IOD）から報酬配分を受けるかどうかを明確にする諸条件を備えた実験を考案した。この研究では、実験参加者は、報酬を内集団メンバーに依存するときに内集団を好む傾向にあったが、外集団メンバーに依存するときには外集団を好む傾向にあった。これは相

互依存と互酬性の影響力を確証しているように思われる。しかし、実験参加者はそれでも、内集団と外集団の両方から配分を受ける、よりバランスのとれた条件では内集団を好む傾向にあった。この研究への批判として、リチャード・ボーリスら（Bourhis et al., 1997）は、この場合もし互酬性のみが働いているなら、同等性もしくは公正性がより妥当な予測であろうと指摘している。

その後の一連の研究も、最小条件集団実験において、報酬の内集団そして／もしくは外集団への明示的な依存を操作している。たとえば、ローウェル・ガートナーとチェット・インスコ（Gaertner & Insko, 2000）は、明示的にカテゴリー化を操作するだけでなく、依存構造の有無（すなわち、参加者は報酬配分をする唯一の人物か、他者も報酬配分をするか）も操作した。ここでの予測は、自分だけが配分できる（すなわち、依存がない状況）においては他者への依存がないから内集団ひいきも消失するというものである。この予測は支持されたが、男性においてのみであった。彼らの反応は、カテゴリー化されなかった男性と同じくらい差別的ではなかった。その一方、女性参加者は依存構造に関係なく（存在しようがしまいが）、内集団ひいきを示した。

第2研究でガートナーとインスコ（2000）は、実験参加者に報酬配分を求めたが、他の配分者が内集団メンバーか外集団メンバーか、実験参加者が個人的に報酬を受け取るかどうかを操作した。実験参加者は、外集団よりも内集団ひいきを示したが、それは自分の結果を内集団メンバーに依存している場合のみであった。ストローブら（Stroebe et al., 2005）の他の研究では、実験参加者が報酬を内集団に依存するか（あり・なし）、外集団に依存するか（あり・なし）をそれぞれ独立に操作した。ガートナーとインスコの研究のように、この研究は、外集団ではなく内集団に依存している場合に内集団ひいき方略がはっきりと強くなることを示した。

集団依存性をより明白に操作したこれらの研究は、比較的一貫したパターンを示しており、「閉ざされた一般交換システム」と呼ばれるものの証拠となっている（Yamagishi & Kiyonari, 2000 も参照）。言い換えると、人は、依存構造に反応し、依存する相手への好意に返報する傾向があるが、この効果は内集団への依存に対して特に強く働くのである（ゆえに「閉ざされている」）。このアイディアはまた、実際に人が仲間である内集団メンバーにより多くの資源配分をすることを内集団に期待しているという知見が繰り返し示されていることからも支持されている（Gaertner & Insko, 2000; Jetten et al., 1996; Stroebe et al., 2005）。

しかし、重要な問題がいくつか残っている。もっとも明白なのは、**内集団互酬性**の何が特別なのかである。人が内集団からの互酬性を期待するのはおそら

く驚くことではない。しかし、もし互酬性が決定的な要素なら、なぜ明白に最小条件外集団から期待される場合には、それほど効果的でないのだろうか。この疑問に答えるため、研究者は進化論の主張に立ち戻りがちで、内集団を信頼し、外集団を信頼せず恐れさえするだけの理由があると進化的な視点から主張する（Gaertner & Insko, 2000; Yamagishi et al., 1999）。ガートナーとインスコもまた、進化論にもとづいて第1研究におけるジェンダー非対称を事後的に説明し、男性と異なり女性は集団依存に関係なく内集団を好む傾向にある、としている。しかし、ここでの問題は、標準的な進化論的主張が男性を女性よりも一般的に競争的だという期待に導くことである（たとえば, Sidanius et al., 1994; Yuki & Yokota, 2009）。そして、このような進化論的主張は排除するのが難しい一方で、それを証明することも同様に難しい。

だが、明らかに閉ざされた一般交換システムは、最小条件集団パラダイムにおける内集団バイアスを説明する重要な要因である。しかし、これで説明は完璧だという意見への反論は、それが最大差異化方略（MD）よりも内集団ひいき（すなわちMIP）を説明するのにより適しているという点である。もし、閉ざされた一般交換システムが自己利益に関わるのであれば、なぜ集団メンバーはMDにおいてそうするように自己利益を犠牲にするのだろうか。この点に関して、マリリン・ブリューワー（Brewer, 1999）は、社会的アイデンティティ理論（と最小条件集団研究の知見）は「外集団嫌悪」よりも「内集団好意」をよりうまく説明できると主張している[2]。しかし、この主張は閉ざされた一般交換システムの議論により当てはまるようである。結局、これは外集団を害するよりも内集団での互酬性に関することなのだ。まとめると、自己利益は、参加者が内集団利益を最大化しようとすることを説明するかもしれないが、外集団の利益を奪うために内集団利益を犠牲にすることを説明できかねている[3]。この意味で、これは話の一部であって、全体ではないのである。

---

[2] MD効果にもかかわらず、ほとんどの最小条件集団研究は、外集団を卑下するよりも内集団に報酬を与える強い証拠を示している（Mummendey & Otten, 1998 参照）。
[3] これは、進化論にもとづく主張がMDに対しても想定されうることを否定するものではない（たとえば、現実的な葛藤に沿った集団間競争の方略がMDの利用を動機づけるかもしれない。しかし、最小条件集団パラダイムでは現実的な葛藤がないことを考えると、推測にすぎない）。

個人的自己の役割――投影と自己係留判断

　タジフェルが一連の研究に着手したときに指摘したとおり、また、最終節で詳しく考察するように、社会的カテゴリー化が社会的状況に意味を付与することに寄与するというアイディアが、最小条件集団研究の中心的役割を果たすようである。しかしながら、社会的カテゴリー化が複雑な社会状況にこのようなかたちで意味を与えることには疑問の余地がない一方で、**最小条件の**社会的カテゴリーがこの機能を果たしうるのかと疑問を呈する研究者もいる。定義上、最小条件集団は以前の経験にも、既存のアクセス容易なステレオタイプにも依拠していない。それならば、どのようにして最小条件集団は、新しいメンバーに意味を与えうるのだろうか。

　タジフェルらの大きな影響を与えた論文が 1971 年に刊行されてから 25 年後、マラ・カディヌとマイロン・ロスバルトは、このように述べている。「全体的に、最小条件集団パラダイムにおける内集団ひいきは安定した現象ではあるが、このひいきの正確な理由は依然不明瞭なままである」(Cadinu & Rothbart, 1996, p.661)。集団メンバーは自分の所属カテゴリーに意味を付与しようと試みるという同じ前提から始めながらも、カディヌとロスバルト (1996) は、この過程における個人的自己の役割を強調する説を唱えた。より具体的には、彼らは最小条件集団パラダイムでの集団間バイアスを説明しうる 2 つの過程を提唱した。一方では、社会的カテゴリーは自己と内集団が特定の特徴を共有することを意味するため、人は、典型的にはポジティブな個人的自己の表象（のある側面）を内集団に**投影**しがちとなり（自己係留判断）、それゆえに、ポジティブな内集団表象を形成する。言い換えると、人は「私は良い。私はこの集団内にいる。それゆえにこの集団も良いに違いない」という形式の思考を抱くのである。同時に、カディヌとロスバルトは、人は内集団と外集団とは実際に異なると仮定する「対照ヒューリスティック」を適用する（「私の集団は良い。もう一方は異なる。よってその集団は良くないに違いない」）と指摘した。

　カディヌとロスバルト (1996) は、最小条件集団について判断する前に個人的自己への接近可能性を操作することが内集団評定には影響するが、外集団評定には影響しないこと、つまり、内集団を自己への判断と同じように判断することを示して、自己係留判断説の証拠とした。さらに、オッテンとウェンチュラ (Otten & Wentura, 2001) は、自己と内集団評定との重複度合いが、最小条件集団のメンバーが評価に関する集団間バイアスを示す程度を予測することを

示した。しかし、自己と外集団の心的表象における類似もしくは非類似が最小条件集団状況の集団間バイアスを適切に予測するという証拠はなかった（類似の結論として、Robbins & Krueger, 2005 参照）。

　典型的に、自己係留判断研究は特性評定レベルでの内集団ひいきに焦点を当ててきた。結果として、カディヌとロスバルト（1996, p.675）は、集団間分配方略における自己係留判断の役割を推測したにすぎない。「自己係留判断過程によると、もし集団メンバーが自己に類似すると仮定されるならば、内集団メンバーに対する分配方略は自己に対する分配方略に類似するはずである」。

　まとめると、最小条件集団における自己係留判断の知見は、内集団に対するポジティブ表象が自己のポジティブ特徴を集団に投影した結果であり、外集団からの肯定的差異化は内集団への自己投影の副産物であることを示唆する。このように、集団**間**現象、すなわち、外集団から最小内集団を積極的に差異化することは、集団**内**現象、すなわち、自己と内集団の連関にさかのぼりうるのである。同時に、自己係留判断アプローチは、最小条件集団間の差異化が少なくとも部分的には意味を求めることに動機づけられているというアイディアとも整合する。古典的な解釈では、社会的現実を構築するツールとして「われわれ－彼ら」の区別に焦点化した一方で、自己係留判断説は、新規な内集団に意味を与えるツールとして自己に焦点化し、それゆえ個人的自己が最初に仮定されていたよりも最小条件集団状況で大きな役割を果たす可能性を示唆している。けれども、このアプローチもまた、なぜ集団メンバーが内集団と外集団間の差異化を最大にするために内集団の最大利益を犠牲にするのか、納得のいく説明ができない。ゆえに、自己利益モデルと同様に、自己係留判断原理も、タジフェルらのオリジナルの知見の完全な説明というよりも、部分的な説明といった方が良さそうである。

一周して元に戻る──集団弁別性の役割

　先述のとおり、最小内集団バイアスに関する社会的アイデンティティ理論による説明の検証は、自尊心仮説によって幾分あらぬ方向に進んでいった。この結末の1つは、研究者がタジフェルによる元来の説明で中心的であった集団弁別性の役割を無視したことである。端的に言えば、肯定性を獲得することが、弁別性を獲得することを犠牲にして強調されたのである。さらに、（外集団に対する）内集団の何が弁別的なのかという疑問それ自体が議論されてこなかった。この疑問に取り組むべく、著者自身のいくつかの研究においては、未知の集団

もしくは最小条件集団に関わる「創造的弁別性」過程と、内集団と明らかに類似している、良く知られた外集団によって動機づけられた「反応的弁別性」とを区別した (Spears et al., 2002, 2009)。

シーパーズら (Scheepers et al., 2002) による２つの研究は、最小内集団バイアスに対する集団弁別性の重要性を示した最初の証拠となった。この研究は、疑似－最小条件集団手続きによって集団を作り、集団競争の目標（現実的な葛藤原理に適した目標; Sherif, 1967）を与えられた集団に対する内集団バイアス方略と、そのような目標を持たない（すなわち、十分に最小条件集団である）集団に対する方略とを比較した。たとえば、ある実験では、実験参加者は、時点１での集団の生産物に差をつける機会を与えられた（もしくは与えられなかった）。その後、集団間競争に関わる集団目標の実験操作を受けた（もしくは受けなかった）。われわれの予測は、集団間を差異化する事前の機会がなければ、集団は集団弁別性と意味ある集団アイデンティティを**生み出す**よう、その集団を動機づけるだろう、特に、それに続く集団目標がない条件（最小条件）で顕著だろうというものであった。同時に、時点１で集団間を差異化する機会を**実際**に与えられ（集団アイデンティティを生み出し）、その後競争するという集団目標が存在した実験参加者もまた、現実葛藤原理によって予測されるように、差別すると予測された。われわれの研究結果は予測を支持した。すなわち、内集団ひいきは、両方の要因が不在の条件（創造的弁別性に一致する）、あるいは両方の要因が存在する条件（現実的な葛藤）でもっとも高かったのである。

これらの結果にもとづき、さらなる研究では、古典的なクレー／カンディンスキー型の最小条件集団パラダイムの手続きを用いて実験参加者を集団に所属させたが、一部の参加者にカテゴリー化の最低限の基盤に関する情報を追加して与える「意味あり」条件を加えた。われわれは、集団アイデンティティへのこの意味付与が弁別的な集団アイデンティティを創出する必要性を失わせ、内集団バイアスを低減もしくは消失させると予測した。そしてこれこそ、われわれが見出した結果だった。実験参加者は、集団に意味がある場合ではなく、最小条件である場合に（マトリクスや評定において）より強い内集団バイアスを示した。これは、最小条件集団パラダイムにおける差別が、実験参加者が割り振られた集団のアイデンティティに意味を与える集団弁別性を達成する手段であるという考えを支持している。さらに、この研究は、社会的同一視が最小条件において増大するという証拠を提供し、ポジティブな差異化が参加者に意味ある集団を作り出すのに役立つという考えを、再び支持するパターンを示した。

まとめると、今では、最小条件集団パラダイムにおける反応に寄与する要因

の1つが、このパラダイムがもたらす、積極的な集団弁別性を創出することを通して一貫性と意味を創出する機会であるという証拠が存在する (Spears et al., 2009)。この考えは、タジフェルの1971年のオリジナルの論文についての考えにも、社会的アイデンティティ理論の論理（たとえば, Tajfel, 1978; Tajfel & Turner, 1979）にも明らかであった。このアイディアが検証されるのに30年を要したというのは幾分皮肉でもあるし、タジフェルの最初の直観が十分に根拠あるものであったという発見は、幾分安堵させるものでもある。

結　論

　最小条件集団研究で示された強力な現象は（公正性への強力で優勢でもある傾向がしばしば無視されたが）、疑う余地がない。実際、タジフェルらが先駆的な研究で明らかにした興味深い効果は何世代にもわたる研究者によって再現されてきただけでなく、研究者らを魅了し続けてきた。しかしながら、最小内集団バイアスの現象が非常に頑強であることが判明した一方で、それらの研究が生み出す効果の基盤となる正確なメカニズムは不明瞭なままであった。人をそれまで意味のなかった集団に振り分ける過程が、同じ集団に属する未知の他者を他集団の誰かよりも優先するように振る舞いたい —— もし他集団の人物がより少なく受け取るというのであれば、自集団の人物が本来受け取れた報酬よりも少なくなってもよいというほどに —— と思わせるのは、**そもそもなぜなのだろうか**。

　幸運にも、研究から40年後、今では説得力のある証拠が得られ、いくつかの異なる過程がこの現象に関与し、それゆえ多元的にこの現象がもたらされると結論づけることが可能になった。第一に、差別規範がいつ、そしてなぜ公正規範を凌駕するのかという疑問に解答するのは難しいが、規範要因の役割を完全には排除できない。自己利益の役割を取り除くことも、最初考えられたよりもずっと難しいことが明らかになっている。それは、部分的には、人は内集団から報酬を受け取ることを期待しており、内集団と外集団の間で報酬を分配するときに、そのことを考えに入れているからである。この正確な理由は十分には示されていないが、人が外集団よりも内集団に信頼をおき、それゆえに限定互酬性に従うことには、もっともな進化的理由があるようである。同時に、最小内集団バイアスは自己を判断の係留点として用い、自己利益を内集団に投影する傾向からも生じるようである。そして、最後に、タジフェルらの知見のよ

り集団水準の説明に対する十分な証拠も蓄積している。これらは、差別が（集合的）自己の肯定感を高めるだけでなく、ポジティブな集団弁別性も生み出すことを示唆している。

　結論として、最初に示したとおり、最小条件集団研究の謎を解くことは、研究者を多くの科学捜査的な探偵仕事に巻きこみ、それゆえにアガサ・クリスティのミステリーの特徴を多く備えていたことは明らかである。さらに、結局のところ、『オリエント急行殺人事件』の場合と結末が似通っているようである。**すべての**容疑者が、外集団をあやめるナイフを手にしていたのである。

■さらに学びたい人のために

Tajfel, H. (1970). Experiments in intergroup discrimination. *Scientific American, 223*, 96-102.
　最小条件集団研究に関する平易な紹介。必読であり、取っ付きやすい。

Tajfel, H., Billig, M. G. & Bundy, R. F., Flament, C. (1971). Social categorization and intergroup behaviour. *European Journal of Social Psychology, 1*, 149-177.

Bourhis, R. Y., Sachdev, I. & Gagnon, A. (1994). Intergroup research with the Tajfel matrices: Methodological notes. In M. P. Zanna & J. M. Olson (Eds.), *The social psychology of prejudice: The Ontario symposium* (Vol.7, pp.209-232). Hillsdale, NJ: Erlbaum.
　ボーリスらはタジフェル・マトリクスと報酬差異方略を測定する得点配分をどのように計算するかを詳述している。

Diehl, M. (1990). The minimal group paradigm: Theoretical explanations and empirical findings. *European Review of Social Psychology, 1*, 263-292.
　ディールは、初期の別の説明を扱った研究を概観している。

Rubin, M. & Hewstone, M. (1998). Social identity theory's self-esteem hypothesis: A review and some suggestions for clarification. *Personality and Social Psychology Review, 2*, 40-62.
　ルビンとヒューストンは、自尊心仮説の証拠を概観している。

Gaertner, L. & Insko, C. A. (2000). Intergroup discrimination in the minimal group paradigm: Categorization, reciprocation or fear?. *Journal of Personality and Social Psychology, 79*, 77-94.

ガートナーとインスコは最小内集団バイアスの説明として、互酬性と相互依存を提案している。

Cadinu, M. & Rothbart, M. (1996). Selfanchoring and differentiation processes in the minimal group setting. *Journal of Personality and Social Psychology, 70*: 661-677.

カディヌとロスバルトは、自己基準判断説の論拠といくつかの研究知見を示している。

Spears, R., Jetten, J., Scheepers, D. & Cihangir, S. (2009). Creative distinctiveness: Explaining in-group bias in minimal groups. In S. Otten, T. Kessler and K. Sassenberg (Eds.), *Intergroup relations: The role of motivation and emotion; A festschrift in honor of Amélie Mummendey* (pp.23-40). New York: Psychology Press.

スピアーズらは、集団弁別説の論拠と知見を示している。

[訳者補遺]
ターナー, J. C. ／蘭千壽・内藤哲男・磯崎三喜年・遠藤由美（訳）（1995）『社会集団の再発見——自己カテゴリー化理論』誠信書房.
マクガーティ, C.・イゼルビット, V. Y.・スピアーズ, R.／国広陽子（監修）、有馬明恵・山下玲子（監訳）（2007）『ステレオタイプとは何か——「固定観念」から「世界を理解する"説明力"」へ』明石書店

■引用文献
Billig, M. G. & Tajfel, H. (1973). Social categorization and similarity in intergroup behaviour. *European Journal of Social Psychology, 3*, 27-52.
Bourhis, R. Y., Sachdev, I. & Gagnon, A. (1994). Intergroup research with the Tajfel matrices: Methodological notes. In M. P. Zanna & J. M. Olson (Eds.), *The social psychology of prejudice: The Ontario symposium* (Vol.7, pp.209-232). Hillsdale, NJ: Erlbaum.
Bourhis, R. Y., Turner, J. C. & Gagnon, A. (1997). Interdependence, social identity and discrimination. In R. Spears, P. J. Oakes, N. Ellemers & S. A. Haslam (Eds.). *The social psychology of stereotyping and group life* (pp.273-295). Oxford: Blackwell.
Brewer, M. B. (1999). The psychology of prejudice: In-group love or out-group hate?.

Journal of Social Issues, 55, 429-444.
Cadinu, M. & Rothbart, M. (1996). Self-anchoring and differentiation processes in the minimal group setting. *Journal of Personality and Social Psychology, 70*, 661-677.
Diehl, M. (1989). Justice and discrimination between minimal groups: The limits of equity. *British Journal of Social Psychology, 28*, 227-238.
Diehl, M. (1990). The minimal group paradigm: Theoretical explanations and empirical findings. *European Review of Social Psychology, 1*, 263-292.
Dunbar, R., Barrett, K. & Lycett, J. (2005). *Evolutionary Psychology*. Oxford: One World.
Gaertner, L. & Insko, C. A. (2000). Intergroup discrimination in the minimal group paradigm: Categorization, reciprocation or fear?. *Journal of Personality and Social Psychology, 79*, 77-94.
Hewstone, M., Rubin, M. & Willis, H. (2002). Intergroup bias. *Annual Review of Psychology, 53*, 575-604.
Hunter, J. A., Platow, M. J., Howard M. L. & Stringer, M. (1996). Social identity and intergroup evaluative bias: Realistic categories and domain specific self-esteem in a conflict setting. *European Journal of Social Psychology, 26*, 631-647.
Jetten, J., Spears, R. & Manstead, A. S. R. (1996). Intergroup norms and intergroup discrimination: Distinctive self-categorization and social identity effects. *Journal of Personality and Social Psychology, 71*, 1222-1233.
Jost, J. T. & Banaji, M. R. (1994). The role of stereotyping in system-justification and the production of false consciousness. *British Journal of Social Psychology, 33*, 1-27.
Long, K. & Spears, R. (1997). The self-esteem hypothesis revisited: Differentiation and the disaffected. In R. Spears, P. J. Oakes, N. Ellemers & S. A. Haslam (Eds.), *The social psychology of stereotyping and group life* (pp.296-317). Oxford: Blackwell.
Mummendey, A. & Otten, S. (1998). Positive-negative asymmetry in social discrimination. *European Review of Social Psychology, 9*, 107-143.
Oakes, P. J. & Turner, J. C. (1980). Social categorization and intergroup behaviour: Does minimal intergroup discrimination make social identity more positive?. *European Journal of Social Psychology, 10*, 295-301.
Otten, S. & Wentura, D. (2001). Self-anchoring and in-group favoritism: An individual profiles analysis. *Journal of Experimental Social Psychology, 37*, 525-532.
Rabbie, J. M., Schot, J. C. & Visser, L. (1989). Social identity theory: A conceptual and empirical critique from the perspective of a behavioural interaction model. *European Journal of Social Psychology, 19*, 171-202.
Robbins, J. M. & Krueger, J. I. (2005). Social projection to ingroups and outgroups: A review and meta-analysis. *Personality and Social Psychology Review, 9*, 32-47.
Rokeach, M. (1969). *Beliefs, attitudes and values*. San Francisco, CA: Jossey-Bass.
Rubin, M. & Hewstone, M. (1998). Social identity theory's self-esteem hypothesis: A review and some suggestions for clarification. *Personality and Social Psychology Review, 2*, 40-62.
Scheepers, D., Spears, R., Doosje, B. & Manstead, A. S. R. (2002). Integrating identity

and instrumental approaches to intergroup differentiation: Different contexts, different motives. *Personality and Social Psychology Bulletin, 28,* 1455–1467.

Sherif, M. (1967). *Group conflict and co-operation: Their social psychology.* London: Routledge and Kegan Paul.

Sidanius, J. & Pratto, F. (1999). *Social dominance: An intergroup theory of social hierarchy and oppression.* New York: Cambridge University Press.

Sidanius, J., Pratto, F. & Mitchell, M. (1994). In-group identification, social dominance orientation, and differential intergroup social allocation. *Journal of Social Psychology, 134,* 151–167.

Spears, R., Jetten, J. & Scheepers, D. (2002). Distinctiveness and the definition of collective self: A tripartite model. In A. Tesser, J. V. Wood & D. A. Stapel (Eds.), *Self and motivation: Emerging psychological perspectives* (pp.147–171). Lexington: APA.

Spears, R., Jetten, J., Scheepers, D. & Cihangir, S. (2009). Creative distinctiveness: Explaining in-group bias in minimal groups. In S. Otten, T. Kessler & K. Sassenberg (Eds.), *Intergroup relations: The role of motivation and emotion; a festschrift in honor of Amélie Mummendey* (pp.23–40). New York: Psychology Press.

St. Claire, L. & Turner, J. C. (1982). The role of demand characteristics in the social categorization paradigm. *European Journal of Social Psychology, 12,* 307–314.

Stroebe, K. E., Lodewijkx, H. F. M. & Spears, R. (2005). Do unto others as they do unto you: Reciprocity and social identification as determinants of in-group favoritism. *Personality and Social Psychology Bulletin, 31,* 831–846.

Tajfel, H. (1969). Cognitive aspects of prejudice. *Journal of Social Issues, 25,* 79–97.

Tajfel, H. (1972). La categorisation sociale (social categorization). In S. Moscovici (Ed.), *Introduction à la psychologie sociale* (pp.272–302). Paris: Larouse.

Tajfel, H. (1974). Social identity and intergroup behaviour. *Social Science Information, 13,* 65–93.

Tajfel, H. (1978). Social categorization, social identity and social comparison. In H. Tajfel (Ed.), *Differentiation between social groups* (pp.61–76). London: Academic Press.

Tajfel, H. (1982). Social psychology of intergroup relations. *Annual Review of Psychology, 33,* 1–39.

Tajfel, H. & Turner, J. C. (1979). An integrative theory of intergroup conflict. In W. G. Austin & S. Worchel (Eds.), *The social psychology of intergroup relations* (pp.33–48). Monterey, CA: Brooks/Cole.

Tajfel H, Billig M G, Bundy R P & Flament C. (1971). Social categorization and intergroup behaviour. *European Journal of Social Psychology, 1,* 149–177.

Turner, J. C. (1975). Social comparison and social identity: Some prospects for intergroup behaviour. *European Journal of Social Psychology, 5,* 5–34.

Wetherell, M. (1979). Social categorization in children and the role of cultural context. *New Zealand Psychologist, 8,* 51.

Yamagishi, T. & Kiyonari, T. (2000). The group as container of generalized reciprocity. *Social Psychology Quarterly, 62,* 116–132.

Yamagishi, T., Kikuchi, M. & Kosugi, M. (1999). Trust, gullibility, and social intelligence. *Asian Journal of Social Psychology, 2*, 145-161.

Yuki, M. & Yokota, K. (2009). The primal warrior: Outgroup threat priming enhances intergroup discrimination in men but not women. *Journal of Experimental Social Psychology, 45*, 271-274.

11 ステレオタイプと偏見
ハミルトンとギフォードの錯誤相関研究・再入門

クレイグ・マクガーティ

背 景

　社会心理学は1970年代に新しく強力な認知パラダイムを発展させた。本書3～9章で議論した研究からもわかるとおり、社会心理学ではそれまで20年間にわたって、社会的影響、態度変容、集団力学（グループ・ダイナミックス）の研究が席巻していた。それまでも社会心理学は常に人間の心的生活について研究してきており、また心理学実験室から心的現象の研究をほぼ消滅させた行動主義による実験心理学の全面的支配を退けるよう努めてきた。しかしそのような中、1960年代後半から1970年代前半にかけて、後に認知心理学として知られる新たなアプローチが心理学を支配しはじめたのである。認知心理学者の多くは人間を欠陥のある情報処理装置であるというメタファー（比喩）で武装したが、このメタファーが1970年代になって社会心理学にも導入された。このメタファーは、「人間は自身の周りの情報を処理する際に（特に情報処理能力に限界があるために）さまざまな誤りを犯し、その誤った判断の結果、多種多様な意図しない残念な結果を引き起こす」ことを意味した。
　この情報処理メタファーが提唱者たちによって社会心理学の下位領域として導入されるのには、社会現象を認知的に説明しようとする強い熱意があった。心的な経験を心的現象（認知）で説明することが許容されていくにつれて、社会関係や社会構造などを含む心的生活の成果の多くも、これらの心的現象（認知）で説明できると考えられるようになった。
　多くの心理学者にとってこのアプローチがいかに魅力的であったかは、強調しきれないほどである。社会は人同士の関係から構成されており、各々の人はそれぞれ考える主体である。それを前提とすると、個々人が経験する心的状態

によって対人関係を説明することが可能であれば、という期待を持つのは当然のことだった。もしそれが可能であるなら、社会を科学的に説明する際に、他の多くの概念を捨て去ることができるため、社会心理学にとっては非常に都合が良いからだ。もし社会構造を、個々人の考えの集積として単純に説明できるのであれば、われわれはステレオタイプや偏見といった重要な社会現象を、他の理論（たとえば、集団、階層、文化といった概念に依存する、社会学や社会科学における理論）が提供してきた複雑な説明を考慮せずに説明できるかもしれないのだ。実際に、認知的要因のみに焦点を当てることによって、社会心理学は、物理学や化学が原子の理論によって、また生物学がDNAの構造の発見によってなしえることができたような、ブレークスルーを達成できるかもしれない、と信じられていた。

　社会構造を認知用語で説明するのに最適な研究領域があるとすれば、それはステレオタイプ研究である。当時の社会心理学者たちの間で、ステレオタイプが大きな社会問題であることは、ほぼ衆目の一致するところであった。ステレオタイプは、ネガティブで、強固で、社会的障壁を作り出す誤った考えであり、偏見や差別につながるものと広く捉えられていた。なかでも少数派集団へのステレオタイプ以上に、これが当てはまるものはなかった。ネガティブで誤ったステレオタイプが、少数派集団の不利な立場を維持していることは明白であると思われたが、社会心理学は、これらのステレオタイプの原因について系統だった説明を持っていなかった。

　たとえば、なぜ多くの人びとが人種の少数派集団にネガティブな見方を持っているのだろうか。そしてなぜ、これらの少数派集団に対して、さまざまに異なる人びとが同じネガティブな見方を共有しているのだろうか。異なる人びとが同じ結論を持つようになるのは、彼らの心が同じように働くからだろうか。これらは、ハミルトンとギフォードが1976年に答えようとした、ぜひとも解きたい問いであった。この研究で彼らは、社会におけるステレオタイプの形成を**錯誤相関**（illusory correlation）によって説明しようとした。

錯誤相関研究

　錯誤相関の概念は、ローレンとジーン・チャップマンが1967年に『異常心理学雑誌（*Journal of Abnormal Psychology*）』に発表した論文によって初めて一般心理学の文献に取り入れられた。彼らは、実際には無関連な複数の臨床的概

念が、何らかのかたちで予期されたり、意味を有したりするがゆえに関係していると考えられるようになる現象について説明するために、この言葉を使った。そして1970年代半ばに、このアイディアはデイヴィッド・ハミルトンとロバート・ギフォードという2人の社会心理学者によって拡張されることとなった。2人は、少数派集団へのネガティブなステレオタイプも、誤った連合を持ちやすいという人間の思考傾向の結果として形成されるのではないかと仮定した。彼らは特に、小集団とネガティブな行動との間に誤った連合を形成しやすくする、いくつかの認知要因があると仮定した。

　上述したとおり、これらの認知要因は、人間が欠陥のある情報処理装置だというメタファーに関連している。このメタファーは、特にそれ以前の、ジャーナリストのウォルター・リップマンによる「社会は全体を詳細に理解するには複雑すぎるため、人間はすべての情報を処理することができない」という指摘にもとづいている。1922年の著書『世論（*Public Opinion*）』において、リップマンは、人びとは情報の過負荷を避けるために、情報を要約し選択せざるを得ず、さらに個々人の印象ではなく集団としての印象を形成するのに一般化を用いざるを得ない、と主張した。これはつまり、**ステレオタイプ**に依存する、ということだ。

　スーザン・フィスクやシェリー・テイラーなど大きな影響を与えた認知的社会心理学者の議論に沿って、ハミルトンとギフォードは、この世界を単純化して認識したいという欲求があるため、人びとは、注意を要求するものにしか注意を払わない傾向があると考えた。もっとも注意を集めやすいものは目立つもの、弁別的なものであり、なかでももっとも弁別的なのは、昔からあったり平凡だったりするもの（つまりこれまでに見たことがあるもの）ではなく、新しかったり珍しかったりするという意味で目立つものである。あまり出会わない集団のメンバーと言えば、多くの人にとって少数派集団である。そしてそうであれば、日常生活を過ごす中で、少数派集団のメンバーに出会った時には特段の注意を払うに違いない。

　少数派が実際に弁別的であるとして、同じように弁別的な社会的行動にはどんなタイプがあるだろうか。ハミルトンとギフォードは、社会的にはポジティブな行動をすることが望ましいため、ネガティブな行動はより稀であるに違いなく、これもまた注意を引くはずであると論じた。ただし、これではまだ、なぜ少数派集団が特にネガティブに見られなければならないのかを説明できていない。しかしながら、ハミルトンとギフォードは、少数派集団のメンバーが行った珍しい（つまり、望ましくない）行動は**二重に弁別的**（doubly distinctive）

であり、そのため注意深く処理され、記憶に保存されることが**特段に**多くなる、という仮定を追加して説明している。実際、弁別的集団と弁別的行動の共起がステレオタイプ形成の潜在的基盤であるという考えは、彼らの錯誤相関モデルの核となる前提である。

このモデルの魅力は、少数派へのネガティブなステレオタイプの蔓延を、認知的要因のみで説明できることである（ただし少数派集団が、日常的に他の少数派集団に頻繁に出会うような状況を除く）。このモデルは、認知的要因ではない社会的構造に関する説明に頼ることを必要とせず、なぜこれほど多くの人びとが同じ方向に世界を誤って知覚してしまうのかを説明できるのだ。

方　法

ハミルトンとギフォードが1976年に『実験社会心理学研究雑誌（Journal of Experimental Social Psychology）』に発表した画期的な研究で検討したのは、この潜在的な影響力を秘めたモデルであった[1]。

ハミルトンとギフォード（1976）は、一般的な方法を用いた2つの実験を報告した。1つ目では、実験参加者は、名前がなく集団A、集団Bとだけ呼ばれる2つの集団のいずれかのメンバー1人が行ったポジティブもしくはネガティブな行動について述べた、39の文章を呈示された。これらの文章は、下記のような形式をとっていた。「集団Aのメンバー、ジョンは、たまに小銭をごまかすことがある」。

実験参加者に呈示された記述文セットの重要な特徴は、2つの集団や、2種類の行動[訳者注]が出てくる割合が異なることである。実験者はこの点について、実験参加者には「現実社会では集団Bは集団Aよりも人口が小さく、そのため、集団Bについての文章の頻度は少なくなります」と説明した。これに合うように、39の文章のうち、26が集団Aのもので、13が集団Bのものになっていた。同様に行動の善悪についても、39文章中、事前にポジティブと判断

---

[1] この20年近く後、マッコーネルら（McConnell et al., 1994）によって弁別性（distinctiveness）による説明の拡張も行われた。この説明は、二重弁別性という考えは維持しつつも、刺激が呈示される順序という文脈において刺激が再解釈されることの重要性を強調している。実際に刺激は、それが呈示される順序によって示唆的な（そしてその結果注目されやすい）存在となりうる。この順序による弁別性が刺激の解釈に影響するのは、刺激の呈示後でかつ判断前である、と推測される。

〔訳者注〕ポジティブとネガティブの2種類の行動。

表11.1　ハミルトンとギフォード（1976, 実験1）で用いられた刺激セットにおける、2つの集団それぞれの、望ましい／望ましくない行動の出現頻度

	集団A	集団B
望ましい	18	9
望ましくない	8	4

［注］刺激となる文章セットの重要な点は、両集団に対してポジティブな文章とネガティブな文章の割合が同じになっていることである（つまり、9：4になっている）。

されていた行動が27、ネガティブとされていた行動が12であった。ポジティブおよびネガティブな行動は、多数派集団（集団A）のものにも少数派集団（集団B）のものにも出てくるようになっていた。重要なことは、表11.1にあるように、ポジティブおよびネガティブな行動の**出現頻度**は、両方の集団に対して同じになっていた（9：4）ということである。

　これらの実験デザインの特徴から考えると、実験参加者が、一方の集団を他方の集団よりもポジティブに評価する明らかな理由はない。さらに、両集団には名前がつけられていなかった（そのため、実験参加者が現実社会の集団とこれらの集団を結びつけるような手がかりは何もなかった）ため、実験参加者にとって、どちらかの集団について何らかの予期を持つ理由もない。そして、ここでの研究上の重要な疑問は、実験参加者が両集団を同程度に良い集団だと見なすか、一方を他方よりもよりポジティブに判断するか、であった。特に、多数派集団を少数派集団よりも好意的に考える傾向があるかどうか、であった。

結　果

　ハミルトンとギフォードは、以下の3つの指標について錯誤相関の存在を検討した。1つ目は、参加者の文章の認識を調べる**割り当て**（assignment）指標であった。課題として、参加者は39個の行動を呈示され、各々の行動を行った人がどの集団に属していたかを覚えておくよう指示された。ここで、もしも「二重に弁別的な行動」（集団Bの人が行ったネガティブな行動）が参加者の記憶の中で過剰に注目が集まっているなら、少数派集団と結びついたネガティブ行動は忘れられにくく、そのために実際以上にその行動があったと推測されると考えられる。2つ目は、**頻度推定**（frequency estimation）指標である。実験参加者に、2つの集団メンバーによって行われたネガティブ行動の数を書くよう求める。ここでも、もし二重に弁別的な行動がより注意を引き、より記憶に残

る傾向があるなら、参加者は少数派集団が行ったネガティブ行動の頻度を過大に推定すると考えられる。

これら両方の指標で錯誤相関の存在は、分割表で相関を計算する際に用いられる、ファイ（φ）と呼ばれる特別な相関係数で測定できる。値が0であれば、参加者がある集団と行動の間に何の関連も見出していない、ということを意味する。ハミルトンとギフォードの研究において、この両方の指標とも有意に0よりも高い値を示した。表11.2に示したパターン例が示すように、予想どおり参加者は、少数派集団（B）メンバーが行った望ましくない行動の頻度を過大に見積もっていた。

これら2つの指標は認知プロセスを知る興味深いものであるが、問題がないわけではない。二重弁別性（paired distinctiveness）は、偽の、もしくは歪んだ記憶を生むというよりも、記憶されやすくなることを意味するので、記憶指標に対する上記2つの指標はさほど顕著にならないと予測される。この点、ハミルトンとギフォード（1976）の3つ目の指標は、参加者の記憶課題得点ではなく**特性評価得点**であり、特に興味深い。この指標は具体的には、2つの集団についてさまざまな評価次元（たとえば、その集団メンバーがどの程度人気があり、社交的であり、努力家で知的であるか、などの次元）で評定をするという課題の得点であった。この指標は、その後さほど注目されなかったのだが、日常的なステレオタイプの概念により近い反応を見るものであり、その意味でより興味深いものである。つまり、二重弁別性が集団についての実際の判断に影響を及ぼしうることを示すのだ。そして、その結果がまさに実証され、参加者は、集団Aを集団Bよりもよりポジティブに評定したのだった。

その後、第2研究が行われ、行動の大半がポジティブではなくネガティブな場合が検討された。そしてここでも、3種類のすべての指標——記憶に関する指標2つとステレオタイプ的判断に関する指標1つ——で効果が見られた。ただしこの研究では、ポジティブな行動の方が少なかったため、二重弁別性の概

表11.2 標準的な錯誤相関研究から得られた、望ましい・望ましくない行動の分布の典型的な頻度推定値（Hamilton & Gifford, 1976, 実験1より）

	集団A	集団B
望ましい	17	7
望ましくない	9	6

［注］この反応パターンの重要な点は、参加者が集団Bの望ましくない文章の頻度を過大に見積もったということである（つまり、実際には4つであったのに、6つあったと思い出している）。

念から予測されるように、今度は少数派集団と**ポジティブな**行動との関連が示された。この第 2 研究は、この効果が小集団をネガティブに評価するバイアスや、「集団 A」対「集団 B」という単なるラベルへの好みによる可能性を排除している点で重要である。

錯誤相関研究の影響

　ハミルトンとギフォードの論文は、刊行されるやすぐに、ステレオタイプ研究や社会心理学全般に対する社会的認知アプローチの重要な例として大きな影響を与えた。この論文は科学的研究論文に 300 回以上引用されてきたが、より際立つのは、過去 30 年にわたって心理学を勉強する数百万の学生たちに用いられてきた教科書の何世代にもわたる著者たちに、「ステレオタイプはどのように形成されるのか」という重要な疑問に対する標準的な解答を提供してきた、ということである。この研究は、早くも 1980 年に刊行されたリチャード・エイサーの『認知社会心理学（Cognitive Social Psychology）』に載っているし、その約 30 年後に刊行されたエリオット・スミスとダイアン・マッキーの『社会心理学（Social Psychology）』第 3 版（2007）にも載っている。これら 2 つの教科書は、ハミルトンとギフォードのオリジナルの研究後の 30 年間を挟むものであるが、錯誤相関そのものを含めて、カテゴリー化の社会認知的側面に重要な洞察をもたらした研究者たちによって書かれている（詳細は、Smith, 1991; Spears et al., 1985, 1986）。これらの教科書もステレオタイプ形成に対して持つ効果の意味について論評し、評価しているが、数え切れないほどの他の教科書——専門は他領域だが、同じように卓越した著者たちによるものである——も、錯誤相関とステレオタイプ形成との関連を緊密で確固なものとしてきたと言っても過言ではない。ステレオタイプ形成に関するどんな議論も、錯誤相関効果、特にハミルトンとギフォード（1976）の議論を抜きにしては、完全とは言えない。これは言い過ぎではなく、控えめすぎるぐらいである。さらに言うと、ステレオタイプ形成の多くの議論は、ハミルトンとギフォードによって開始された弁別性にもとづく錯誤相関の議論そのものである、と言える。

　もちろん、社会心理学実験の結果が、複雑な社会心理学的現象の現実に近づいたと見なせる領域は、他にも存在する（タジフェルの最小条件集団研究やジンバルドーのスタンフォード監獄実験など、本章の他の多くの章でも例証されている。10 章と 8 章参照）。しかし、錯誤相関効果の場合、その効果は日常生活であま

りに普通にみられる社会心理学的現象の説明の中核に位置しており、その説明なしに、人間の社会関係を理解できるとは、想像しづらい。

それでは、なぜ錯誤相関研究が、これほどまでに魅力的で影響力が大きかったのだろうか。先述したとおり、多くの社会心理学者にとっての魅力の一部は、社会学、政治学、歴史など、他領域から引き出された説明原理を使わなくても良いことにある。ハミルトンとギフォードが特にこの点を「売り」にしたということではないが、ここに惹かれる者が多かった（一世代前には、ファシズムがある特定の文化での子育て習慣から生まれた性格類型の産物だという考えが熱狂的に支持されていた。Adorno et al., 1950 による）。ステレオタイプ形成の場合、1970年代には社会心理学は、認知革命を受け入れる準備が整っていた。認知革命とは社会構造や進行中の社会関係による枠組みを用いた複雑な説明を不要にする新しい考え方であった。

また、錯誤相関研究の高い魅力と影響力に間違いなく貢献しているのは、その効果の頑堅性、つまり容易に再現されることである。この頑堅性は、ブライアン・ミュレンとクレイグ・ジョンソン（Mullen & Johnson, 1990）によるメタ分析によっても確認され、効果は小さいが有意であることが示された。ここで重要なのは、この錯誤相関効果が、重要な社会的現象を説明するように思われると同時に、一見して単純な効果で、容易に説明、理解でき、実験室や教室で簡単に再現できることであった。簡単に言えば、この研究は、古典的研究となるべき要素をすべて備えていた。

錯誤相関研究を超えて ── 別の解釈と知見

錯誤相関の認知的解釈

ハミルトンとギフォードの研究は大きな影響を及ぼしたわけだが、ステレオタイプ形成の弁別性にもとづく錯誤相関の説明には慎重であるべきと考える十分な理由もある。それらは、ハミルトンとギフォードのオリジナル論文公刊の15年ほど後になって現れはじめた。特に、クラウス・フィードラーとエリオット・スミス（Fiedler, 1991; Smith, 1991）は、それぞれの錯誤相関の2つの新しい説明を提案した。これらの新たな説明の重要な側面は、どちらのモデルも、二重弁別的な情報に特別な重要性をおいていないところにあった。

2つのモデルの共通点は、錯誤相関の効果を、分布の歪んだ情報を処理す

るよう人びとに求めたことの当然の結果として説明したことである。そのため、これらの新しいモデルは、ステレオタイプ形成ではなく錯誤相関について説明するものであった。そしてこれらの新しい論文は、ハミルトンらのオリジナルの研究で明白であったステレオタイプ化現象に焦点を当てた研究から、認知プロセス研究という非常に微細な方向に焦点を当てる移行の先駆けとなった（後の研究にも見られる。たとえば、Berndsen et al., 1998; McConnell et al., 1994; Sherman et al., 2009）。

　フィードラーのモデルは、情報の損失に焦点を当てたものであった（このモデルは1996年にさらに改訂されたため、本章の説明の一部は、1991年の論文よりも後の改訂版を反映している）。このモデルの中心となる主張は、もし知覚者が錯誤相関研究で用いられた39個の行動の文章のような複雑な情報分布に直面したとき、その情報のほとんどは失われてしまうだろうというものである（実際、そのような情報損失は、われわれにとって不可避である）。情報が「失われる」のは、情報がまったく処理されなかったからか（おそらく、注意を払っていなかった）、知覚者が見たものを忘れてしまったからか、知覚者が自分の見たものを記憶から検索することができなかったからか、のいずれかとなる。情報損失が、知覚処理上の結果であれ、記憶処理の結果のいずれであれ（もしくはその両方）、情報損失がランダムである限り、情報損失の影響は一定の形態をとると予想される。つまり、もしも情報損失がランダムであれば、平均して同量の情報損失があった場合、小集団の印象の方により大きなダメージを与えるであろう。標準的な錯誤相関パラダイムでは、両集団への情報のバランスは非常にポジティブなものである。つまり、知覚者が一連の情報をすべて受け取った場合、印象は両集団に対してポジティブなものとなる。しかし両集団について一定割合の情報を損失した場合、大集団については、まだポジティブな印象を維持するのに十分な情報が残っているが、小集団へのポジティブな情報は非常に少なくなるだろう。

　フィードラーの説明の魅力的な点は、この説明が幅広く適用可能で、確かに良く当てはまる場合が多いことである。複雑な刺激情報の知覚や記憶、検索においてランダムな情報損失が起こることは十分ありえる。もしそうであり、そして残った情報が統合されるならば、フィードラーが説明した統計原理のとおりになるというのはほとんど不可避に思われる（単純に大数の法則として広く知られる統計原理の適用範囲の広さに鑑みて、そう考えられる）。判断が難しいのは、これらのプロセスが、錯誤相関効果を説明するほど十分大きく、十分早く効果をもたらすのか、ということである。また、このモデルが、少数派集団が大き

い場合に（たとえば、集団Aの刺激数が52で、集団Bは26など）錯誤相関効果が急速に減衰することを予測するかどうかも判断が難しい。しかしながら現在得られている証拠は、この点に関して非常に限られている。

スミスも、フィードラーと同じ年に独自に類似の結論に至ったが、コネクショニストモデルの研究からヒントを得て、あらたな情報処理構造の存在を仮定した。スミスは、もし錯誤相関研究において、知覚者が2つの集団の印象を形成し記憶する認知システムを持っていると仮定するなら、単純に彼らが呈示される情報セットの特性によって、多数派集団の印象は少数派集団の印象よりもポジティブになりうると論じた。その理由は、多数派集団の場合は、ネガティブ情報よりもポジティブな情報の方が10個多いが、少数派集団の場合はこの差は5個にすぎないからである。つまり、もしもポジティブな全体的印象がポジティブな情報とネガティブな情報のバランスから来るのなら、少数派集団が多数派集団と同様にポジティブに見られるとは考えにくい。ただし、この情報処理モデルはもっともらしいにもかかわらず、実際には存在しないであろう特別な認知的構造に依拠していることは指摘しておくに値するだろう。また、このモデルもフィードラーのモデルと同様、サンプルサイズに影響を受ける。

意味にもとづく錯誤相関の説明

1993年に私は共同研究者たちと共に、フィードラーとスミスのモデルにもとづきながらも、同時に多くの意味で彼らとは異なる着想を得た。特に、われわれは錯誤相関効果が受動的な情報処理の副産物ではなく、刺激に**意味を持たせよう**という、**能動的な**過程を反映しているのではないかと考えた。言い換えれば、参加者に呈示された情報の解釈にはさまざまな方法があり、いわゆる錯誤相関は、実際には現実の歪曲ではなく、呈示された情報への参加者の適正な反応ではないかという問いに、われわれは興味を持ったのだった。

事前に何の情報もない2つの集団を実験で呈示された場合、参加者たちは2つの集団には何らかの差異があるに違いないと思い、その差が何であるかを見つけ出すよう動機づけられるだろう。つまり、2つの集団の間には何も違いがないという事前情報を与えられない中では、参加者は、与えられた2つの集団が何らか異なっているという、意味のある見方を探求するとわれわれは予想した。

われわれのアプローチは、社会的アイデンティティ、特に自己カテゴリー化

理論 (Turner et al., 1994) から着想された、ステレオタイプに関するもう1つ別の社会的認知アプローチにヒントを得たものである。この別のアプローチは、まず1957年にジェローム・ブルーナーによって最初に議論された、「社会的知覚者の情報処理に問題が起こる原因は、情報が多すぎることにあるのではなく、少なすぎることにあるのだ」という議論に支えられている。前述したとおり、これまでの多くの心理学者は、社会的知覚者は複雑な社会に直面しているので、この混乱をある程度遮断する必要があると信じていた（たとえば Lippmann, 1922. また James, 1890. ジェームズは、世界について、「途方もないガヤガヤとした混沌（blooming buzzing confusion）」(p.488) と書いている）。しかしわれわれはそうではなく、社会的知覚者は知識を追加しようとすると考える。彼らは微妙な違いや目に見えない本質の理解を求めるのである。

　このアプローチはまた、ステレオタイプは固定された、現実の単純化されたネガティブな歪曲ではなく、集団についての印象であって、知覚者が対峙する環境に適応し、相互作用するためには、柔軟で、複雑で、ポジティブで正確なものである必要があると仮定する。たとえば、第二次世界大戦時には、ユダヤ人はナチス親衛隊のメンバーに対して、固定的な、単純でネガティブな見方を持っていたと推測される（ナチス親衛隊もまたユダヤ人に対して、同じような見方を持っていただろう）。しかし、ユダヤ人のナチス親衛隊に対する見方は、**単にそれがステレオタイプである**という**理由**で不正確だということにはならない（Oakes et al., 1994 参照）。特に、当時のユダヤ人にとって、ナチス親衛隊が一律に、そして常に悪魔のようだというステレオタイプは、ナチス親衛隊のメンバーに対して持つ正確で実用的な見方であっただろう。しかしながら、認知、行動、ステレオタイプはまた、変化しうることを必要とする。なぜなら、そうできないなら、人びとは変化する世界に対応できず、意見の一致を見ることもないからである（McGarty, 1999）。さらに変化することがなければ、意味のある社会的行動をとることもできない（なぜなら、何よりもまず、社会的協力や社会的変化も不可能だからである）。

　ここまで主題からはずれて寄り道してきたが、その目的は、錯誤相関現象をステレオタイプ形成プロセスに再接続することの重要性を強調することにある。要するに、どちらも、マクガーティとターナー（McGarty & Turner, 1992）が**差異化された意味**（differentiated meaning）と名付けたものの探求プロセスから来ると論じたいのである。ここで言う意味とは、ある物事や一連のものが、他のものや一連のものとは異なるという理解を反映している。そして、錯誤相関研究において知覚者が集団AとBがどのように異なるかを発見しようと動

機づけられると仮定するならば（実験者がわざわざ異なるラベルを与えているのだから、両者が異なると推測するのは十分合理的である）、自ずから問題は、なぜ知覚者は、一方を他方よりも良いと判断しがちなのか、ということになる。

　重要なことには、マクガーティら（1993）は、人びとは弁別性の概念を使わずとも、刺激となる情報の解釈過程から、錯誤相関パラダイムにおける差異化された意味を引き出せると提案していることである。具体的には、これが実現可能な2つの方法がある。そのうちの1つは、フィードラー（1991）とスミス（1991）の議論とほぼ同じである。たとえばもし知覚者が集団Aはネガティブというよりポジティブだという仮説をいだいた場合、この仮説を支持する10個の根拠があるが（肯定情報が18個で否定情報が8個）、集団Bはネガティブというよりポジティブだという別の仮説を支持する根拠は5個しかない（つまり、肯定情報が9個で否定情報が4個）。したがって、（スミスのモデルに沿って）参加者が集団Aについては非常に好意的な印象を形成し、集団Bについては不確定というのは不合理ではない。

　しかしながら、われわれのアプローチはフィードラーとスミスを超えて、知覚者は単にこの情報を符号化したり失ったりするだけではなく、2つの集団間の差異をさらに明確にするために、与えられた情報を超えていくと論じる。この点を検討するためのわれわれの最初の提案は、人は目の前にある集団が異なると予期すると、彼らの課題はそれら2つの集団を区別しうる、もっともと思われる方法を探すことである、という論理にもとづいている。興味深いのは、もしこれが正しいならば、人は2つの集団について何の刺激情報も持たなかったとしても、異なるという予期さえあれば違いを見出すと予想されることである。

　われわれは、最初の研究で、このかなり独特な考えを検討した。ここでの論理は、もしも錯誤相関効果が、刺激情報の中に弁別的なものを探すことにあるのではなく、予期を強化することに関係しているならば、参加者が標準的な教示を受け、刺激に対する鍵となる予期をいくつか与えられるが、その後、実際には刺激となる情報を与えられることなく課題をやり遂げるよう指示されたときにも、錯誤相関効果が得られるはずだというものであった。われわれは、参加者に（a）集団AについてはBについてよりも2倍の情報があること、(b) ポジティブな情報がネガティブな情報よりも2倍多くあること、の2点を伝えただけで、錯誤相関効果が起こるかどうかを検討した。参加者は、それぞれの集団メンバーがどう行動すると**予測するか**を評定するよう求められたとき、6つのテストのうち5つにおいて有意な錯誤相関の証拠を示した（つまり、集団

BはAよりもネガティブだとされた)。

　続く研究2でも同じ手続きを行ったが、錯誤相関効果を測定する前に参加者に与えた文章はすべて、どちらの集団とも示さないかたちにした(具体的には、次のような形式の39の文章を読んだ。「集団＿のメンバーのACは、彼の友人2人がケンカをしたときは、どちらか一方のみを支持しないように努めています」)。そしてわれわれはここでも、すべての条件で、錯誤相関効果が強力に生じることを確認した。

　このように刺激情報が最小限である状況でも錯誤相関効果が見られたことは、フィードラーが論じたように、情報の損失が重要であることを明確に裏付けているとも言える。ただしここでの重要な違いは、情報が喪失したというよりも、そもそも情報が獲得されていなかったことである。

　このロジックはその後、ハスラムら(Haslam et al., 1996)の研究によってさらに検証された。われわれは、もしも錯誤相関効果が2つの集団の間に違いがあるはずだという最初の期待を強化することにより得られるのであれば、違いを検知しようという参加者の動機づけを取り除いてやれば、この効果が消滅するはずであると考えた。この考えを検証するため、われわれはハミルトンとギフォードの実験1を追試したが、参加者には多数集団(A)は右利きの人で構成されていて、少数集団(B)は左利きの人で構成されている、と伝えた。予想されたとおり、参加者のその後の反応は、2つの集団について差異を知覚した証拠を示さなかった(つまり、錯誤相関の証拠は得られなかった)。これはおそらく、参加者が違いを探索しようとしなかったためと考えられる。

　これらのさまざまな考えをさらに検討するために、マリエッテ・バーンドセンらも、このトピックについて重要な研究を多数行っている。それらの中でももっとも重要なものの1つに、標準的な錯誤相関研究において、2つの集団についての文章が、実験が進むにつれて再解釈されていることを示したものがある(Berndsen et al., 1998)。つまり、多様な文章のポジティブさとネガティブさは一定なのではなく、多数集団が行ったポジティブ行動はよりポジティブに、小集団が行ったネガティブ行動はよりネガティブに解釈された。これは、集団間の差異の探索は、それらの集団に対する知覚を変化させるだけではなく、それらの知覚の基となった情報そのものをも変化させうるということへの強力な証拠である。もしそうであるならば、刺激情報への評価は次第に変化するため、情報処理は、単に固定された情報を統合したり貯蔵したりするにとどまらないことになる。これは、通常は注目されない知見であるが、社会的認知やより一般的には社会的判断を理解するうえでの重要性は、強調してもしすぎることは

ない。
　もう1つのバーンドセンら（2001）の重要な貢献は、「発話思考法（thinking aloud procedure）」を用いた錯誤相関研究で、参加者の認知的プロセスを追跡した。この方法を用いて、バーンドセンらは、真の実験参加者の多くは、刺激を見ながら仮説検証を行っており、差異化された意味を探していたことを確認することができた。この研究も、ハミルトンとギフォードが最初に観察した錯誤相関効果の基底プロセスは、情報を単純化するという受動的なものではなく、意味を探求するという能動的で努力を要する探求プロセスにもとづく、という主張を裏付けるものである。さらに重要なことに、この探求は、決して現実に盲目的に行われるのではなく、現実を良く反映しているのである。

結　論

　2009年に、ジェフ・シャーマンらが新たな弁別性モデルを発展させている。そのモデルの中心的な考えは、刺激情報は、その目新しさや統計的希少性によって弁別的であるのではなく、集団間を差異化する余地による、というものである（Sherman et al., 2009）。とりわけこのモデルは、前節で説明した差異化された意味による説明を裏付けている。このことからも、錯誤相関効果を説明するのにもステレオタイプ形成を説明するのにも、統計的希少性によって定義される刺激の弁別性という概念は、ほとんど不必要であることが明らかである。これは、統計的希少性がまったく重要でないとか意味がないとかということではない。これらは、集団間関係の構造と性質を説明するのに役立つという意味で、一貫して、基本的に、そして本質的に意味があるというわけではないということである。そこで、もしわれわれが、ステレオタイプのような社会的現象を説明するのに認知的アプローチをどれほど推し進めることができるかと尋ねられたなら、その答えはおそらく、「それほどは」となるであろう。ステレオタイプは認知的な現象であり、認知プロセスを通して形成されるし、ハミルトンとギフォードの論文に刺激を受けた研究は、集団の人びとの印象形成に関わる複数の認知プロセスのいくらかを、ほぼ確実に明らかにしてきたと言える。しかしながら、それらの研究によって、ステレオタイプ形成の**説明である**と言える唯一の普遍的なプロセスを取り出せたかと言うと、それを疑う強い理由がある。
　そう、確かに少数派集団は多数派集団によってしばしば非難されるが、非難

されない少数派集団も多数あり、非難される多数派集団も多数ある。集団サイズとステレオタイプがネガティブであることの相関それ自体が、錯誤なのである。

　錯誤相関効果は、カテゴリー学習の側面を理解する有効な現象である。もし社会心理学に広く適用可能な、差異化された意味による説明から導き出すことができるポイントが1つあるとすれば、人びとが集団カテゴリーについて判断し、知ることは、不変の刺激情報の痕跡を集めるという冷たいプロセスではないということである。そうではなく、意味を引き出すという動機づけられたプロセスであって、そしてその意味は変化しうるのである。したがって、認知プロセスの研究、とりわけ対人認知研究にとって、ブルーナー（Bruner, 1957）が随分前に指摘したとおり、知覚者が社会的な意味の探求によって影響を受けると認めることが不可欠である。心理学の実験は、それ自体が実験者と実験参加者の社会心理的な相互作用であるし、実験参加者は、その状況の論理と自分自身の知識の観点から、目の前にある状況の意味を理解しようと努める。もちろん、知覚者が社会的な意味の探求によって影響を受けるとしても、実験で設定されるさまざまな状況は心理学の観点から理解可能であるし、また実験はたいへん価値がある。それらを十分に理解し、また実験から学ぶためには、われわれは実験参加者のことを受動的な客体ではなく、また単純に情報を処理するというよりも、さらに高度な処理を行いたいと常に希求している、動機づけられた主体であると認識する必要がある。

■さらに学びたい人のために

Bruner, J. S. (1957). On perceptual readiness. *Psychological Review, 64,* 123-152.

Hamilton, D. L. & Gifford, R. K. (1976). Illusory correlation in intergroup perception: A cognitive basis of stereotypic judgments. *Journal of Experimental Social Psychology, 12,* 392-407.

社会認知的なプロセスについて興味のある読者は、動機づけられた知覚についてのブルーナーの研究を読むことを勧める。

錯誤相関については、ハミルトンとギフォードによるこの画期的な研究に匹敵するものはない。

Fiedler, K. (1996). Explaining and simulating judgment biases as an aggregation phenomenon in probabilistic, multiple-cue environments. *Psychological Review, 103*, 193-214.

フィードラーの、多くのアイディアの精緻化と一般化。独創的であり、かつときどきひどくいらいらさせられる。

Sherman, J. W., Kruschke, J. K., Sherman, S. J., Percy, E. T., Petrocelli, J. V. & Conrey, F. R. (2009). Attentional processes in stereotype formation: A common model for category accentuation and illusory correlation. *Journal of Personality and Social Psychology, 96*, 305-323.

この論文は、カテゴリーの強調から錯誤相関効果まで、幅広い現象を説明する適用可能性の広いモデルの説明を提供している。

Berndsen, M., Spears, R., McGarty, C. & van der Pligt, J. (1998). Dynamics of differentiation: Similarity as the precursor and product of stereotype formation. *Journal of Personality and Social Psychology, 74*, 1451-1463.

バーンドセンらのこの論文は、差異化意味アプローチについてのもっとも洗練された実証研究である。

McGarty, C., Yzerbyt, V. Y., & Spears, R. (Eds.) (2002) *Stereotypes as explanations: The formation of meaningful beliefs about Social groups.* Cambridge: Cambridge University Press. ［マクガーティ・イゼルビット・スピアーズ／有馬明恵・山下玲子（監訳）『ステレオタイプとは何か——「固定観念」から「世界を理解する"説明力"」へ』明石書店］

編著本で、オーストラリアとヨーロッパの研究者によるステレオタイプ形成の国際的共同研究成果の異なる側面を一書にまとめている。

[訳者補遺]
上瀬由美子（2002）『ステレオタイプの社会心理学——偏見の解消に向けて』（セレクション社会心理学 21）サイエンス社
バナージ, M. R. & グリーンワルド, A. G.／北村英哉・小林知博（訳）（2015）『心の中のブラインド・スポット——善良な人々に潜む非意識のバイアス』北大路書房

■引用文献
Adorno, T. W., Frenkel-Brunswik, E., Levinson, D. J. & Sanford, R. N. (1950). *The*

authoritarian personality. New York: Harper.［アドルノ／田中義久ほか（訳）(1980)『権威主義的パーソナリティ』（現代社会学大系 第12巻）青木書店］

Berndsen, M., Spears, R., McGarty, C. & van der Pligt, J. (1998). Dynamics of differentiation: Similarity as the precursor and product of stereotype formation. *Journal of Personality and Social Psychology, 74*, 1451-1463.

Berndsen, M., McGarty, C., van der Pligt, J. & Spears, R. (2001). Meaning-seeking in the illusory correlation paradigm: The active role of participants in the categorization process. *British Journal of Social Psychology, 40*, 209-234.

Bruner, J. S. (1957). On perceptual readiness. *Psychological Review, 64*, 123-152.

Chapman, L. J. & Chapman, J. P. (1967). Genesis of popular but erroneous psychodiagnostic signs. *Journal of Abnormal Psychology, 72*, 193-204.

Eiser, J. R. (1980). *Cognitive social psychology*. London: McGraw-Hill.

Fiedler, K. (1991). The tricky nature of skewed frequency tables: An information loss account of distinctiveness-based illusory correlations. *Journal of Personality and Social Psychology, 60*, 24-36.

Hamilton, D. L. & Gifford, R. K. (1976). Illusory correlation in intergroup perception: A cognitive basis of stereotypic judgments. *Journal of Experimental Social Psychology, 12*, 392-407.

Haslam, S. A., McGarty, C. & Brown, P. (1996). The search for differentiated meaning is a precursor to illusory correlation. *Personality and Social Psychology Bulletin, 22*, 611-619.

James, W. (1890). *The principles of psychology*. New York: Henry Holt & Co.

Lippmann, W. (1922). *Public opinion*. New York: Harcourt Brace.［リップマン／掛川トミ子（訳）(1987)『世論（上・下）』岩波書店（岩波文庫）］

McConnell, A. R., Sherman, S. J. & Hamilton, D. L. (1994). Illusory correlation in the perception of groups: An extension of the distinctiveness-based account. *Journal of Personality and Social Psychology, 67*, 414-429.

McGarty, C. (1999). *Categorization in social psychology*. London: Sage.

McGarty, C. & Turner, J. C. (1992). The effects of categorization on social judgment. *British Journal of Social Psychology, 31*, 253-268.

McGarty, C., Haslam, S. A., Turner, J. C. & Oakes, P. J. (1993). Illusory correlation as accentuation of actual intercategory difference: Evidence for the effect with minimal stimulus information. *European Journal of Social Psychology, 23*, 391-410.

Mullen, B. & Johnson, C. (1990). Distinctiveness-based illusory correlations and stereotyping: A meta-analytic integration. *British Journal of Social Psychology, 29*, 11-28.

Oakes, P. J., Haslam, S. A. & Turner, J. C. (1994). *Stereotyping and social reality*. Oxford:

Blackwell.

Sherman, J. W., Kruschke, J. K., Sherman, S. J., Percy, E. T., Petrocelli, J. V. & Conrey, F. R. (2009). Attentional processes in stereotype formation: A common model for category accentuation and illusory correlation. *Journal of Personality and Social Psychology, 96*, 305-323.

Smith, E. R. (1991). Illusory correlation in a simulated exemplar-based memory. *Journal of Experimental Social Psychology, 27*, 107-123.

Smith, E. R. & Mackie, D. (2007). *Social psychology* (3rd ed.). Philadelphia, PA: Psychology Press.

Spears, R., van der Pligt, J. & Eiser, J. R. (1985). Illusory correlation in the perception of group attitudes. *Journal of Personality and Social Psychology, 48*, 863-875.

Spears, R., van der Pligt, J. & Eiser, J. R. (1986). Generalizing the illusory correlation effect. *Journal of Personality and Social Psychology, 51*, 1127-1134.

Turner, J. C., Oakes, P. J., Haslam, S. A. & McGarty, C. (1994). Self and collective: Cognition and social context. *Personality and Social Psychology Bulletin, 20*, 454-463.

12 緊急時の援助行動
ラタネとダーリーの傍観者研究・再入門

マーク・レヴィン

背景

　1964年3月13日午前3時30分頃、ニューヨークのキュー・ガーデン地区で、キティ・ジェノヴィーズはウィンストン・モーズレイに刺され、強姦され、殺害された。この殺人は、この年アメリカ合衆国で生じた9,360件の殺人事件の1件であり、あからさまな無差別攻撃の恐怖にもかかわらず、翌日『ニューヨークタイムズ』紙の12面で数行の記事になったのみであった。驚くかもしれないが、この殺人は最初、世の関心をほとんど引かなかった。しかし10日後、警察本部長マイケル・J・マーフィーと『ニューヨークタイムズ』の編集者A・M・ローゼンタールが昼食をとりながら交わした会話から、事態が変わりはじめた。2人は、ジェノヴィーズ（と他の何人かの女性たち）を襲ったモーズレイの逮捕について話していて、マーフィーはキュー・ガーデンの住人たちの不作為を非難した。彼は、警察は38名の目撃者の名前を把握したが、彼らは関わることを拒否したとほのめかした。
　ローゼンタールはオフィスに戻り、部下の1人マーティン・ガンスバーグ記者に、この特ダネ情報をさらに取材するよう命じた。4日後の3月27日、『ニューヨークタイムズ』は、今日の社会心理学における援助行動についての考え方に深く影響を与えた記事を第一面に掲載した。ガンスバーグの記事は次のように書かれていた。

　　半時間以上もの間、地位もあり、遵法精神に富んだクイーンズ在住市民38名が、キュー・ガーデンで殺人者が女性に忍び寄り、刺すという3度もの凶行を目撃した。2回は、住人の声と寝室の照明が突然灯ったため、殺人者は途中で怯えてその場を

去った。殺人者はそのたび舞い戻り、彼女を探し出して再び刺した。… 犯行の間、誰ひとりとして警察に通報しなかった。目撃者の1人が、女性が死亡した後に通報した。(Gansburg, 1964, p.1)

ガンスバーグの3つの主張が人びとを刺激したようだった。普通の男女38名が、彼らと変わらぬ市民が強姦され殺害される間、ある種異様な関心を持ってただ見ていただけで、助けるために指一本動かさなかったというのは、非常に衝撃的だった。記事が掲載されるや、巷間大きな議論（そしてそれに関わる報道合戦）が沸き起こり、コメンテーターや記者たちは、道徳と社会的価値の失墜を嘆いた。この議論の焦点は、都市の発展（とそれに関わる生活環境）が人びとを互いに隔絶させ、他者の生活に共感し、それを尊重する能力を失わせたということにあった。社会心理学者のジョン・ダーリーは、次のように述べている。

非常に多くの記事が、人びとの人間性が失われたことについて書き、自分のことしか考えない「ホモ・アーバニス」つまり都市生活者という新種の人類について考える必要があると指摘した。そこでは、人が死にかけているとき、立ち止まって見ていられる人たちの人格的欠陥についての憶測に焦点が当てられた。悪魔に取り付かれてそんな残忍なことをするのだという、16世紀頃の説明に舞い戻ったかのようだった。(Darley, Evans, 1980, p.216 からの引用)

若きダーリーは博士号を取ったばかりで、数年後、彼が語ったところによると（Evans, 1980）、ある晩夕食をとりながら、もう1人の若い同僚であったビブ・ラタネとジェノヴィーズ事件について議論を始めたのだった。2人の研究者は、キティ・ジェノヴィーズ事件における傍観者の行動が、現代における社会的崩壊過程の現れだという主張に納得できないでいた。代わりに彼らは、もっと一般的な社会心理学的要因が働いていると考えた。

最初に、社会心理学者は、人がどう違うかとか、反応できなかった人はなぜ非道なのかといった問いは立てず、すべての人がどういうところで共通していて、いかにしてその状況におかれた人が反応しないという影響を受けるのかと問いを立てる。第二に、われわれはこう考えた。その集団のその人物にどういう影響が及んだのだろうか。われわれは数段階の理論モデルを立てた。そのモデルによれば、人は最初、状況を定義しなければならない。非常事態は「私は非常事態です」とい

う印を付けてはやってこない。その出来事を非常事態と定義するとき、人は他者に目をやり、彼らがその状況にどう反応するのかを見て、その行為の背後にある意味を解釈する。第三に、複数の人間が存在するとき、介入する責任は、どの特定の人物にも明確には焦点化されない…その状況で責任が拡散されていると感じ、自分が責任をとろうとはあまりしないだろう。われわれは、定義（definition）と拡散（diffusion）というこの2つの過程が共に働き、起きたことの大部分をうまく説明するだろうと考えた。(Darley, Evans, 1980, pp.216-217 より引用)

傍観者研究

このアイディアを検証するため、ダーリーとラタネは、社会心理学の歴史の中でもっとも革新的で影響力を持った、いくつかの実験を考案した。非常事態状況での他者の存在を主たる独立変数として、彼らは非常事態に存在する他者の人数がその事態に対処しようという個人の意思に及ぼす影響の検証に乗り出した。これを念頭において、2人の研究者は巧みに演出された実験を数多く行った。その実験で、実験参加者は本当の非常事態に遭遇したと思える場面に遭遇したが、その場に居合わせる他者の人数は実験的に操作されていた。そして、実際に援助行動を行うかが測定された。

1 「発作」実験

そのような実験の1つで（Darley & Latané, 1968a）[訳注1]、72名のニューヨーク大学心理学専攻の大学生が、大学時代に学生が経験するであろう個人的問題に関わる討議に招かれた。参加者が実験のために姿を見せると、長い廊下があり、小部屋につながるドアが連なっていた。実験助手が参加者を迎えて部屋の1つに案内し、テーブルのある席につかせた。個人属性を尋ねる質問紙に記入後、参加者はマイクがついたヘッドフォンを与えられ、指示を聞くように求められた。ヘッドフォン越しに、実験者は、高いプレッシャー下にある都市環境で、一般的な大学生が直面するある種の個人的問題について学習することに興

[訳注1] 実験1と2は同年の別論文のため、新たに引用文献（Darley & Latane, 1968a）を追加した。

味があると説明した。実験者は、見知らぬ他者と個人的問題を討議するのに困惑するかもしれないので、いくつか配慮がなされていると告げた。第一に、実験参加者は匿名が保たれている。そのため、参加者たちは対面せず、1人1人部屋を当てがわれた。第二に、聴衆が外部にいることで議論が阻害されないように、実験者は最初の議論は聞かず、質問紙で参加者の貢献を後ほど検証することにする。これは、非常事態が生じたときに実験者が対応すると、参加者に確実に期待させないためであった。実験参加者は、実験者がそこに居ないので、少し段取りを整える必要があると告げた。まず、各人は順番に討議グループに自分の問題を打ち明けることとなった。次に、各人は順番に他者が語ったことにコメントし、最後に、自由討議を行うこととした。この討議の順番は自動コントロールされており、各参加者のマイクはおよそ2分間オンになる。どれかのマイクがオンになっている間、他のマイクはオフとなる。そのため、どの時点においても、1人の参加者の声だけをネットワークを通じて聞くことができた。

　実際には、この討議のすべての発言は（参加者本人のものを除いて）録音されたものだった。これにより、ダーリーとラタネは、実験参加者がいると思う他者の数を操作する一方、議論の内容は条件間で一定にすることが可能になった。実験条件に応じて参加者は、他の1人、2人、4人[訳注2]と討議していると信じさせられた。討議においては、後で被害にあうことになる人物が最初に話し、ニューヨークの街と自身の学業に適応するのを難しく感じていることを告白した。非常におずおずと、明白な困惑を示しながら、彼は、勉強で根を詰めたり、試験を受けたりするときには特に、発作が出がちであることを告白した。他の人（その数は実験条件による）も順番に話した。実験のからくりを知らない真の実験参加者は、最後に話した。再び、被害予定者が話す順番になったとき、比較的穏便なコメントをいくつか述べた後、体の不調を訴えはじめた。はっきり聞き取れる苦悶を示した後、彼は卒倒した。

　　私は、ああ、うぅ、わたしはおもうに、ぁぁ、も、もし可能なら、ああ、誰か、あ、はぁ、はぁ、はぁ、はぁ、私にぃ、はぁ、あ、私にぃ、助けをぉ、はぁ、ああ、私は、はぁ、今とても、困って、えぇ、えぇ、いますぅ、だれか、誰か助けて、はぁ、はぁ、そうして、ふぅ、ふぅ、ちょっと、変なんです、はぁ、はぁ、助けてくださいぃ、

〔訳注2〕原著の間違いを訂正した。

ふぅ、ふぅ、誰か、はぁ、あぁ、助けて、ええ、うぅ、うぅ、うう［息が詰まる音］⋯ 死にそう、おぉ、たすけて、えぇ、ぁぁ、発作［窒息後に静寂］。(Darley & Latané, 1968a, pp.95-96)

この後沈黙が続いた。

ダーリーとラタネは、各条件で発作を起こした学生を援助した（援助は小部屋を出て問題を実験者に告げることと定義された）参加者の割合を測定した。彼らはまた、非常事態に反応し、助けようとするまでにかかった時間を測定した。参加者が反応するまで4分間待ち、その後は実験を中止した。

ラタネとダーリーは、介入の割合と介入までの時間の両方が、存在すると思っている他者の数に応じて変わることを見出した。自分が非常事態を知る唯一の人物だと信じていたとき、実験参加者は有意に非常事態により早く介入し、反応する傾向にあった。表12.1のデータが示すように、誰もいないと信じた場合よりも、もう1名参加者がいると信じた場合の方が、反応割合が小さく、反応時間も遅かった。さらに他に4名の参加者がいると信じていた場合には、もっと小さく、遅くなった。

2 「白煙」実験

第2実験でラタネとダーリー（1968b）は、実験参加者が部屋で質問紙に回答中に発生する非常事態への反応を検討した。実験参加者はすべてコロンビア大学の男子学生であり、「都市圏大学での生活にまつわる問題」に関する研究への参加を求められた。到着後、待合室に案内され、予備質問紙に回答するよう求められた。しかし、回答中に、部屋に目に見えるほどの（だが無害な）白煙が充満しはじめた。実験者は、実験参加者が部屋を出て煙を報告しに行くかどうかを記録し、そうするまでにかかった時間を測定した。実験は、参加者が

表12.1 傍観者の数が援助をする見込みと反応の早さに及ぼす影響（Darley & Latané, 1968a にもとづく）

傍観者	参加者数	援助割合 (%)	援助を呼ぶまでの時間（秒）
なし	13	85	52
1名	26	62	96
4名	13	31	166

事態を告げに動かない場合、6分が経過した時点で終了した。

別の実験条件では、実験参加者は部屋に1人か、他に2人いるかのいずれかであった。さらに、他者が真の実験参加者である場合もあれば、白煙を無視し、何もしないよう教示されたサクラの場合もあった。結果は、各自が1人でいたときには、ほとんど（75％）が事態を告げたが、他者といたときには38％しかそうしなかった。同様に、自分1人しかいない状況ではより素早く反応した。たとえば、2分後には、単独条件の55％の参加者が煙を報告したにもかかわらず、3人集団では12％しかそうしなかった。4分後には、単独条件の75％が煙を報告したが、4名集団の報告率は未だ12％であった（3名集団の報告率は最後の2分間で38％に達した）。さらに、部屋にいた他者がサクラで、発生したドラマに何もしないままで居続けた場合、参加者もまた何もせず、この条件では10％しか事態を告げなかった（少数が即座に援助したが、残りはずっと何もしないままだった）。

これらの知見にもとづいて、ラタネとダーリーは、非常事態での介入を妨げた2つの過程を指摘した。**責任の拡散**（diffusion of responsibility）と**多元的無知**（pluralistic ignorance）である。責任の拡散とは、特定状況における他者数が増えるほど、その状況に対して個人が感じる責任が減少するという考えを指す。多元的無知とは、ある出来事が生じている間に不作為もしくは無関心に見える他者の存在が、たとえその状況に関心を寄せていたとしても、その個人の介入を阻止、低減しうるという考え（アッシュの線分判断研究における行動の基盤として取り上げられたものと同じ過程；5章参照）を指す。

これらの洞察を整理して、研究者2人は非常時介入に関わる認知的意思決定過程の5段階モデルを提案した（Latané & Darley, 1970）。このモデルによる各段階は次のとおりである。

　　ステップ1：何かが起きていると気づく
　　ステップ2：その出来事を非常事態と解釈する
　　ステップ3：援助する責任を引き受ける
　　ステップ4：どう行動するかを決める
　　ステップ5：援助する

ラタネとダーリーは、他者が存在しているときに非常事態に介入しなかったのは、この5段階の異なる段階で生じる責任の拡散と多元的無知の結果であると主張した。たとえば、もし傍観者たちがどう行動するかの情報を集めるため

他者を観察し、周囲の人たちがこの状況を問題だと見ていないので反応していないと見なした場合、多元的無知が生じ、出来事を非常事態と解釈する見込みを下げるだろう（ステップ2）。その一方で、もし自分と同様に責任を引き受けうる（しかしそうしない）傍観者に囲まれている場合、責任の拡散が生じ、責任を引き受ける段階（ステップ3）で介入を阻止するかもしれない。

このモデルが提案されてから、数百もの実験によってモデルの諸側面が検証されてきた。それらをメタ分析して、ラタネとニーダ（Latané & Nida, 1981）は、他者の存在が援助の見込みを下げる「傍観者効果」は、社会心理学においてもっとも頑健で信頼できる知見の1つであると結論づけている。

この自信に満ちた表明を受けて、この問題は終わったと期待する人もいるかもしれない。しかしラタネとニーダも指摘しているように、証拠が豊富に蓄積されたにもかかわらず、傍観者効果は現実の役に立たないように思われる。これは、（幾分皮肉なことであるが）効果の発見が援助行動の促進にほとんど貢献しなかったからである。

> われわれが知る限り、この研究は、傍観者による介入を増進する実際的な方略の開発に寄与しなかった … われわれの誰も、過去10年にわたって蓄積され増大し続けている社会心理学的知見を結集して、将来のキティ・ジェノヴィーズが援助を受けられるようにできていない。（Latané & Nida, 1981, p.322）

傍観者効果への疑問

ラタネとニーダの分析は、なぜ頑健に見える5段階モデルが、暴力事態において傍観者が介入する見込みを増大する方法の手がかりを何も与えないのか、という重要かつ興味深い疑問を提起した。回答の1つは、キティ・ジェノヴィーズ事件そのもの、いや、むしろ、それについて知ることになったことの中に見出せるかもしれない。

文化的に埋め込まれた理論化の問題

この点で、フランシス・チェリー（Cherry, 1995）が、ジェノヴィーズ事件が実験に置き換えられた方法について魅力的な分析をしている。彼女は、暴行に数多くの重要な特徴があるのに、その中の一部分だけが実験的検討に値する出来事として取り出されたと指摘する。もちろん、傍観者が行動しなかったこ

とは大きな特徴である。しかし、同様に大きな特徴的であったのは、これが男性によって女性になされた暴力的で理不尽な攻撃であったという点である。

チェリーは、この出来事と暴力のジェンダー的側面が、その時代の研究者にはほとんど見えなかったと指摘する。彼女はこの問題を、フェミニスト研究者たちが男性から女性への暴力という社会的問題に社会を敏感にさせる以前にこの事件が発生したという事実によると考えている。現代のわれわれは、家庭内暴力の概念、公的、私的な場面で男性から女性になされる暴力への関心について良く知っている。しかし、1960年代初頭では、これらはまだそれとして認識されていない社会問題だったのである。その結果、キティ・ジェノヴィーズ事件の実験への置き換えは、チェリーが言うところの「文化的に埋め込まれた理論化」によって形成された。すなわち、続いて行われた実験は、暴力とジェンダーの問題を無視していた。これらの主題が研究者たちにとって文化的に存在していなかったためである。代わりに研究者たちは、同時代の社会的不安に沿って、匿名集団の危険に焦点化したのである。

わずかだが暴力、そして／もしくはジェンダーの役割を検証した研究において（Borofsky et al., 1971; Shotland & Straw, 1976; 最近では Fischer et al., 2006; Levine & Crowther, 2008）、さらにずっとニュアンスに富んだストーリーが現れている。これらの研究で、他者の存在不在に関する単なる情報ではなく、加害者と被害者との心理的関係、もしくは傍観者と被害者との心理的関係が、介入の重要な予測因として浮上してきた。たとえば、傍観者も、もし加害者と被害者が親しい間柄でなく見知らぬ他者同士であると考えた場合には（Shotland & Straw, 1976）、あるいは被害者と集団メンバーシップを共有している場合には（Levine & Crowther, 2008）、介入する可能性が高いのである。

別のナラティヴの可能性

文化的に埋め込まれた理論化によって暗黙のうちに研究テーマに欠落が生じたのと同時に、意図的な無視もあった。ジェノヴィーズ事件において、ウィンストン・モーズレイは黒人で、ニューヨークでは白人が優勢な区で白人女性を襲ったのだった。『ニューヨークタイムズ』紙の都市生活担当編集者のローゼンタールは、もしこれがハーレムで黒人男性が黒人女性を襲ったのであれば、記事として取り上げなかっただろうと発言している（Rosenthal, 1964/1999）。さらに、ローゼンタールは新聞記事で加害者の人種を意図的に伏せた。これは、当時の政治的、社会的緊張に鑑みて——たとえばわずか数ヵ月後に、警官が黒

人の若者を殺害したことを受けて、ハーレムで3日間の「人種暴動」が起きていた──、人種を明かすことは問題を煽る可能性があったためであった。

　ここでの論点は、肌の色がこの襲撃に関わるということでなく（明らかにそうではなかった）、ジェノヴィーズ殺人事件の語られ方、議論のしかたはさまざまにありえたということである。傍観者の数もこのような語りの1つだが、他の要因も同じように説得的であった。したがって、傍観者研究の有効性が限られたものだったことは、研究者たちがこれらの別のナラティヴを探求しなかったことによるのかもしれない。

ジェノヴィーズ事件の真実

　近年になって、レイチェル・マニングら（Manning, 2007）は、ジェノヴィーズの殺人が起きた夜に関して入手可能な証拠を再検証した。モーズレイ裁判の裁判記録やその他さまざまな証拠を用いて、彼らは、ガンスバーグの『ニューヨークタイムズ』の記事における3つの主張、①38名が、②30分にわたり目撃しており、③誰も介入しなかった、という主張が支持されないことを示した。裁判では、オースチン通りを見下ろすアパートからわずか5名の目撃者が召喚されただけだった（ロバート・モザー、アンドレ・ピク、アイリーン・フロスト、サミュエル・コスキン、ソフィー・ファラーの5名）。彼らのうち、3名だけが実際にジェノヴィーズとモーズレイの両方を見ていた。もちろん、名乗り出て証言するのを断ったり、検察が召喚しなかったりした目撃者もいる可能性はある（検察は事件をもっとも完全に把握している目撃者を召喚するであろうけれども）。この事件のときの地方検事補だったチャールズ・スコラーは、「事件を目撃して、われわれが使える目撃者は一握りしかいなかった」と証言している（Rasenberger, 2004, p.14 に引用されている）。言い換えると、実際には『ニューヨークタイムズ』で言及された38名よりもはるかに少ない目撃者しかおらず、38名の名前のリストは無かったことを証拠は示唆している。

　畏怖しながら関心を持って30分間目撃し続けたという証拠もない。これはほとんど、キティ・ジェノヴィーズが1つの長い暴行ではなく、2つに分かれた暴行の犠牲者であったことによる。最初の暴行で何人かが窓の外を覗いたが、そのうち誰も刺すところを見なかった。実際、目撃者は何が起きたかわからなかったのだが、彼らの大声（介入の明らかな証拠である）がモーズレイを追い払ったようである。彼は裁判で、声を上げた人間が直接介入するだろうとは思わなかったが、ばれるのが怖くなってその場を離れ、車で逃げようとしたと

証言している。モーズレイが去った後、目撃者は、建物の角あたり（図12.1）をジェノヴィーズが自分の足で（ゆっくりとフラフラしながら）歩いていったと述べている。彼女は、自分が住む２階建てのテューダー様式のビルの裏側にある玄関に向かおうとしたようである。そうすることで彼女は、モウブレイと西ヴァージニア・アパートの目撃者の視界から消えてしまった。ビルの裏側は、目撃者の住まいからは見えないのである。

モーズレイが戻って、２回目と最後の暴行が、オースチン通り92-96番の建物**内部**の階段ホールで起きた。そこは、証人となった目撃者の誰も見ることはできなかった。目撃者のいる建物の空間的配置と、１回目と、その後の２回目と致命的な暴行の場所は、知られている目撃者のうちの１名（カール・ロス，Takooshian et al., 2005 参照）を除いて、繰り広げられた犯行、もしくは性的暴行と吹き抜けでの殺害を目撃することを不可能にしていた。目撃者が窓際に立ち、目前で生じた殺人を目撃したという新聞報道によって作られたイメージは、またもや証拠と一致しないのである。

最後に、何もせずにただ見ていたのではなく、傍観者たちが幾度か介入を試みた証拠がある。すでに、目撃者の叫びがモーズレイの１回目の暴行を制止したらしいことを見た。加えて、（当時15歳の目撃者だった）元ニューヨーク市警

図12.1 キティ・ジェノヴィーズが住んでいた2階建てのテューダー様式のビル。ここで1964年の3月13日に暴行、殺害された。最初の暴行は、ビルの左側にあるオースチン通りで起きた。2回目の（致命的な）暴行は、ビルの裏手にある階段ホールで起きた。許諾：Joseph De May, Jr., Kew Garden, NY.

警官の宣誓供述書は、1回目の犯行後、彼の父親が確かに警察に通報したと主張している（Hoffman, 2003）。同様の指摘が他の住人の代理でなされてもいる。たとえば、1995年になされたモーズレイの再審請求棄却に関する一連の新聞記事は、警察に通報がなされたというキュー・ガーデンの住人の主張を報じている。これらの記事は、当時は警察に通報することが難しかったにもかかわらずなされたことも指摘している。1964年当時のニューヨークには911番の通報システムが存在せず、伝えられるところによると、地域の警察署への電話は署員に必ずしも歓迎されず、通報者に「苦々しく舌打ちをする」ことがしばしばあったという（Rosenthal, 1964, p.67）。

集団の危険性を語り伝えるジェノヴィーズ神話

ジェノヴィーズ事件の事実と新聞報道との不一致を考察して、マニングら（2007）は、長年の間に記録を正そうとする試みが幾度かなされてきたと述べている。しかしながら、38名の目撃者の神話は未だ健在である。特に、傍観者効果への導入として社会心理学の学部向けテキストのほぼすべてに登場し、映画（『処刑人』, 1999）、小説（Jahn, 2009）、ミュージカル（Simpatico & Todd, 2005/2010）、コミック（Moore & Gibbons, 1986）など、多岐にわたる文化活動に影響を及ぼしている。なぜこのようなことになったのかについて、マニングらは、この話が集団の短絡思考と危険を体現しており、ある種の現代的寓話として機能しているため、変化を受けにくいのだと推測している。

本書における他のいくつかの章でも指摘されているように、ダーリーとラタネの研究を生み出した時代、一般的に社会は、そして特に社会心理学者は、他者の存在を行動的「興奮」を助長し、それによって判断を曇らせるので、危険として見なす傾向があった（5章、8章参照）。このように、集合行動の古典的研究（たとえば、Le Bon, 1895; Zimbardo, 1969）は、他者の存在が先祖返りの反社会行動を噴出させる条件を形成すると指摘した。具体的には、他者に囲まれることが匿名状況を作り出し、行動の個人的統制を損なわせ、「群集による暴力」や「集団ヒステリー」を生むとされた。その時代においては、これが集団過程（とそれに伴う危険）の基本理解であった。

さらに、傍観者の不介入という考えが展開され、他者の存在が行動の「抑止」をも導きうるという、もっともらしい見方を付け加えた。実際、他者の存在が行為を抑圧し、援助しようとする衝動を抑止しえると指摘したことで、傍観者効果は、集団が社会状況にもたらす危険の記述を完成させたのだった。今や集

団は、反社会行動を解き放つと同時に向社会行動を抑制して最悪な状況を生む、非難の対象となったのである。

マニングらは、この集団のネガティブなイメージが、今日まで研究者と学生双方の集団イメージを培ってきたと主張する。そのため、傍観者効果の問題について考えるとき、人びとは自動的に、それを集団の欠点をどのように克服するかという問題の1つとして捉える傾向がある。マニングらは、まさしくこの考えが、傍観者研究が実践的に役立たないことの核心にあると指摘している。

傍観者効果を超えて

ここではっきりさせておくべきだが、ジェノヴィーズ神話の誤りをあばくことは、傍観者研究の価値を損なうものではない。ここで展開した議論は、研究に乗り出させた新聞記事が不正確であったため、他者の存在が援助に及ぼす効果を示した幾百の研究に誤りがあると言いたいわけではない。そうではなく、われわれが理解してきたように、傍観者効果は話の全容ではなく、その一部だと主張しているのである。こうして、緊急時の行動について考えるとき、38名の目撃者の話が心理学的想像に住み着いていて、集団の影響について考える他の観点を思いつかせない。より具体的には、研究者は、集団の影響がネガティブになりがちであり、それを改善する行為の目的はこの影響を低減することにあると前提してしまう。その結果、集団が目撃者の介入を促進し、ポジティブな結果をもたらす可能性を検討する研究が少ないのである。

援助の基盤としての、共有された社会的アイデンティティ

それにもかかわらず、ここ10年、集団と集団過程に関する新しい考えが、傍観者研究にも適用されはじめた。具体的には、**社会的アイデンティティ理論**（Tajfel, 1978; Tajfel & Turner, 1979）と**自己カテゴリー化理論**（Turner et al., 1987）といった、いずれも社会的アイデンティティ・アプローチを構成していると言える理論（たとえば, Haslam, 2004）からもたらされた洞察にもとづく。このアプローチは、集団が心的機能にネガティブな影響を与えるという考えを退ける。その代わりに、個人的アイデンティティが行動形成に役立つように、社会集団のメンバーシップ（もしくは社会的アイデンティティ）も役立つと主張する。さらに、このアプローチは、他者存在が個人行動の統制を抑制する状況

を作り出すという考えも退ける。代わりに、（他者の存在時にしばしば起こるように）特定の社会集団のメンバーであると自分を定義するとき、その社会的アイデンティティに結びついた規範と価値が、その個人がどう行動するかを決定すると主張する。

　この流れをくむ研究は、他者存在が自動的に反社会行動を導くものではないことを示した。そうではなく、集団状況での行動は、どのアイデンティティが顕現的で、そのアイデンティティの内容が実際にどのようなものであるかによって、向社会的にも、反社会的にもなりうるのである（Postmes & Spears, 1988）。そのため、他者と一緒にいるときにその人物がどう行動するかを知るためには、(a) 個人アイデンティティと社会アイデンティティのいずれが顕現的か、(b) 顕現的なアイデンティティがどの程度、一緒に居る人たちと共有されるか、(c) 顕現的なアイデンティティに結びついた規範と価値は何か、を知る必要がある。

　共有された社会的アイデンティティが緊急時の目撃者の介入の見込みをどのようにして高めるのかの興味深い例として、レヴィンらの研究（Levine et al., 2005）がある。レヴィンらは、社会的アイデンティティが顕現的であることが援助行動をどのように形成するかを示すために、サッカーチームの応援に関わるアイデンティティを用いた研究を行った。そのような研究の1つで、マンチェスター・ユナイテッドのサポーターを実験参加者として用い、彼らを緊急事態に遭遇させた。実験参加者は、サッカーファンの研究に参加するため心理学研究室までやってきた。小さなブースに通され、そこで、マンチェスター・ユナイテッドをどれだけ愛しているかを自覚させる文章を書き、質問に回答した。このマンチェスター・ユナイテッドのアイデンティティが十分に顕現化された後、彼らはビデオを見るために他の建物まで（自分の足で）歩いていくよう言われた。歩いているとき、眼前で事故が起きるよう仕組まれていた。研究のサクラである男性が通りを走ってきて、転倒し、足首を押さえて痛みで泣き叫び出したのである。このサクラはマンチェスター・ユナイテッドのユニフォームを着ていることもあれば、リバプールのユニフォームを着ていることもあった（リバプールはマンチェスター・ユナイテッド最大のライバルである）。また、あるときには普通の、チーム名など書いていないスポーツシャツを着ていることもあった。

　その結果、実験参加者は、マンチェスター・ユナイテッドのシャツを着ているときはほとんど必ず他者を援助したが（この条件の92％がそうした）、リバプールや普通のシャツのときは援助しない傾向にあった（これらの条件では、

それぞれ 30％，33％しか援助しなかった)。これは共有された集団メンバーシップのしるしを見つけられるときに他者を助けやすくなることの、明白な例示であると思われる。しかし、レヴィンらは第2実験を行った。マンチェスター・ユナイテッドのサポーターが再び心理学研究室にやってきた。今度はどれくらいサッカーが好きかに関する質問に回答し、文章を書いた。言い換えると、彼らはマンチェスター・ユナイテッドを応援しているが、自分がより大きく包括的な社会的アイデンティティの一部、つまりサッカーファンであると自覚するようにされたのである。それから、彼らは第1研究とまったく同じ事故に遭遇した。しかし、今度の研究結果は、リバプールのシャツを着ている相手のときも、マンチェスター・ユナイテッドのシャツを着ているときと同じぐらい、等しく援助することを示した(これらの条件で、それぞれ 70％、80％の参加者が援助した)。しかし、普通のシャツを着ている相手にははるかに少ない割合しか援助しなかったのである(このときは、わずか 22％の参加者が援助した)。

　ゆえに、顕現化する社会的アイデンティティの性質を変化させ、この共有されたアイデンティティの範囲内により多くの人が含まれるようにすることで、援助行動の程度を高めることができる。マンチェスター・ユナイテッドのサポーターが、排他的なチーム・アイデンティティで自分を捉えることから、より包含的なサッカーファン・アイデンティティを抱くよう移行することで、そうでなければよそ者や敵と見なしたかもしれない他者をより援助しようとするようになるのである。もちろん、この再カテゴリー化方略は、すべての人が援助されることを意味しない。犠牲者がサッカーへの興味を示すシャツを着ていないときは、援助割合は頑固に低いままなのである。

傍観者介入の基盤としての、共有された社会的アイデンティティ

　前の節で議論した研究が、共有された社会的アイデンティティの感覚が緊急時の援助を促進する可能性を示した一方で、これらは、傍観者効果それ自体を再考する基盤として社会的アイデンティティ・アプローチが有効であると示したわけではない。キティ・ジェノヴィーズ事件に照らし合わせたとき、このアプローチの検証の鍵は、ジェンダーと暴力の両方を含む非常事態において、社会的アイデンティティが果たす役割を検討することである(Cherry, 1995 参照)。

　この問題を検証するため、マーク・レヴィンとサイモン・クラウザー(Levine & Crowther, 2008)は2つの互いに関連する実験を計画し、社会的アイデンティティの顕現性と男性が女性を襲うのを目撃する目撃者の数の両方を操作した。

男性と女性がジェンダーと暴力に関する研究に参加するべく集められた。心理学研究室に到着したとき、彼らは廊下を進むよう言われ、女性のサクラが働いているのが見える事務所を通過した。それから隣の部屋に入り、男性実験参加者と対面した。彼は、実験参加者にテレビモニターの前に座るよう指示し、これはジェンダーと暴力に関する研究なので、防犯カメラが捉えた街路で男性が女性を襲う暴力事件のビデオ映像を見ると告げた。実験者はビデオ映像を見るように求めた。ビデオはおよそ2分間で、男性の犯人が暴力をエスカレートさせる様子が撮影されていた。

　その後、防犯カメラの映像が、男性が女性に暴力を振るい続けているように見える箇所で止まった。実験参加者は質問紙への回答を求められ、この事件に介入する意思を尋ねられた。重要なのは、実験参加者が防犯カメラ映像を1人、もしくは3人で見たことである。そして集団条件では、実験参加者は、男性のみ集団、女性のみ集団、男性多数派集団、女性多数派集団のいずれかに割り振られていた。

　他者の存在が介入を抑制する古典的な傍観者効果と異なり、質問紙への回答は、女性実験参加者が、1人で視聴したときと比べて女性3人で見たときに、より介入すると回答する傾向があることを示した。しかし、女性は、男性2人と視聴したときには、ずっと介入しないであろうことを示した。これは、他者の存在が援助を抑制するという古典的な傍観者効果と一致している。しかし、これらの知見から明らかなことは、参加者にとっての特定の社会的アイデンティティの顕現性と、他の傍観者との関係に依存して他者の存在が異なる効果を持つということである。具体的には、女性は、自分の周りに他の女性たちが居るときにはより介入できると感じ、他の傍観者が男性であったときには、ずっとそうしようとは思わない傾向があったのである。

　男性実験参加者のデータも、同様に興味深いものだった。男性は、自分が集団内で少数派のとき、すなわち、2人の女性が一緒に居るときにもっとも介入すると言う傾向があった。他の男性と集団に居るときも介入を抑制されるというわけではなかったが、女性に囲まれているときに介入の見込みが高まるようである。ゆえに、この研究結果は、集団サイズとアイデンティティとの関係が微妙なものであることを示唆している。他者の存在は、援助を抑制することもあるが、援助に影響しないこともあり、援助意思を高めることもあるのである。

　しかし、この研究の実験参加者が介入の意思を示したのみであることは留意すべきだろう。彼らは実際には援助行動をとっておらず、2章で見た研究が示すとおり、言葉と行動には大きな溝があるかもしれない。このことを念頭にお

いて、レヴィンとクラウザー（2008）は、この研究の第二幕を組み込んだ。防犯カメラ実験が終わりにさしかかる頃、参加者が実験室来訪時に見かけたサクラの女性が入室してきて、誰か自分の実験を手伝ってくれる人はいないかと尋ねた。このとき、男性実験者は、実験の邪魔をしたと言って、女性に対して乱暴で攻撃的な非難の言葉を浴びせた。すると彼女は怒った様子で、すぐに出て行った。実験参加者はその後、お礼を言われ謝礼を受け取って、建物から去るべく廊下を戻っていくとき、研究協力者の女性が戻っている事務所を通り過ぎる。彼女は、入り口から肩は見えるが顔は見えない感じで立っていた。

　読者が想像するとおり、研究者が測定したかった変数は、実験参加者が立ち止まって女性を援助しようとするかどうかである。この行動指標の結果は、防犯カメラ実験の結果と同じであった。女性参加者が女性集団3人で座っていたとき、部屋を最初に出た女性の75％が援助を申し出た。自分1人だったときは、38％が援助を申し出た。2名の男性と居て自分が少数派であったときは、27％しか援助しなかった。男性では、自分1人だったり、男性集団に居たりしたときの援助水準は低かった（それぞれ33％、17％しか援助を申し出なかった）。しかし、2人の女性とともに居て自分が少数派であったときは、77％が援助を申し出た。つまり再び、集団サイズとアイデンティティとの明白な交互作用効果が生じていた。ある状況下では傍観者の数が増えるほど援助が抑制されたが、他の状況では促進されたのである。

結　論

　ラタネとダーリーの傍観者効果は、社会心理学におけるもっとも頑堅で信頼しうる知見の1つであるように見える。しかしこの頑堅性にもかかわらず、実践的な有効性がまったくないように思われる。集団が個人行動に対して持つ、避けがたいネガティブな影響を指摘しただけのように見えるのである。実際、この見方に沿って、ジンバルドー（Zimbardo, 2004）は、心理学が成し遂げた社会生活を改善するポジティブな寄与のリストに、傍観者効果を含めなかった。

　本章では、この失敗の原因が、部分的には、もともとのリサーチクエスチョンの設定のしかたに求めることができると主張した。（キティ・ジェノヴィーズ殺害の目撃者38名が何もしなかったという誤報を受けて）集団のサイズに焦点を当てたが、これは研究者が、傍観者が介入しなかったという問題の原因として集団に着目しがちであったことを意味した。結果として、つい最近まで研究者

は、集団が観察者の介入を促進することのできる条件、結果、解決の一部となる条件を検討しないできた。それゆえにわれわれは、集団サイズの抑制効果について多くを知る一方、他者の存在が援助を促進する状況についてはずっとわずかしか知らないのである。

　しかし、この10年ほどで、集団が個人に及ぼす影響に関する新しい考え方が傍観者研究に生まれはじめている。社会的アイデンティティ・アプローチに洞察を得て、社会的アイデンティティと集団サイズ、傍観者の行動のもっとずっと入り組んだ関係を明らかにする証拠が現れている。観察者が心理的関係を共有できないとき、すなわち、未知同士が出会ったとき、傍観者効果は頑堅であるようである。しかし、目撃者が顕現的な社会的アイデンティティを共有するとき、彼らの行動は、その社会的アイデンティティの規範と価値によって構造化されるのである。この共有が援助を抑制することもあれば、傍観者の介入を促進することもある。さらに先に進むためには、向社会的な社会的アイデンティティを確実に顕現的にする方法、目撃者の介入を促進する集団過程の強みを活かす方法をもっと知らなければならない。さらに、向社会的行動を促進する集団の力をこのアプローチによって理解し、解き明かせるならば、そのとき初めてこのような研究が、ポジティブな実践成果をもたらすことを示すだろう。

■さらに学びたい人のために

Latané, B. & Darley, J. M. (1970). *The unresponsive bystander: Why doesn't he help?* New York: Meredith Corporation. ［ラタネ・ダーリー／竹村研一・杉崎和子（訳）（1997）『冷淡な傍観者——思いやりの社会心理学』（新装版）ブレーン出版］

ラタネとダーリーの著作は「傍観者効果」パラダイムを発展させた初期の研究について述べ、観察者行動の5段階の認知的意思決定モデルを明快に説明している。

Latané, B. & Nida, S. (1981). Ten years of research on group size and helping. *Psychological Bulletin, 89*, 308-324.

ラタネとニーダのメタ分析は、集団サイズと援助の関係を検証した10年に及ぶ研究によって支えられた、古典的な傍観者効果の頑堅性を知るのに良い。

Cherry, F. (1995) *The 'stubborn particulars' of social psychology*. London: Routledge.	フランシス・チェリーが書いたこの素晴らしい本における、キティ・ジェノヴィーズと文化的に埋め込まれた理論化に関する章は、キティ・ジェノヴィーズ事件に対する別の考え方に気づかせてくれる。チェリーは、介入、不介入の歴史的、政治的、社会的意味を検証することを強く主張している。
Manning, R., Levine, M. & Collins, A. (2007). The Kitty Genovese murder and the social psychology of helping: The parable of the 38 witnesses. *American Psychologist, 62*, 555-562.	この論文は、キティ・ジェノヴィーズ事件にまつわる証拠を再検討し、われわれが知っていると思っている話がいかに証拠と異なるかを示している。著者らは、38名の目撃者という神話が心理学的イメージを、集団が観察者の介入を促進することができる方法を模索しないというようにしたと主張する。
Levine, M. & Crowther, S. (2008). The responsive bystander: How social group membership and group size can encourage as well as inhibit bystander intervention. *Journal of Personality and Social Psychology, 95*, 1429-1439.	ついにレヴィンとクラウザーが、オリジナルの傍観者研究の精神に立って、社会的アイデンティティと傍観者の介入に関する実験を行った。防犯カメラの暴力映像、攻撃への反応に関する行動指標を使って、彼らは、ジェンダーアイデンティティと集団サイズが相互作用して、男性が女性を襲う暴力への介入をどのように促進（同じく抑制）するかを示した。

[訳者補遺]

ローゼンタール, A. M. ／田畑暁生（訳）(2011)『38人の沈黙する目撃者——キティ・ジェノヴィーズ事件の真相』青土社

■引用文献

Borofsky, G. L., Stollak, G. E. & Messe, L. A. (1971). Sex differences in bystander reactions to physical assault. *Journal of Experimental Social Psychology, 7*, 313-318.

Cherry, F. (1995). *The 'stubborn particulars' of social psychology: Essays on the research process*. London: Routledge.

Darley, J. & Latane, B. (1968a) 'Bystander intervention in emergencies: Diffusion of responsibility. *Journal of Personality and Social Psychology, 8*, 377-383.

Darley, J. & Latane, B. (1968b) 'Group inhibition of bystander intervention in emergencies. *Journal of Personality and Social Psychology, 10*, 215-221.

Evans, R. I. (1980). *The making of social psychology*. New York: Gardner Press, Inc. ［エヴァンス／犬田充（訳）(1983)『現代心理学入門（上・下）』講談社（講談社学術文庫）］

Fischer, P., Greitemeyer, T., Pollozek, F. & Frey, D. (2006). The unresponsive bystander: Are bystanders more responsive in dangerous emergencies?. *European Journal of Social Psychology, 36*, 267-278.

Gansberg, M. (1964). 37 who saw murder didn't call the police. *New York Times, 27* March, 1.

Haslam, S. A. (2004). *Psychology in organizations: The social identity approach* (2nd ed.). Thousand Oaks, CA: Sage Publications.

Hoffman, M. (2003). Affidavit. State of Florida.

Jahn, R. D. (2009). *Acts of violence*. Macmillan.［ヤーン／田口俊樹（訳）（2012）『暴行』新潮社（新潮文庫）］

Latane, B. & Darley, J. M. (1970). *The unresponsive bystander: Why doesn't he help?* New York: Meredith Corporation.［ラタネ・ダーリー／竹村研一ほか（訳）（1997）『冷淡な傍観者——思いやりの社会心理学』（新装版）ブレーン出版］

Latane, B. & Nida, S. (1981). Ten years of research on group size and helping. *Psychological Bulletin, 89*, 308-324.

Le Bon, G. (1895, translated 1947). *The crowd: A study of the popular mind*. London: Ernest Benn.［ル・ボン／櫻井成夫（訳）（1993）『群衆心理』講談社（講談社学術文庫）］

Levine, M. & Crowther, S. (2008). The responsive bystander: How social group membership and group size can encourage as well as inhibit bystander intervention. *Journal of Personality and Social Psychology, 95*, 1429-1439.

Levine, M., Prosser, A., Evans, D. & Reicher, S. (2005). Identity and emergency intervention: How social group membership and inclusiveness of group boundaries shapes helping behavior. *Personality and Social Psychology Bulletin, 31*, 443-453.

Manning, R., Levine, M. & Collins, A. (2007). The Kitty Genovese murder and the social psychology of helping: The parable of the 38 witnesses. *American Psychologist, 62*, 555-562.

Moore, A. & Gibbons, D. (1986). *Watchmen*. New York: DC Comics.［ムーア・ギボンズ／石川裕人ほか（訳）（2009）『Watchmen ウォッチメン』小学館集英社プロダクション（Sho-pro books, DC comics）］

Postmes, T. & Spears, R. (1998). Deindividuation and anti-normative behavior: A meta-analysis. *Psychological Bulletin, 123*, 238-259.

Rasenberger, J. (2004). Kitty, 40 years later. *New York Times, 8* February: 14.

Rosenthal, A. M. (1964/1999) *Thirty-eight witnesses*. Berkeley, CA: University of California Press.［ローゼンタール／田畑暁生（訳）（2011）『38人の沈黙する目撃者——キティ・ジェノヴィーズ事件の真相』青土社］

Shotland, R. L. & Straw, M. G. (1976). Bystander response to an assault: When a man attacks a woman. *Journal of Applied Social Psychology, 101*, 510-527.

Simpatico, D. & Todd, W. (2005/2010) *The screams of Kitty Genovese*. Public Theatre, New York; The Merchants Hall, Edinburgh.

Tajfel, H. (Ed.) (1978). *Differentiation between social groups: Studies in the social psychology of intergroup relations*. London: Academic Press.

Tajfel, H. & Turner, J. C. (1979). An integrative theory of intergroup conflict. In W. G. Austin & S. Worchel (Eds.), *The social psychology of intergroup relations* (pp.33-48). Monterey, CA: Brooks/Cole.

Takooshian, H., Bedrosian, D., Cecero, J., Chancer, L., Karmen, A., Rasenberger, J. et al. (2005). Remembering Catherine "Kitty" Genovese: A public forum. *Journal of Social Distress and the Homeless, 14*, 63-77.

The Boondock Saints (1999). [Film] Written and directed by T. Duffy. Canada/United States: Cinema Club. [邦題『処刑人』(映画)]

Turner, J. C., Hogg, M. A., Oakes, P. J., Reicher, S. D. & Wetherell, M. S. (1987). *Rediscovering the social group: A self-categorization theory*. New York: Blackwell. [ターナー／蘭千壽ほか (訳) (1995)『社会集団の再発見——自己カテゴリー化理論』誠信書房]

Zimbardo, P. G. (1969). The human choice: Individuation, reason, and order versus deindividuation, impulse, and chaos. *Nebraska Symposium on Motivation, 17*, 237-307.

Zimbardo, P. G. (2004). Does psychology make a significant difference in our lives?. *American Psychologist, 59*, 339-351.

訳者あとがき

　本書は、Smith, J. R. & Haslam, S. A.（2012）*Social Psychology: Revisiting the Classic Studies*, SAGE の全訳である。

　本書で取り上げられている研究は、いずれも社会心理学の教科書に頻繁に取り上げられる有名な研究ばかりであるし、中にはテレビ番組などで取り上げられることのある研究もある。したがって、社会心理学者はもとより、心理学を学ぶ学生や一般の人にも馴染みの深い研究であると言えるだろう。

　しかしこれらの古典について、原典をきっちり精読したことのある読者はどれくらいいるだろうか。もしかしたら、それほど多くはないかもしれない。これらの古典について講義をしている社会心理学者の中でも、もしかしたら原典を読んだことがない人もいるかもしれない。恥ずかしながら私も、いくつかの研究については数年前まで原典を精読したことがなかった。

　それはなぜかと考えてみると、まさにこれらの研究が"古典"だからであろう。古典だからこそ多くの教科書で紹介されており、その解説により研究の中心的な結論は理解できてしまう。例えば監獄実験（8章参照）であれば、"人は与えられた役割に沿うように行動が変化するのだ"という結論は多くの人が知るところである。数多くの優れた教科書が出版されている現在、古典を精読する必要性を感じていない人も多いかもしれない。

　しかし、監獄実験の参加者24名が、75名の中から1人1人に対するインタビューによって選出されたことはどれくらいの人が知っているだろうか。当たり前のことではあるが、多くの教科書に記載されている内容は、原典のまとめであり要約である。他の研究知見との関連性を踏まえて体系的に学ぶことができるという絶対的な利点が教科書にはあるものの、研究そのものを深く正確に知るためには、原典に当たる以上のやり方はないのである。

　一方で本書は、教科書とはまったく異なる別の鮮やかな切り口で、古典研究そのものをより深く理解することを可能にしている。古典研究そのものの詳細な説明に加え、それが生まれた背景や、古典が生み出し活性化した研究領域全体について詳細に解説している。これによって、私たち読者はまさに古典を入り口として、その研究領域に再入門することが可能になっている。古典とされた研究の中には再現に失敗したものも含まれるが、それでもなお、大きく重要

な研究領域を生み出したがゆえに、古典は古典としての価値を持つのである。

　また本書のスタンスは、近年注目を集めている"社会心理学の再現可能性"問題にとっても重要な意味を持つ。物理学者の中谷宇吉郎がその著書『科学の方法』(1958) で述べているように、「科学は再現の可能な問題に適用範囲が限られる」のであり、社会心理学が科学を標榜するのであれば、その再現可能性を検討することは重要な課題である。しかし、すべての研究の再現性をよってたかって検討することが効率的な良い方法であるとは考えにくい。であれば、どの研究の再現性を確認することが重要なのか、言い換えればどの研究が"乗るべき巨人の肩なのか"を把握した上で、それが乗っても大丈夫な巨人の肩なのか、あるいは幻に過ぎない虚人の肩なのかを判断する必要があるだろう。再現性を確認すべき重要な課題なのかそうではないのか、巨人なのか虚人なのか、古典足りうる研究なのかそうではないのか。この判断のために有効な一つのやり方が、本書で示されているようなプロセス、すなわちある研究とそれが生み出した発展領域とを精密に検討することであろう。

　現在、共同監訳者である藤島喜嗣氏と私とは、ともに「社会心理学研究の再現可能性検証のための日本拠点構築」という科研費プロジェクトのメンバーであり、同じくメンバーの三浦麻子氏（7章・8章訳者、関西学院大学）、平石界氏（慶應義塾大学）、池田功毅氏（中京大学）との議論が本書の翻訳の後押しをしてくれた。ここに記して感謝申し上げたい。社会心理学が信頼に足る学問であることに対してこの翻訳書が何らかの形で資することができれば、それは望外の喜びである。

　また、本書の翻訳を提案してくれた北海道大学の加藤弘通氏にもお礼申し上げたい。大学入学時のオリエンテーションキャンプで同室になった時からの友人でもある彼が本書と同シリーズの『発達心理学・再入門—ブレークスルーを生んだ14の研究』の監訳者であったことは私にとって僥倖であった。不思議な縁に感謝したい。

　最後に新曜社の塩浦暲さんには企画段階から校正まで全般にわたり、また大谷裕子さんには最後の大急ぎでの校正の段階において、それぞれきわめて丁寧かつ迅速な対応をいただいた。訳者を代表してお礼申し上げます。ありがとうございました。

監訳者を代表して

樋口匡貴

人名索引

【ア行】

アーミテージ　Armitage, C. J.　39
アーレント　Arendt, H.　135, 136, 139, 140, 147, 149, 153
アイエロ　Aiello, J. R.　26, 30
アイヒマン　Eichmann, A.　135-137, 139, 140, 149, 153, 154, 157
アダムス　Adams, H. F.　74
アッシュ　Asch, S. E.　1, 11, 73, 74, 85, 97-113, 117, 118, 120, 123, 137, 252
アドルノ　Adorno, T. W.　236
アブラムス　Abrams, D.　73, 88-90, 101
アリストテレス　Aristotle　14
アルバラシン　Albarracin, D.　39
アレクサンダー　Alexander, C. N. Jr.　82-84, 135, 161
アロンソン　Aronson, E.　65, 67
アンドレード　Andrade, M. G.　102
イーグリー　Eagly, A. H.　41, 44
イゼルビット　Yzerbyt, V. Y　244
イソ＝アホラ　Iso-Ahola, S. E.　26
インガム　Ingham, A. G.　28
インスコ　Insko, C. A.　82, 101, 217, 218, 224
ヴァン・アーベルマート　van Avermaet, E.　127, 132
ヴァン・デル・プリト　van der Pligt, J.　244
ウィッカー　Wicker, A. W.　38, 39, 47, 48
ヴィドリッヒ　Vidulich, R. N.　82
ウィリアムズ　Williams, K. D.　13, 14, 27-30
ウェザレル　Wetherell, M.　113, 212
ヴェトレーゼン　Vetlesen, A. J.　153
ヴェントゥーラ　Wentura, D.　219
ウォーカー　Walker, I.　3
ウォーカー　Walker, M. B.　102
ウォーチェル　Worchel, S.　67
ヴォーン　Vaughan, G. M.　27
ヴント　Wundt, W.　14
エイサー　Eiser, J. R.　235
エイゼン　Ajzen, I.　39-41, 46, 49
エイバーソン　Aberson, C. L.　195
エヴァンズ　Evans, D.　248, 249
エヒターホフ　Echterhoff, G.　87
エリオット　Elliot, A. J.　66
エルムス　Elms, A. C.　151, 154
オヴァリー　Overy, R.　154
オークス　Oakes, P. J.　1, 197, 201, 214, 239
オッテン　Otten, S.　205, 218, 219, 224

オルポート　Allport, F. H.　27, 28, 74, 192
オルポート　Allport, G. W.　14, 26, 27, 48

【カ行】

カーショウ　Kershaw, I.　156
ガートナー　Gaertner, L.　217, 218, 224
ガートナー　Gaertner, S. L.　197, 198
カーナハン　Carnahan, T.　174, 180
カールスミス　Carlsmith, J. M.　3, 59, 60, 61, 63-67, 69
カイザー　Kaiser, F. G.　44
カイマン　Kaiman, I. P.　82
カシオッポ　Cacioppo, J. T.　66
カッツ　Katz, D.　36
カディヌ　Cadinu, M.　219, 220, 224
カトナー　Kutner, B.　38
ガニオン　Gagnon, A.　223
ガフニー　Gaffney, A. M.　195
カラウ　Karau, S. J.　13, 14, 27, 28, 29, 30
ガンスバーグ　Gansburg, M.　247, 248, 255
ギーン　Geen, R. G.　14, 28
ギフォード　Gifford, R. K.　11, 193, 229-236, 241-243
ギボンズ　Gibbons, D.　257
キャントリル　Cantril, H.　197
キャンベル　Campbell, D. T.　38, 44, 84, 85
清成透子　Kiyonari, T.　217
ギルバート　Gilbert, S. J.　150
ギルバートコート　Gilbert Cote, N.　46, 49
クーパー　Cooper, J.　53, 66, 67, 69
クーン　Kuhn, T.　4
クラーノ　Crano, W.　126
クラヴィッツ　Kravitz, D. A.　15
クラウザー　Crowther, S.　254, 260, 262, 264
クラスチケ　Kruschke, J. K.　244
クラッチフィールド　Crutchfield, R.　107
クランドール　Crandall, C. S.　45, 104
グリーンワルド　Greenwald, A. G.　45, 47, 244
クルーガー　Krueger, R. F.　89, 220
グレイブライン　Graveline, C.　172, 179
クレメンス　Clemens, M.　172, 179
クレメント　Klement, K.　135
クロイル　Croyle, R.　66
ゲラン　Guerin, B.　28
ケルマン　Kelman, H. C.　82
ゴーサルズ　Goethals, G. R.　15
コーニー　Conrey, F. R.　244

269

ゴールドバーグ　Goldberg, S. C.　81, 82, 194
ゴールドハーゲン　Goldhagen, D.　154
コットレル　Cottrell, N. B.　28
コナー　Conner, M.　39
コネニ　Konečni, V. J.　171, 172

【サ行】
ザイアンス　Zajonc, R. B.　14, 26, 28
サイダニアス　Sidanius, J.　215, 218
サヴィン　Savin, H. B.　170
サクデヴ　Sachdev, I.　223
サラップ　Sarup, G.　194
ザンナ　Zanna, M. P.　66, 69, 223
サンプソン　Sampson, E. E.　82
シーパーズ　Scheepers, D.　221, 224
シーラン　Sheeran, P.　39
シェア　Scher, S.J.　67
ジェイコブス　Jacobs, R. C.　84, 85
ジェームズ　James, W.　14, 15, 239
ジェッテン　Jetten, J.　97, 109, 113, 217, 224
ジェノヴィーズ　Genovese, K.　247, 248,
　253-258, 260, 262, 264
ジェラード　Gerard, H.　86, 101
シェリフ　Sherif, C. W.　86, 87, 184, 186-188,
　191, 193, 195, 196, 199
シェリフ　Sherif, M.　11, 73-90, 107, 139, 165,
　183-201, 205, 206, 212, 221
シブリー　Sibley, C. G.　193
シャーマン　Sherman, J. W.　19, 237, 242, 244
ジャカード　Jaccard, J. J.　41
シャクター　Schachter, S.　55, 69
シャルトルのベルナール　Bernard of
　Chartres　9
ジャレット　Jarrett, C.　1, 7
ジュール　Joule, R. V.　67
シュトレーベ　Stroebe, K. E.　217
シュワルツ　Schwartz, S. H.　40, 196
ジョチェローヴィッチ　Jovchelovitch, S.　86
ショットランド　Shotland, R. L.　254
ジョンソン　Johnson, C.　236
シンパーティコ　Simpatico, D.　257
ジンバルドー　Zimbardo, P. G.　5, 11, 15, 103,
　152, 161-180, 235, 257, 262
スコラー　Skoller, C.　255
スタンディング　Standing, L.　103
スティール　Steele, C. M.　67
ステファン　Stephan, C. W.　195
ステファン　Stephan, W.　195
ストーン　Stone, J.　67, 69
ストラッチ　Struch, N.　196
ストロー　Straw, M. G.　254

ストローブ　Strube, M. J.　24-26, 30, 217
スピアーズ　Spears, R.　91, 112-114, 214, 221,
　222, 224, 235, 244, 259
スペンサー　Spencer, C.　103
スペンス　Spence, K. W.　28
スミス　Smith, E. R.　235, 236
スミス　Smith, J. R.　1, 33
スミス　Smith, P.　103
セリグマン　Seligman, M. E. P.　29
セントクレア　St. Claire, L.　211, 212
ソーンダイク　Thorndike, E. L.　97
ソレンティーノ　Sorrentino, R. M.　127, 128,
　130, 132

【タ行】
ターナー　Turner, J. C.　1, 88, 90, 108, 110,
　113, 175, 195, 197, 201, 211-214, 222, 224,
　239, 258
ダーリー　Darley, J.　11, 148, 247-252, 257,
　262, 263
タイタス　Titus, T. J.　14, 27, 30
ダキット　Duckitt, J.　193
ダシール　Dashiell, J.　28
タジフェル　Tajfel, H.　6, 11, 86, 175, 192, 195,
　197, 205-216, 219, 220, 222-235, 258
ダンバー　Dunbar, R.　215
チェイケン　Chaiken, S.　41, 44
チェザラーニ　Cesarani, D.　135, 153, 154
チェリー　Cherry, F.　194, 253, 254, 260, 264
チャップマン　Chapman, J. P.　230
チャップマン　Chapman, L. J.　230
チャパニス　Chapanis, A.　66
チャルディーニ　Cialdini, R. B.　22
ディーナー　Diener, E.　3
ディール　Diehl, M.　212, 216, 223
ディオン　Dion, K. L.　196
デイビス　Davis, S. F.　14, 15, 29
ディモウ　Dimow, J.　152
テイラー　Taylor, S. E.　231
デヴァイン　Devine, P. G.　2, 5, 6, 45, 66
デビッドソン　Davidson, A. R.　41
デュルケーム　Durkheim, E.　74, 80
テリー　Terry, D. J.　33, 47
ドイッチャー　Deutscher, I.　38
ドイッチュ　Deutsch, M.　101
ドヴィディオ　Dovidio, J. F.　197, 198
トウェンジ　Twenge, J. M.　151
ドゥシット　Douthitt, E. A.　26, 30
ドー　Deaux, K.　86
ドチャーチ　DeChurch, L. A.　87
ドッカリー　Dockery, T. M.　41, 48

270

トッド　Todd, W.　257
ドネラン　Donnellan, M. B.　172
ドムス　Doms, M.　127, 132
トリプレット　Triplett, N.　11, 13-30

【ナ行】
ナヴァリック　Navarick, D. J.　150
ニーダ　Nida, S.　253, 263
ニュートン　Newton, I.　9
ノヴィック　Novick, P.　139, 140
ノセク　Nosek, B. A.　46

【ハ行】
ハーヴェイ　Harvey, O. J.　84, 200
バーガー　Burger, J.　151, 155
ハーキンズ　Harkins, S. G.　28
パーシー　Percy, E. T.　244
ハーディック　Hardyck, J. A.　58, 59
ハーディン　Hardin, C. D.　87
ハーマン・ジョーンズ　Harmon-Jones, E.　66, 67
バーンドセン　Berndsen, M.　237, 241, 242, 244
ハインズ　Haines, H.　27
バウマイスター　Baumeister, R. F.　3, 5, 6
バウムリンド　Baumrind, D.　149
ハガー　Hagger, M. S.　39
ハザーサル　Hothersall, D.　15
ハスラム　Haslam, S. A.　1, 3, 4, 6, 109, 135, 140, 154-156, 161, 175, 177, 180, 192, 197, 198, 201, 241, 258
パッカー　Packer, D. J.　150
パッシーニ　Passini, S.　152
ハットフィールド　Hatfield, B.　26
バナージ　Banaji, M. R.　215
バヌアツィッツイ　Banuazizi, A.　172, 173, 180
ハミルトン　Hamilton, D. L.　11, 193, 229-237, 241-243
ハル　Hull, C. L.　28
バル・タル　Bar-Tal, D.　87
バロン　Baron, R. S.　28, 125
バンクス　Banks, C.　179
ハンター　Hunter, J. A.　183, 196, 214, 214
パンツァレラ　Panzarella, R.　147
バンディ　Bundy, R. F.　223
バンヤード　Banyard, P.　173
ピアジェ　Piaget, J.　79, 89
ヒギンズ　Higgins, E. T.　87, 91
ヒューストン　Hewstone, M.　91, 117, 119, 126, 130-133, 214, 223
ビリグ　Billig, M. G.　194, 195, 216, 223

ファイン　Fine, G. A.　194
ファジオ　Fazio, R. H.　45, 47, 67, 69
フィードラー　Fiedler, K.　236-238, 240, 241, 244
フィスク　Fiske, S.　231
フィッシャー　Fischer, P.　254
フィッシュバイン　Fishbein, M.　39, 41, 49
フィロジーン　Philogene, G.　86
フード　Hood, W. R.　200
フェスティンガー　Festinger, L.　3, 11, 53-61, 63-69
フォン・ヘルムホルツ　Von Helmholtz, H. L. F.　14
フニャディ　Hunyadi, O.　86
ブラーエ　Brahe, T.　112
ブライアン　Bryan, W. L.　15
ブラウニング　Browning, C.　170, 175, 180
ブラウン　Brown, R. J.　185, 195, 196
ブラス　Blass, T.　137, 138, 139, 147, 149, 151, 157
プラット　Platt, J. R.　22
プラットー　Pratto, F.　215
プラトウ　Platow, M. J.　183, 196, 198
プラトン　Plato　14
ブラニガン　Brannigan, A.　194
フラマント　Flament, C.　223
ブリューワー　Brewer, M. B.　126, 195, 196, 218
ブリンドリー　Brindley, S. G.　121
ブルーナー　Bruner, J. S.　239, 243
ブレイデン　Braden, M.　58, 59
ブレイリー　Braly, K.　36, 37
プレスコット　Prescott, C.　166, 173, 174
フロイト　Freud, S　80, 118
ブロディッシュ　Brodish, A. B.　2, 5, 6
ヘイニー　Haney, C.　164, 166, 167, 172, 174, 179
ベッテルハイム　Bettelheim, B.　149
ベデアン　Bedeian, A. G.　41, 48
ペティグリュー　Pettigrew, T. F.　194
ペトロチェリ　Petrocelli, J. V.　244
ペラン　Perrin, S.　103
ペルソナス　Personnaz, B　132, 133, 120-122, 124-133
ペルソナス　Personnaz, M　133
ボーボワ　Beauvois, J.　67
ボーリス　Bourhis, R. Y.　208, 217, 223
ホール　Hall, G. S.　14, 15, 29
ホーンセイ　Hornsey, M. J.　97, 107, 109, 113
ポストメス　Postmes, T.　89, 91, 259
ボッカリオ　Bocchario, P.　152

ホッグ	Hogg, M. A.	47, 88, 90, 108, 113
ボバルド	Bovard, E. W. Jr.	81
ホフマン	Hoffman, E. L.	81
ホフマン	Hoffman, M.	257
ホフマン	Hofmann, W.	45
ホブランド	Hovland, C. I.	87
ポリス	Pollis, N. P.	83, 84
ボロフスキー	Borofsky, G. L.	254
ホワイト	White, B. J.	200
ボンド	Bond, C. F.	14, 27, 30
ボンド	Bond, R.	103

【マ行】

マーティン	Martin, B.	15
マーティン	Martin, R.	117, 119, 126-128, 130-133
マーテンス	Martens, A.	150
マーフィー	Murphy, M. J.	247
マクガーティ	McGarty, C.	3, 4, 6, 224, 229, 239, 240, 244
マクドゥーガル	McDougall, W.	1
マクニール	MacNeil, M. K.	85
マクファーランド	McFarland, S.	174, 180
マコーネル	McConnell, A. R.	232, 237
マッキー	Mackie, D.	235
マニング	Manning, R.	255, 257, 258, 264
マメンディ	Mummendey, A.	218, 224
マリノフスキー	Malinowski, B.	80
マレン	Mullen, B.	236
マンテル	Mantell, D. M.	147
ミーウス	Meeus, W. H. J.	150-152
ミード	Mead, M.	79
ミラード	Millard, K.	140
ミルグラム	Milgram, A.	138
ミルグラム	Milgram, S.	4, 5, 11, 73, 103, 135, 137, 139-157, 162
ミルズ	Mills, J.	65, 161
ムーア	Moore, A.	257
メスメル=マグナス	Mesmer-Magnus	87
モヴァヘディ	Movahedi, S.	172, 173, 180
モーズレイ	Moseley, W.	247, 254-257
モスコビッチ	Moscovici, S.	2, 11, 86, 91, 104, 109, 113, 117-122, 124-133
モディリアニ	Modigliani, A.	150-152, 154, 155
モルセッリ	Morselli, D.	152
モレランド	Moreland, R. L.	87
モントゴメリー	Montgomery, R. L.	84

【ヤ行】

ヤーン	Jahn, R. D.	257
ヤホダ	Jahoda, M.	107, 109
山岸俊男	Yamagishi, T.	217, 218
結城雅樹	Yuki, M.	218
横田晋大	Yokota, K.	218
ヨスト	Jost, J. T.	86, 215

【ラ行】

ライメーカーズ	Raaijmakers, Q. A.	150-152
ラゼンバーガー	Rasenberger, J.	255
ラタネ	Latané, B.	11, 14, 27, 28, 247-253, 257, 262, 263
ラッセル	Russell, N. J. C.	140, 141, 157
ラビー	Rabbie, J. M.	196, 216
ラピエール	LaPiere, R. T.	4, 11, 33-38, 40-48
ラランセット	LaLancette, M.-F.	103
ランデ	Linder, D. E.	66
リア	Lea, M.	91
リーケン	Riecken, H. W.	55, 69
リップマン	Lippmann, W.	231, 239
リバース	Rivers, W. H. R.	79
リンゲルマン	Rivers, W. H. R.	15, 28
ル・ボン	Le Bon, G.	15, 104, 257
ルビン	Rubin, M.	214, 223
レイチャー	Reicher, S. D.	109, 140, 154, 155, 161, 175, 177, 180
レイノルズ	Reynolds, K. J.	197
レヴィ	Levy, J.	75
レヴィン	Levine, M.	247, 254, 259, 260, 262, 264
レヴィン	Lewin, K.	53
レバイン	Levine, J. M.	73, 87, 91
ロヴィボンド	Lovibond, S. H.	173
ローゼンタール	Rosenthal, A. M.	247, 254, 257, 264
ローゼンバーグ	Rosenberg, M. J.	66
ローラー	Rohrer, J. H.	81, 200
ローレンス	Laurens, S.	128
ロキーチ	Rokeach, M.	215
ロシャー	Rochat, F.	150-152, 154, 155
ロシュ	Losch, M. E.	66
ロジン	Rozin, P.	3, 6
ロス	Ross, L.	22, 107, 148, 219, 220, 224, 255, 256
ロスバルト	Rothbart, M.	219, 220, 224
ロゾウィック	Lozowick, Y.	154
ロビンス	Robbins, J. M.	89, 220
ロング	Long, K.	214

【ワ行】

| ワイル | Weil, A. M. | 89 |

事項索引

【あ行】

悪の凡庸さ　136, 147
一般化可能性　78
意図　39
意味　192, 219, 221, 238, 239
　　差異化された――　239
インフォームド・コンセント　43
援助行動　247, 249

【か行】

外集団　155, 208
　　――卑下　211
カイモグラフ　19
カウンターバランス　20
科学革命　4
学習理論　60
カテゴリー化　89, 207, 208
　　再――　198, 260
　　自己――理論　88, 197, 198, 238, 258
　　社会的――　206, 212, 219
期待　82, 216, 217, 241
規範　42, 73, 76, 78, 79, 81, 83, 152, 155, 185, 188, 211, 212, 259
　　――的影響　101, 105
キャリーオーバー効果　24
強制承諾　59
　　――実験　65
競争　13, 16-18, 20, 24, 27, 188, 189, 193, 195, 197, 218, 221
　　集団間――　189
共通内集団アイデンティティ・アプローチ　197
協働　14, 27, 195
　　集団間――　191, 198
共有された現実　87
近接性　144
計画的行動理論　39
権威　97
　　――主義　174, 177
　　――主義傾向　164, 165
顕在　120-122, 129, 130
　　――的態度　44, 47
現実葛藤原理　221
行動意図　41
合理的行為理論　39
互換性の原則　41
互酬性　216

　　――期待　212
個人主義　74, 103
個人的自己　219
コネクショニストモデル　238

【さ行】

再現　4, 7, 28, 40, 66, 84, 102, 103, 124, 130, 196, 210, 211, 236
　　――可能性　58
　　――研究　205
最小条件集団　197
サクラ　4, 5, 62, 63, 67, 79, 81-83, 85, 88, 99, 101, 102, 118, 121, 124, 127, 129, 138, 140, 142, 145, 147, 252, 259, 261, 262
参照情報影響理論　88
参照枠　76, 78
ジェンダー　254, 261
自己基準モデル　67
自己係留判断　219
自己利益　216
自尊心　67, 213, 214
　　――仮説　213, 214
実験室実験　17, 58, 61
質問紙　5, 15, 34, 37, 41, 42, 44, 47
自動運動効果　74
シミュレーション　151, 165
社会構成主義　74
社会的アイデンティティ　47, 88, 108, 175, 197, 205, 212, 238, 258, 260
　　――アプローチ　197, 258
　　――理論　175, 258
　　脱個人化効果の――・モデル　89
社会的影響　108
社会的現実　220
社会的合意　117
社会的承認　117, 119
社会的促進　13, 27, 28
社会的手抜き　14, 27, 28
社会的認知アプローチ　235
社会的比較　213
　　――理論　53
集合的アイデンティティ　168
集団アイデンティティ　86, 221
集団間葛藤　86, 187, 188, 191
集団間差別　86, 205
集団間接触　188, 191
集団サイズ　15, 59, 84, 243, 261

集団主義 103
集団弁別性 220, 221
主観的規範 39
状況仮説 164
状況主義 170, 172, 175
少数派 99, 110, 117, 120, 121, 125, 152, 198,
 230, 231, 233, 261, 262
情報的影響 86, 101
進化 215, 218
人口統計学的変数 6
心的表象 53
ステレオタイプ 37, 42, 189, 193, 194, 230,
 231, 234-236, 239
責任の拡散 252
接近可能性 47, 219
接触 45
潜在 120, 122, 129, 130
 ──的態度 44, 47
 ──連合テスト 45
相関 45
 ──係数 38
 錯誤── 230, 233
相互依存 188, 216
相互作用論者 172
創造的弁別性 221

【た行】

態度 33, 34, 37, 38, 40, 44, 46, 53, 59, 66, 97,
 117, 184, 185, 188
 ──変容 67
第二次世界大戦 2, 81, 135, 150, 183, 239
代理状態 147
多元的無知 252
多数派 97, 99, 101, 103, 104, 108, 117, 119,
 120, 129, 137, 195, 198, 233, 261
脱個人化効果の社会的アイデンティティ・モ
 デル 89
追試 81, 126, 127, 131, 138, 150, 151, 179, 241
 直接的── 127
転向 105
 ──理論 119, 124
同一視 154, 175, 213
動因理論 28
投影 219
統制感 39
同調 82, 97, 98, 101, 104, 117, 120, 129, 137
 ──バイアス 117, 125
特性仮説 164
匿名性 89

閉ざされた一般交換システム 217

【な行】

内在化 80
内集団 187, 198, 208, 212, 219
 ──互酬性 217
 ──バイアス 205, 207, 210
 ──ひいき 195, 210
二重に弁別的 231
二重弁別性 234
認知革命 236
認知的不協和 57
 ──理論 53, 58, 59

【は行】

バーチャルリアリティ 151
発話思考法 242
バランス理論 60
評価的プライミング 45
ファシズム 183, 236
フィールド実験 183, 196
不協和 106
 ──の「ニュールック」モデル 67
服従 119, 137, 139, 140, 144, 146, 151, 168, 176
文化的に埋め込まれた理論化 254
偏見 35, 45, 47, 185, 188, 190, 193, 197, 205,
 230
弁別性 213, 220, 232
弁別的 231
傍観者 248, 256
 ──効果 253, 257, 258, 261
報酬マトリクス 208
暴政 168, 176
ホロコースト 2, 7, 135, 137, 139

【ま・や行】

目標 191, 221
要求特性 211
予期 240

【ら行】

リーダー 188, 190, 198
リーダーシップ 188, 198
利他性 216
倫理 40, 196
 ──的問題 5, 43, 149, 150, 170
類似性 215

執筆者紹介（執筆順　＊は編者）

＊ジョアンヌ・R・スミス（Joanne R. Smith）【はじめに、2章・ともに共著】
エクセタ大学社会心理学の上級講師。研究分野は、社会的影響、規範、行動変容、社会的アイデンティティ。最近の研究では、規範的なメッセージが社会運動で使用される方法、社会運動が頻繁に失敗する理由、および行動の変化に規範の力をより良く活用できる方法に焦点を当てている。2007年より「心理学における古典的研究」という人気の心理学入門コースを担当。

＊S・アレグザンダー・ハスラム（S. Alexander Haslam）【はじめに、7章、8章・すべて共著】
エクセタ大学社会心理学教授。研究分野は、社会的および組織的状況における社会的アイデンティティ。European Journal of Social Psychology の元編集者であり、Canadian Institute for Advanced Research のフェロー、欧州社会心理学会のクルト・レヴィン賞を受賞している。2010年、スティーブン・レイチャーとのBBC監獄研究でNational Teaching Fellowship を受賞。

スティーブン・J・カラウ（Steven J. Karau）【1章・共著】
南イリノイ大学カーボンデール校グレゴリー・A・リー経営学教授。集団過程と組織行動に関する研究を行っており、特に集団内動機づけ、時間的プレッシャーと集団のパフォーマンス、リーダーシップにおけるジェンダー差、組織的文脈での人格の影響、経営改革主導における倫理に焦点を当てている。さまざまな主要経営学雑誌や心理学雑誌に頻繁に寄稿している。

キプリング・ウィリアムズ（Kipling D. Williams）【1章・共著】
パデュー大学心理科学教授。研究分野は、集団過程と社会的影響、特に排斥、社会的手抜きと補償、社会的報酬、インターネット調査、横取り、心理学と法に関わっている。さまざまな主要社会心理学雑誌に頻繁に寄稿しており、著書に Ostracism: The Power of Silence（排斥──沈黙の力；2001, Guilford Publications）がある。また、Social Influence の編集者でもある。

デボラ・J・テリー（Deborah J. Terry）【2章・共著】
クイーンズランド大学 副総長（学術担当）兼 社会心理学教授。主な研究分野は、態度、社会的影響、説得、集団過程、集団間関係。組織心理学、健康心理学などの応用研究にも関心がある。これらの分野での出版も広く行っており、共編書に Attitudes, Behavior and Social Context: The Role of Group Norms and Group Membership（態度、行動および社会的文脈──集団規範および集団成員性の役割；1999, Lawrence Erlbaum）、Social Identity Processes in Organizational Contexts（組織的文脈における社会的アイデンティティプロセス；2001, Psychology Press）がある。

ジョエル・クーパー（Joel Cooper）【3章】
プリンストン大学心理学教授。研究分野は、態度形成と態度変容であり、特に認知不協和を重視している。共編書に Cognitive Dissonance: 50 Years of Classic Theory（認知不協和──古典理論の50年；2007）、The Sage Handbook of Social Psychology（SAGE社会心理学ハンドブック）、共著に Gender and Computers: Understanding the Digital Divide（ジェンダーとコンピュータ──情報格差の理解）がある。さらに陪審員の意思決定とテクノロジー使用にも関心を持つ。Journal of Experimental Social Psychology の編集者でもある。

ドミニク・アブラムス（Dominic Abrams）【4章・共著】
ケント大学社会心理学教授、集団過程研究センターのセンター長。研究分野は集団過程と社会的受容であり、特にマクロ社会的な集団間関係、集団間接触と社会的結束、年齢差別、逸脱とイノベーションへの反応、偏見の発達と集団内の関係へのその影響に関心がある。社会心理学、発達心理学の領域で幅広く出版しているほか、Group Processes & Intergroup Relations の共同編集者でもある。

ジョン・M・レバイン（John M. Levine）【4章・共著】
ピッツバーグ大学学習研究・発達センターの心理学教授および上級科学者。研究分野は小集団過程であり、作業チームにおける新参者のイノベーション、逸脱と不平等に対する反応、オンライン集団の社会的ダイナミックスなど。Journal of Experimental Social Psychology の編集者および Society of Experimental Social Psychology の執行委員長を務めている。最近では（マイケル・ホッグとともに）Encyclopedia of Group Processes and Intergroup Relations（集団過程と集団間関係の百科事典）を共同編集している。

ヨランダ・ジェッテン（Jolanda Jetten）【5章・共著】
クイーンズランド大学社会心理学教授。研究分野は、社会的アイデンティティ、集団過程、集団間関係。特に、周辺的集団成員性と集団内の逸脱に関心を持ち、最近では、アイデンティティが健康とウェルビーイングを守る方法を検討している。近年、Rebels in Groups: Dissent, Deviance, Difference, and Defiance（集団の反乱――異議・逸脱・差違・反抗；2011, Wiley-Blackwell）および The Social Cure: Identity, Health and Well-being（社会的治療――アイデンティティ・健康・ウェルビーイング；2011, Psychology Press）を共同編集した。現在、British Journal of Social Psychology の編集者である。

マシュー・J・ホーンセイ（Matthew J. Hornsey）【5章・共著】
クイーンズランド大学社会心理学教授。研究分野は集団プロセスと集団間関係であり、特に、（a）批判、変容の勧告、反省のジェスチャーなどの信頼に反するメッセージへの人びとの反応、（b）個人的自己と集団的自己との間のダイナミックで時として緊張感のある関係に興味を持っている。2011年の Rebels in Groups: Dissent, Deviance, Difference, and Defiance（集団の反乱――異議・逸脱・差異・反抗；Wiley-Blackwell）の共同編集者である。

ロビン・マーティン（Robin Martin）【6章・共著】
アストン大学バーミンガム校アストンビジネススクールの社会・組織心理学教授。研究分野は、多数派および少数派の影響、職場のリーダーシップ、職場のイノベーションなどさまざまな領域にわたる。多くの組織のコンサルタントを務め、経営上の一連の問題、具体的には効果的なリーダーシップを発揮する方法について取り組んでいる。共編書に Minority Influence and Innovation: Antecedents, Processes and Consequences（少数派の影響と革新――先行・プロセス・結果；2010, Psychology Press）がある。

マイルス・ヒューストン（Miles Hewstone）【6章・共著】
オックスフォード大学ニューカレッジ社会心理学教授、評議員。社会心理学領域で幅広く出版しており、最近の研究分野は集団間接触と葛藤である。欧州社会心理学会より卓越した研究業績に贈られるクルト・レヴィン賞（2005年）、およびゴードン・オルポート集団内関係賞（2005年）を受賞。2002年に英国アカデミー人文社会科学アカデミーのフェローに選出された。

スティーブン・レイチャー（Stephen Reicher）【7章、8章・ともに共著】
セントアンドリュース大学社会心理学教授。共著に Self and Nation（自己と国家；2001, Sage）、The New Psychology of Leadership: Identity, Influence and Power（リーダーシップの新しい心理学――アイデンティティ・影響・勢力；2011, Psychology Press）がある。2010年、BBC監獄研究による卓越した業績で、英国心理学会の年間賞を受賞。British Journal of Social Psychology の元編集者、エジンバラ王立協会フェロー。

マイケル・J・プラトウ（Michael J. Platow）【9章・共著】
　オーストラリア国立大学心理学教授。正義、リーダーシップ、社会的影響、援助、信頼、相互依存、教育について、社会心理学の主要ジャーナルに研究を発表。共編著に *The New Psychology of Leadership: Identity, Influence and Power*（リーダーシップの新しい心理学──アイデンティティ・影響・勢力；2011, Psychology Press）、*Social Identity at Work: Developing Theory for Organizational Practice*（仕事における社会的アイデンティティ──組織実践のための開発理論；2003, Psychology Press）、*Self and Identity: Personal, Social and Symbolic*（自己とアイデンティティ──個人・社会・象徴：2002, Routledge）など。現在、*Social Psychology and Personality Science* の執行編集者でもある。

ジョン・A・ハンター（John A. Hunter）【9章・共著】
　オタゴ大学上級講師。研究分野は、集団に基づいた行動に関する理論的かつ実践的な問題である。最近では、集団間の差別（反肥満バイアス、セクト主義、ナショナリズム、性差別など）、健康関連の帰結（アルコール消費、レジリエンスなど）、動機づけ（自尊心、帰属感など）、社会化と接触経験などに関する著作がある。

ラッセル・スピアーズ（Russell Spears）【10章・共著】
　フローニンゲン大学心理学教授。研究分野は、社会的アイデンティティと集団間関係、社会的ステレオタイプ、偏見と差別、抵抗と社会的行動、そしてこれらの過程における集団間感情の役割である。また、新しい通信技術における社会的アイデンティティ、影響力、勢力の役割を研究してきた。人格・社会心理学会のフェローであり、*British Journal of Social Psychology* の元編集者であり、アン・マース（Anne Maass）とともに *European Journal of Social Psychology* の編集者でもある。

サビーヌ・オッテン（Sabine Otten）【10章・共著】
　フローニンゲン大学集団間関係と社会統合学教授。*European Journal of Social Psychology* の前編集者で、*Intergroup Relations: The Role of Motivation and Emotion*（集団間関係──動機づけと感情の役割；2009, Psychology Press）の編者。研究分野は、内集団ひいきにおける基礎的な過程、社会的葛藤におけるカテゴリー化の役割で、最近では職場における文化的多様性の社会心理学的分析に焦点を当てている。

クレイグ・マクガーティ（Craig McGarty）【11章】
　オーストラリアのマードック大学心理学教授、社会的研究所所長。現在の研究では、意見に基づく集団成員性の活動を通した社会の変化に焦点を当てている。共編著に *The Message of Social Psychology*（社会心理学のメッセージ；1997, Blackwell）、*Categorization in Social Psychology*（社会心理学におけるカテゴリー化；1999, Sage）、*Stereotypes as Explanations*（2002, Cambridge）［マクガーティほか／国広陽子（監修）、有馬明恵・山下玲子（監訳）（2007）『ステレオタイプとは何か──「固定観念」から「世界を理解する"説明力"」へ』明石書店］、*Research Methods and Statistics in Psychology*（心理学における研究法と統計法；2003, Sage）など。

マーク・レヴィン（Mark Levine）【12章】
　エクセタ大学社会心理学教授。研究分野は、向社会的および反社会的行動における社会的アイデンティティの役割。最近の研究では、攻撃的・暴力的な出来事における加害者、被害者、傍観者の行動の制御における集団過程の役割を検討している。共編書 *Beyond the Prejudice Problematic: Extending the Social Psychology of Intergroup Conflict, Inequality and Social Change*（偏見の問題を超えて──集団間葛藤・不平等・社会的変化による社会心理学の拡大；2011, Cambridge University Press）。

（所属等は原著発行時点）

訳者紹介 (翻訳順 *は監訳者)

＊樋口匡貴（ひぐち　まさたか）【序章、1章、5章、6章】
広島大学大学院教育学研究科博士課程後期修了。博士（心理学）。現在、上智大学総合人間科学部教授。主要な研究領域は、社会的感情の機能。最近の主な著書に『保健と健康の心理学』（共著、ナカニシヤ出版）がある。

伊藤君男（いとう　きみお）【2章】
愛知学院大学大学院文学研究科博士課程満期退学。博士（文学）。現在、東海学園大学心理学部心理学科教授。主要な研究領域は、説得および態度変容の過程。主な著書に『認知の社会心理学』（共著、北樹出版）がある。

尾崎由佳（おざき　ゆか）【3章】
東京大学人文社会系研究科博士後期課程修了。博士（社会心理学）。現在、東洋大学社会学部教授。主要な研究領域は、自己制御、セルフコントロール。最近の主な著書に『自制心の足りないあなたへ──セルフコントロールの心理学』（単著、ちとせプレス）がある。

杉浦淳吉（すぎうら　じゅんきち）【4章】
名古屋大学大学院文学研究科博士課程後期課程単位取得退学。博士（心理学）。現在、慶應義塾大学文学部教授。主要な研究領域は、協力行動の普及。著書に『環境配慮の社会心理学』（ナカニシヤ出版）、『リスクガヴァナンスの社会心理学』（共著、ナカニシヤ出版）などがある。

三浦麻子（みうら　あさこ）【7章、8章】
大阪大学大学院人間科学研究科博士後期課程中退。博士（人間科学）。現在、大阪大学大学院人間科学研究科教授。主要な研究領域は、対人および集団コミュニケーション。主な著書に、『なるほど！心理学研究法』（シリーズ監修、北大路書房）がある。

＊藤島喜嗣（ふじしま　よしつぐ）【9章、10章、12章】
一橋大学大学院社会学研究科博士課程単位取得退学。修士（社会学）。現在、昭和女子大学人間社会学部教授。主要な研究領域は、社会的認知。対人関係における自己や他者の内的状態の推測に関心がある。著書に『現代の認知心理学6　社会と感情』（共著、北大路書房）がある。

小林知博（こばやし　ちひろ）【11章】
大阪大学大学院人間科学研究科博士後期課程修了。博士（人間科学）。現在、神戸女学院大学人間科学部教授。主要な研究領域は、潜在的認知と測度の応用。最近の著書に『対人社会心理学の研究レシピ』（共著、北大路書房）がある。

社会心理学・再入門
ブレークスルーを生んだ12の研究

初版第1刷発行	2017年9月25日
初版第3刷発行	2025年1月25日

編　者　　ジョアンヌ・R・スミス、
　　　　　S・アレクサンダー・ハスラム

監訳者　　樋口匡貴、藤島喜嗣

発行者　　堀江利香

発行所　　株式会社　新曜社
　　　　　101-0051　東京都千代田区神田神保町3-9
　　　　　電話（03）3264-4973（代）・FAX（03）3239-2958
　　　　　e-mail：info@shin-yo-sha.co.jp
　　　　　URL：https://www.shin-yo-sha.co.jp/

組　版　　Katzen House
印　刷　　星野精版印刷
製　本　　積信堂

ⓒ Joanne R. Smith, S. Alexander Haslam, Masataka Higuchi, Yoshitsugu Fujishima, 2017　Printed in Japan
ISBN978-4-7885-1539-0 C1011

―――― 好評関連書 ――――

アラン・M・スレーター、ポール・C・クイン 編
加藤弘通・川田 学・伊藤 崇 監訳
発達心理学・再入門――ブレークスルーを生んだ14の研究
A5判並製292頁　本体2900円

李 光鎬・渋谷明子 編著
鈴木万希枝・李 津娥・志岐裕子 著
メディア・オーディエンスの社会心理学 改訂版
A5判並製416頁　本体3000円

A・A・レイニー、S・H・ジャニッケ＝ボウルズ、M・B・オリバー、K・R・デール 著
李 光鎬 監訳
ポジティブメディア心理学入門
　――メディアで「幸せ」になるための科学的アプローチ
A5判並製320頁　本体3200円

李 津娥 編著
クリティカル・オーディエンス――メディア批判の社会心理学
A5判並製240頁　本体3000円

アーヴィング・L・ジャニス 著
細江達郎 訳
集団浅慮――政策決定と大失敗の心理学的研究
四六判並製600頁　本体4300円

ドナルド・H・マクバーニー 著
金坂弥起 監訳
心理学者の考え方――心理学における批判的思考とは？
A5判並製184頁　本体2100円

ゾルタン・ディエネス 著
石井敬子・清河幸子 訳
科学としての心理学――科学的・統計的推測入門
A5判並製280頁　本体3200円

―――― 新曜社 ――――

（表示価格は税別）